◎ 武当故事

# 武当抗战记忆

朱 江 编著

中国言实出版社

**图书在版编目（CIP）数据**

武当抗战记忆 / 朱江编著 . -- 北京 : 中国言实出
版社 , 2018.5
ISBN 978-7-5171-2756-7

Ⅰ . ①武… Ⅱ . ①朱… Ⅲ . ①武当山—抗日战争—史
料 Ⅳ . ① K265.06

中国版本图书馆 CIP 数据核字（2018）第 078397 号


## 武当抗战记忆

责任编辑：史会美
责任校对：王建玲

出版发行：中国言实出版社
      地     址：北京市朝阳区北苑路180号加利大厦5号楼105室
      邮     编：100101
      编辑部：北京市海淀区花园路6号院B座6层
      邮     编：100088
      电    话：010-64924853（总编室）   010-64924716（发行部）
      网    址：www.zgyscbs.cn   电子邮箱：zgyscbs@263.net

经    销：新华书店
印    刷：北京温林源印刷有限公司
版    次：2019年1月第1版    2023年5月第2次印刷
规    格：710毫米×1000毫米   1/16   18.5印张
字    数：230千字

定    价：48.00元
书    号：ISBN 978-7-5171-2756-7

# 《武当抗战记忆》编纂团队

顾　问：杨立志　桂柏松　孟宪杰

主　编：范学锋

副主编：黄永昌　吕允娇

编　辑：王　闯　严忠良　吴　洁

　　　　李永秋　马成珍　周长胜

　　　　程　强　何万珍　郭　辉

# 前　言

　　湖北十堰，邻豫陕、接川渝，八百里武当拱卫荆襄，三千里汉江穿境而过，厚重的人文历史、壮丽的自然景观、杰出的历史人物、淳朴的民风民俗，构成了这里得天独厚、多姿多彩的文化旅游资源。

　　武当山北通秦岭，南接巴山，号称"八百里武当"。方圆八百里的武当，境内重峦叠嶂，沟壑纵横，地形复杂，地貌多样。

　　巍巍武当，是十堰的符号与象征，亦是十堰照耀世界的光芒。

　　鄂西北八百里武当，历史浩荡。抗日战争期间，11万武当地区的儿女应征入伍，奔赴杀敌战场；百余万群众忍饥受冻、节衣缩食，捐款捐物，供应军需，救助难民；数十万民夫，开航道，修路桥，筑工事，修车船，送伤员……广大武当民众以巨大的牺牲和全部的力量，为中国抗日战争提供了坚强的支撑，为中国人民抗日战争和世界反法西斯战争的胜利作出了不可磨灭的贡献。

　　我们永远不能忘记武当山下那段血与火的悲壮历史，我们永远无法忘记那些为抗战胜利立下不朽功勋的老战士、老同志。

　　武当抗战记忆，是一个民族的记忆，也是这个世界的记忆。2015年是中国人民抗日战争暨世界反法西斯战争胜利70周年，在特殊时刻，重新审视抗战历史、弘扬抗战精神，意义重大而又深远。艰苦抗战中，地处鄂西北的武当山地区虽不属沦陷区，但这里的人民为了保家卫国，同仇敌忾，共赴国难。

　　三千里汉江水欢歌腾细浪，八百里武当山雄风万古扬。张自忠、方振武、何基沣、孟宪章、臧克家、姚雪垠、胡绳、杨献珍、碧野、贺敬之、魏克明、黄正夏、夏克、赵剑英……抗战时期，武当山下聚集和涌现了很多有名的抗日英豪和抗日救亡文化宣传骨干。

　　或许没人知晓，抗击日寇的激烈战争中，中国军队最早阵亡、军衔最高的将领张自忠将军，曾在武当山下鼓舞抗战将士；或许没人晓得，打响卢沟桥抗战第一枪、后来在武当山下加入中国共产党的一代抗日名将何基沣曾在这里度过了6年峥嵘岁月；或许没人清楚，巍巍武当山下曾是中央陆军军官学校第八分校所在地，这里先后培养了6872名抗战英豪；或许没人明了，血洒抗战疆场的中国第一位军长郝梦龄的珍贵遗书遗照，馆藏在武当山下的十堰市档案馆；或许没人明晰，冯玉祥将军的秘书、在武当山下土生土长的孟宪章就是九三学社创始人之一；或许没人关注，首批国家级非物质文化遗产武当武术代表性传承人赵剑英，16岁就在武当山下弃教从军；或许没人了解，被誉为东风汽车教父的黄正夏，16岁就抗日救国于武当山下；或许没人懂得，作为丹江口水利枢纽工程开拓者，夏克在鲁西北抗日烽火中一路走来，最终扎根武当山下……

回望斑驳的武当抗战历史，有些生命永远不能忘却。屈辱悲痛的那些年，日本侵略者肆意屠杀中国军民，犯下了罄竹难书、灭绝人性的滔天罪行。

在抗战时期的武当山地区，每一个人，每一个鲜活的生命，全部沉淀在了历史河流的深处。今天，我们需要缅怀和铭记那些争取民族独立自由而英勇献身的烈士们。我们是他们的子孙，他们是我们的同胞，他们艰苦卓绝奋起抗争，他们英勇赴义壮烈牺牲。

今天，我们在这里推出40篇关乎武当人、武当事的"武当抗战记忆"，就是要让武当的后人铭记历史、缅怀先烈，弘扬伟大抗战精神；就是要从历史中获取智慧启迪、汲取前进力量。

期待和平的未来，有种远见名叫居安思危。回顾过往，检视现在，才会让所有中华儿女体会到今天和平幸福生活的来之不易，才会激发中国人民的爱国主义热情，才会坚定时刻铭记历史、珍爱和平的决心。未来是不确定的，但未来是我们塑造的。

唯有牢记历史，居安思危，唯有珍爱和平，勿忘国耻，才能以史为鉴，面对未来，才能有备无患，圆梦中华！

# 目　录

## 武当抗战那些人

# 武当抗战那些事

# 武当抗战那些人

# 武当山宣传抗日的臧克家

抗战时期，在武当山下均县（今丹江口市）的一所战时中学操场上，在成百上千同学的包围中，战时文化工作团团长臧克家激情飞扬地连续挥动手臂，向同学们做抗日救亡的演讲；在随枣战役，臧克家冒着枪林弹雨，勤奋笔耕。后来他被敌人包围又突出重围后，战斗中写成的诗稿因战火丢失了，他硬是凭着记忆默写出了有900多行的报告长诗《走向火线》。作为一位著名诗人，抗战时期的臧克家在武当山留下了深深的足迹。

臧克家（资料图片）

## 三赴台儿庄前线采访

1905年，臧克家出生在山东潍坊诸城县一个中小地主家庭。因为家里文化氛围浓郁，他从小就对文艺感兴趣。大约在八九岁的时候，臧克家上了私塾，12岁的时候上了本村的初级小学校。

1919年，轰轰烈烈的五四运动爆发了，这一年臧克家14岁，他考入县城第一高等小学。夏秋之间，臧克家和同学们打着小旗到街头去宣传，还到商店去检查日货，登记封存、没收日货。1923年，臧克家到济南，升入山东省立第一师范；1927年初，臧克家考入武汉中央军事政治学校。读大学期间，他开始发表新诗，1933年因出版第一本诗集《烙印》而成为"文坛上的新人"。之后接连出版了《罪恶的黑手》《自己的写照》《运河》等诗集,以悲愤的激情揭露了社会现实的黑暗。

抗日战争爆发后,臧克家被迫中断了教师生涯,多方找寻机会参加抗日工作。1937年底,培养青年抗战人才的第五战区青年军团在徐州成立,臧克家到宣传科工作。当时,中国军队已经在徐州地区集结了45万多人,一场抗击日寇的大战爆发在即。

1938年4月初,台儿庄战役打响,战事紧张惨烈。再次穿上戎装的臧克家,应第五战区司令长官李宗仁的邀请,赴台儿庄前线采访。冒着日寇飞机轰炸的危险,他三次深入战地,到了主力部队孙连仲部的三十一师、三十师、二十七师的前沿阵地。在这震惊中外的大会战战地,臧克家采访了从战役最高指挥官李宗仁到孙连仲、池峰城、张华堂等将领,直到基层部队的各级指挥人员,以及大量的普通士兵和老百姓。仅仅经过七天的时间,就化为积淀着他强烈爱憎的长篇通讯报告集《津浦北线血战记》,李宗仁亲自为该书作长篇题记。

## 担任战时文化工作团团长

1938年7月1日,第五战区战时文化工作团在潢川成立,团员14人,臧克家任团长。他率团深入河南、湖北、安徽农村和大别山区,进行抗日救亡宣传和文学创作活动,直到1939年春文化工作团被迫解散。

在臧克家足迹踏过的地方,他都用大众化、通俗化的形式,留下了激动人心的救亡讲演、演出和标语、墙报。

1938年10月武汉沦陷后,臧克家率文化工作团随战区首脑机关撤至襄樊(今襄阳市)。

根据均县一带抗日救亡工作的需要和许多团体、学校、流亡青年集聚于此的实际,均县举办了抗日文化工作讲习班。臧克家、姚雪垠、田涛、孙陵等均在该班授课。臧克家讲授的抗日民族统一战线政策、抗战形势、群众工作方法、文艺创作等内容,受到了学员们的

1938年，臧克家率领的第五战区战时文化工作团演出后合影。站立者右六为臧克家（图片来源：臧小平撰《为父亲臧克家百岁诞辰而作》，《人物》2006年第2期）

热烈欢迎。以至除讲习班学员外，还有许多人前去旁听。七十七军军训团是七十七军在均县设立的培养下级军事干部的学校，副军长何基沣兼任教育长。国立湖北中学是山东各县中等学校南下流亡到湖北郧县、均县后成立的，师范部设在均县，学生中有中共党员，抗日救亡活动十分活跃。

在国立湖北中学师范部，异地见到流亡的家乡学子，臧克家在大操场上作了激情的演说，并用浓重的山东腔调朗诵了为他们写的一首诗《乡音》，后被抄成壁报贴在墙上。

事隔66年之后，著名作家贺敬之在2004年2月6日发表的《悼念臧克家同志》的文章中，深情地回忆起那段难以忘怀的情景："我第一次见到克家同志是1938年，当时我14岁。日本侵略者的铁蹄已经踏进我中原大地。在鄂西北均县小城的一所从山东流亡出来的战时中学的操场上，在成百上千的同学的包围中，作为战时文化工作团团长的臧克家，站在临时垒起的土台上，向同学们做抗日救亡的演讲。由于我闻讯稍迟，不能拥到人群前列，只能远远望着他激情飞扬的面部轮廓和连续挥动的手臂，听到的只能是被掌声淹没的不易辨清的结尾的话音。但就是这样，已经使我热血沸腾。特别令我激动的是，紧接着就看到操场边墙上贴出的一张大幅壁报，通栏是用毛笔抄写的署名为'臧克家'的一首诗，是写给我们这些同学的。我们争抢着高声朗诵：在异乡里，喜听熟悉的乡音，在救亡歌声中，我遇到你们这群青年人……很快，整个诗篇随臧克家的名字传遍县城，掀起了我们这些操着熟悉乡音的青年人和少年人心中的阵阵波涛……"

在均县，臧克家还主持过欢送七十七军伤愈官兵重上前线仪式，他即席朗诵诗歌，会场气氛极为热烈。

## 凭记忆默写丢失诗稿

1939年初，国民党召开了五届五中全会，制定了"溶共、防共、限共、反共"的反动方针。第五战区司令长官李宗仁屈服于蒋介石的压力，下令解散第五战区文化工作委员会等抗日救亡组织和进步群众团体。

1月底，臧克家、姚雪垠和留守处的全体人员乘船离开均县，前往襄樊。讲习班的学员、均县城内的进步青年团体、七十七军军训团的学员、国立湖北中学的部分学生纷纷前来送行。他们站在均县东门外的汉江岸上，挥动着火把，高呼抗战口号。

面对这样壮观的送行场面，臧克家激动不已。回到襄樊，凭着诗人特有的敏感和观察力，臧克家写下了《均县，你这水光里的山城》，在讴歌均县优美的自然风光的同时，表达了对山区人民极度贫困的同情和企盼翻身的祝福。诗的开头是："均县，你这水光里的山城，武当卧在你的胸中，汉水引领群山东去，像是你的一条曲肱。"在诗的末尾，臧克家情不自禁地呐喊："为了活命，向自然伸出大手，为了生存，更要同敌人战斗。手握起刀枪，挺立在山头，听他们歌唱：'我们在武当山上！'"

1939年5月，随枣战役开始，臧克家到了八十四军七十三师，他由襄樊经枣阳到达随县、应山，深入作战前沿阵地，冒着枪林弹雨，勤奋笔耕。后来他被敌人包围了，突出重围后，整整跑了10天，于5月29日才返回均县，战斗中写成的诗稿因战火丢失了，臧克家硬是凭着记

1939 年初，臧克家、姚雪垠在均县（今丹江口市）开办抗日文化讲习班。图为当年抗日文化讲习班成员合影（朱江 2015 年 9 月 26 日摄于国民政府第五战区李宗仁司令长官部旧址纪念馆）

忆，默写出了有900多行、共分九章的报告长诗《走向火线》。

## 追忆中写下游记《朝武当》

1940年春夏枣宜会战之后，国共两党摩擦加剧，进步文化人士受到越来越多的排挤和打击。在这种形势下，臧克家等不得不考虑离开鄂西北。

这年秋天，臧克家就要离开均县了，时局的动荡、朋友的别离愁绪一起袭上心头。为了排遣忧愁，臧克家在文化工作团团员单柳溪的陪同下游览了武当山。

武当山是著名的道教圣地，位于均县境内，距均县城100余里。臧克家用两天时间登上了武当山金顶，领略了名山无穷的魅力，终于没有留下遗憾。下山归来诗人感慨万分，以至于在追忆中写道："老远望去，一个挨一个的山峰像兄弟一样差不多高低，及至登在金顶子上，才觉得一切在下唯我独尊了。"这分明描述的是一种登顶后的绝美享受和满足感。

《诗与生活》中曾详细记叙了当时的情景："经过草店、石花街这些熟悉的山村小镇，感到无限亲切。均县重到，去看了我们曾经住过的地方。均县城到武当山，路程两天，一路上悠悠散散，别是一番滋味。五里一名胜，十里一庙宇，沿途古迹很多，故事传说，魅力引人。当天走了六七十里，住宿在一座雄伟庄严的'紫霄宫'里。道人颇多，招待殷勤，付费用，如同住旅馆，出家人，势利眼，他们看客人身份的高低，安排房间的大小。大殿上有一块古木，从这头一叩，那头可以听见声音，取名'响木'。道人告诉我们，在附近山崖上，住着一位不食人间烟火的活神仙，说得像真的一般，我们前去拜访，见一个三十几岁的人，很瘦，住在崖洞里，见了客人，赠以'瓜蒌'，名曰'仙果'，没说几句话，便伸手讨钱。西洋镜自己拆穿，世间哪曾有活神仙？"

武当一游的情趣，使臧克家长久难以忘怀。1946年8月，臧克家接编上海《侨声报》副刊《文学》及诗歌专页《星河》，在此期间，武当一游的情趣，再次唤起他深情的回忆，于是他在追忆中写下游记散文《朝武当》。

## 长期坚守中国文学阵地

正是由于臧克家作为一名革命与进步的文化战士的不懈斗争，1948年11月，国民党当局以"写讽刺诗、办'左'倾刊物和参与共产党创办的星群出版社"为罪名，将臧克家的名字列入了逮捕的黑名单。在中共地下党组织和亲友的帮助下，曾一周内五易其居的臧克家，于12月8日潜往香港避难。三个多月后，臧克家与妻子乘坐中共党组织租用的专轮"宝通号"，与全船100多位文化人一起北上，奔向已经和平解放的北京。

1949年5月，臧克家在《人民日报》发表组诗《看到的，听到的，想到的》，表达了他到解放区后的喜悦心情。后历任华北大学文艺学院文学创作研究室研究员，出版总署、人民出版社编审，《新华月报》编委，主编《新华月报》文艺栏。

1949年7月，他出席中华全国文学艺术工作者第一次代表大会，当选为中华全国文学工作者协会委员。

1949年11月，为纪念鲁迅逝世13周年，臧克家写下了著名的短诗《有的人》。

中华人民共和国成立后，他继续坚守在文学阵地上，利用各种方式和机会为革命现实主义和民族化、大众化理论和创作鼓与呼。

1951年6月，臧克家加入中国民主同盟，曾任民盟中央文教委员会委员；1956年，他调任中国作家协会书记处书记；1957年至1965年任《诗刊》主编。

从20世纪60年代初起，臧克家还陆续写了许多优秀古典诗文的赏析文章，在中央人民广播电台播出，反响强烈。

1997年，92岁高龄的臧克家在全国第五次作家代表大会和文代会召开之际，满怀深情地寄语："身在文艺界的每一位同志……都要树立正确的人生观和文艺观，写出无愧于时代和人民的大作品。"5年以后，97岁病中的臧克家，又以《继往开来，走向辉煌》为题，贺第六次全国作代会召开。

2004年2月5日，99岁的臧克家与世长辞。

# 15岁在武当山下抗日救亡的贺敬之

抗日战争爆发之前，在中国共产党的领导下，山东的学生运动高潮迭起。在中国共产党的教育下，许多学生奔向革命圣地延安，著名诗人贺敬之就是其中一员。贺敬之是现代著名诗人和剧作家。1938年，14岁的他从家乡山东流亡出来，辗转来到武当山脚下的均县（今丹江口市）。贺敬之15岁参加抗日救亡宣传活动，16岁到延安入鲁迅艺术学院文学系，17岁加入中国共产党。其中，他在均县参加救亡宣传活动时，看到了介绍延安、介绍红军的书籍，对他奔赴延安产生了重要影响。

贺敬之（资料图片）

## 从台儿庄走出的少年

我国现代著名作家贺敬之，从小就是一个酷爱读书的人。父亲从贺敬之身上看到了希望，有空就教他识字。8岁时父亲把贺敬之送入了私塾。

贺敬之的家乡在山东枣庄，他是一个贫苦的农家子弟。1935年，11岁的贺敬之由亲友资助到离家20里路的一家私立的完小插班读书。

1938年，台儿庄战役在贺敬之的家乡打响。在此之前，贺敬之在兖州乡村师范读一年级，后来，学校迁往南方，他因为年龄太小，没有带他一起走，他回到了乡村老家。贺敬之家所在的村子离台儿庄只有8公里，他亲眼看到了日军的残暴、逃难民众的悲惨，以及当时国民党爱国军人抗战的高昂士气。那时，他和村里的青少年一起爬到村东的山上，看到北面震天的炮火、硝烟与滚动的坦克车。台儿庄镇中心惨烈的争夺战，使不到14岁的贺敬之受到极大震动，战前和战役中村里多次驻过开赴前线的川军和桂军，他们迎敌而上的急促步伐使他感动。

早先，小学老师曾说过的八路军抗日故事，以及后来学会唱的歌颂淞沪抗战的歌曲，使他思绪交集，恍惚间似乎望见两支军队并肩前进……

台儿庄大战后，一心想回校的贺敬之打听到学校流亡到了均县，称国立湖北中学。父母为了儿子能继续读书，将好不容易凑来的5元钱，藏在他夹衣的衣角里，将他送出村头。于是，贺敬之与4位同学一路辗转，追寻已内迁的学校。从此，他踏上了求学、求知、求革命的人生之路。

他们先到了徐州，又冒着被日军飞机轰炸的危险经过郑州，爬上了南去的难民火车，辗转来到武汉。随后，又乘汽船沿汉水而上，于1938年5月终于到达位于鄂西北武当山下的均县，找到了母校。

## 在均县见到臧克家

14岁的贺敬之到了均县以后，他与同伴分在不同的班，实际上那时他们也没有正规地上课，主要参加抗日救亡宣传活动，唱歌、演戏，有时候到街头去讲演。

在均县，贺敬之看到了进步书籍，比如艾思奇的《大众哲学》，苏联出版的《政治经济学》，还有苏联小说《铁流》等，他也开始熟悉中国作家的作品，已经知道了艾青、臧克家、田间，而且他还看到了介绍延安、介绍红军的书籍。

在学校，贺敬之和本班同学办了一个"挺进读书会"，还发起创办了一个《五丁》壁报，阅读进步书报。两年间，他手不释卷地读了许多进步的政治、哲学书籍，也读了不少中外进步的革命小说和诗歌作品。

其中《活跃的肤施》让贺敬之印象很深，肤施就是延安的古称，其中讲到延安很活跃，有多少青年人投奔延安去了，延安是一个歌唱的城等。

这个时候，以大诗人臧克家为团长的第五战区战时文化工作团来到了学校。在均县，贺敬之第一次见到了真正的诗人。从此，他与诗结下了不解之缘。

那时，臧克家带了几位作家到均县，就到了他们学校，在那里做过几次讲演。贺敬之挤不上去，臧克家的山东诸城方言他也听不懂，只听到他激昂慷慨的声音，手在那里一扬一扬的，而且臧克家还在他们校门贴了一个小字报，贺敬之一直记得比较清楚。

## 15岁发表抗日短篇小说

贺敬之的思想在1939年发生了变化。这个时候，他从报纸上看到，也从一些同学那里听说，发生了平江惨案与确山惨案。

在这种情况下，贺敬之与另外三位同学毅然踏上了北上延安的道路。当时，15岁的他还在国民党《中央日报》上发表抗日短篇小说《失地上的烽烟》，表现日军的残暴，以及村民参加游击队的故事。小说中的张大妈相信人性本善，当别人告诉她丈夫被日军杀害时，她还不相信日本鬼子会这么坏，也阻止儿子田青参加游击队。但是，日本鬼子在光天化日之下奸杀了她的女儿，刺伤了她，杀害了她的邻居乡亲，村里的汉子们开始奋力抗争，拿起锄头与日军搏斗，激战中，田青带领游击队归来了，消灭了日本鬼子。张大妈终于觉悟了，田青带领村里更多的好汉参加了游击队。这篇小说写于1939年7月，从中可以看出少年贺敬之的爱国情怀。

贺敬之住在西安八路军办事处期间，日本飞机经常来轰炸，不时要躲防空洞。就在那个时候，他们恰好碰到《黄河大合唱》的曲作者冼星海。冼星海还教他们唱他创作的两首歌，还讲他那首广为流传的《救国军歌》是怎么写出来的。

当时，贺敬之写的诗歌很多，保存下来的很少，好几首长诗的草稿都遗失了，但是在民族革命、民主意识的指引下，前进的道路一天比一天明确，也越来越热爱文学。

1940年，怀揣着对理想的追求、对延安民主和革命的向往，贺敬之和4位同学在春天的晨雾中，悄悄踏上了北上的征程。

## 16岁到达延安报考鲁艺

1940年，16岁的贺敬之到达延安。他交了自己在来延安途中写的组诗《跃进》，正是这组诗显现出他在诗歌上的才华，报考上了鲁迅艺术学院。在这里，他很快崭露出了文学才华，开始诗歌创作。此时贺敬之感到自己知识储备不足，于是就更加如饥似渴地读书，阅读了大量的中外文学名著。

1941年6月22日，在苏德战争爆发的这一天，贺敬之参加入党仪式，加入了中国共产党，这是贺敬之永远铭记的一天。抗日战争对贺敬之而言极为重要，正是在抗日时期，他到了延安，成为一个革命者、一名共产党员。在去延安之前，贺敬之只是一个仇恨日本帝国主义的少年，他关心国家的命运，想要打垮日本鬼子，但是并不能找到

贺敬之（资料图片）

抗日救亡的道路，正是抗战时期的残酷现实教育了他，让他走上了革命之路。在延安，贺敬之初步形成了自己的世界观、价值观与人生观，从一个爱国者成为一个革命者，成为"中国革命文艺发展新阶段的一个小兵"。

1942年5月召开延安文艺座谈会时，贺敬之只是一名不满18岁的小学员，还没有资格参加。但在延安文艺座谈会期间，他几乎每天都能听到参加会议的何其芳、周立波老师及时的传达，并随之满腔热情地投入对讲话精神的学习和实践活动中。这期间有一段他日后经常谈起的记忆，就是座谈会结束一周之后，毛主席亲自到鲁艺来讲演。演讲地点在篮球场上，全院的师生和工作人员都集合在这里，贺敬之因为年龄小、个子小，排在第一排，离毛主席最近，对他的声音、相貌记得很清楚。毛主席用不难听懂的湖南话、幽默通俗的语言和丰富生动的表情讲出的深刻内容，和他灰军装上的补丁，都使贺敬之至今记忆犹新。

## 《南泥湾》与《白毛女》

在延安，贺敬之进入鲁艺，与丁毅执笔创作了《白毛女》，也创作了《南泥湾》等经典歌曲的歌词。他还主动请求到前线去，但没有被批准。那时，欧阳山尊在贺龙一二〇师政治部，他给毛主席写信，希望延安的文艺工作者到前线去。毛主席也给他回了信。朱德总司令接见了他们，听他们讲述志向，但是没有同意，他鼓励他们："你们的思想是很好的，是应该表扬的，但是延安后方也需要人。"

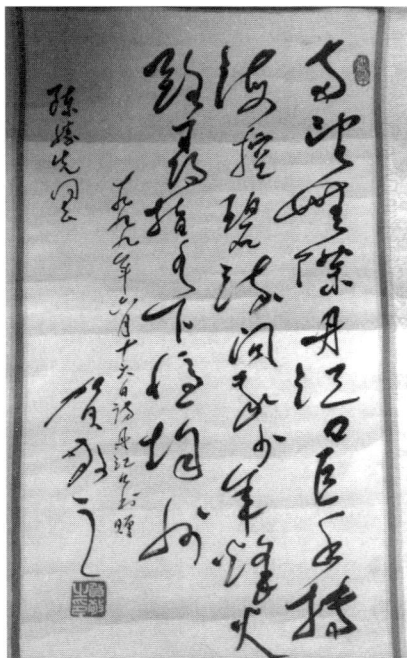

1999年6月16日，贺敬之手写诗作《访丹江口》："两望无际丹江口，巨手抟海控碧流。问我少年烽火路，寻指水下忆均州。"（资料图片）

1999年，贺敬之（左）考察武当山（资料图片）

1945年日本投降后，鲁艺大批师生，走向了新的"大鲁艺"。就在此时，贺敬之参加了以艾青为团长的华北文工团，东渡黄河，走向了广大的华北解放区……

后来，贺敬之在冀中解放区所在地河北正定的华北大学任教，在中央戏剧学校创作室工作，及至任文化部副部长、中宣部副部长、文化部代部长期间，从来没有放弃过读书。可以说读书伴随了贺敬之终生。

1999年6月16日，75岁高龄的贺敬之来到丹江口市，参观了当地博物馆，又登上丹江口大坝。面对库区，他问起均县旧址在什么地方，工作人员遥指远方，作了回答。6月17日，参观武当山之后，贺敬之离开丹江口，经十堰向神农架方向奔去。

贺敬之认为，我们弘扬抗战精神，要弘扬包括国民党进步力量在内的全民族的爱国主义精神，要弘扬中国共产党和中国人民抗日和为新民主主义国家奋斗的革命精神。以毛泽东思想为灵魂的延安精神是抗战精神的核心内容。可以说，是延安精神铸就了抗战的中流砥柱。

# 远赴山西抗战的杨献珍

1936年9月，郧县（今湖北省十堰市郧阳区）籍共产党员杨献珍与家乡取得联系后，通过其三弟、地下党员杨邦理给郧县地下党组织陆续寄回了大批进步书刊，及时传播共产党抗日救国方针政策。与此同时，杨献珍还不断通过书信动员鼓励热血青年奔赴华北前线参加抗战部队，打击日本帝国主义，挽救民族危亡。在他的人格力量感召和郧县地下党组织的秘密串联、精心组织发动下，34名郧县知识青年奔赴太原参加山西青年抗敌决死队。后来，这批青年大都在抗日战场上英勇献身。

杨献珍（资料图片）

## 长期从事党的地下活动

1896年7月，杨献珍生于郧县安阳镇，原名杨奎廷，曾用名杨仲仁。他是当代中国马克思主义哲学家、理论家、教育家。1955年8月至1961年2月任中共中央直属高级党校校长、党委书记。1979年1月起任中共中央党校顾问。

杨献珍的父亲杨延瑞是缫丝艺人，有着很高的制丝、缫丝技术。幼年的杨献珍常为父亲分担部分劳动，做些力所能及的粗活儿，从小就养成了诚实节俭、严肃认真、一丝不苟的优良品质和生活态度。杨献珍6岁时入学，12岁考入郧县私立高级小学。1913年考入省立郧山中学（现郧阳中学），1916年考入国立武昌商业专门学校。1920年学业完成后，他谢绝了一家银行的高薪聘请，自愿留校任教。

1926年，杨献珍加入中国共产党，并担任武汉第三区区委委员。1927年，杨献珍任湖北省第二中学（汉口）训育主任，党总支书记，曾率领二中部分师生和武汉广大群众一道，开展了收复英租界的游行示威活动。

杨献珍是一位屡遭不幸而又坚贞不屈的哲人。1927年，在白色恐怖的武汉，他曾被敌人关入武昌第一模范监狱。在狱中，他坚持斗争，不屈不挠，直到1929年7月在党组织的营救下才得以出狱。1929年9月起，杨献珍在中共中央文委领导下的上海沪滨书店任编辑。1930年9月，他赴河南开封从事党的地下活动。1931年春到华北开展政治情报工作和营救被捕的顺直省委负责同志。

1931年，他在华北从事党的地下工作。由于叛徒出卖，同年7月，他在北平被捕，被关进草岚子监狱。面对敌人的残酷迫害，他视死如归，决不变节。在狱中，他翻译了《马克思主义的三个来源和三个组成部分》《论民族问题》等马克思主义经典著作，并组织难友学习马克思主义，使一所关押政治犯的监狱，变成了共产党人的"狱中学校"。

草岚子监狱旧址在北京市西城区草岚子胡同19号。1931年9月国民党政府为关押北平、天津两地被捕的共产党人，把这里作为临时看守所，1932年3月改为"北平军人反省分院"，俗称草岚子监狱。

1936年9月，经党组织的大力营救从草岚子监狱获释出狱后，杨献珍奉中共中央北方局的派遣，奔赴抗日前线山西太原开展组建抗日民族统一战线。

## 34名老乡赶赴山西抗战

1936年11月，杨献珍等5人一起受中共北方局的安排，被派到山西牺牲救国同盟会工作。当时薄一波为太原绥靖公署主任办公室秘书兼山西牺牲救国同盟会常务秘书，主持山西牺牲救国同盟会的工作；杨

献珍为山西军政训练委员会政策研究室主任。他们依据当时抗日救亡的总任务和党的统一战线思想，采取"内方外圆"的策略，修改了牺盟会工作纲领，大力发动群众，开办各类训练班，培养干部。一系列举措，实现了对山西旧政权的改造，使山西105个县政权中有70余个掌握在坚决抗日的共产党员手中，为山西的抗日救亡运动注入了新鲜血液和强大的活力，同时也奠定了坚实的群众基础。

次年，杨献珍与家乡取得了联系，通过其三弟、地下党员杨邦理给郧县地下党组织陆续寄回了大批进步书刊，对及时传播共产党抗日救国的方针政策，鼓舞广大人民积极参加抗日救亡运动起了十分重要的作用。

1937年7月7日卢沟桥事变爆发，日本政府不断向华北增派军队，扩大侵华战争。同年11月9日，太原失守。1938年2月20日，长治沦陷。阎锡山的统治摇摇欲坠，他在无可奈何的情况下，把希望寄托在共产党身上。1937年8月1日，成立了山西青年抗敌决死队。同时，共产党领导的八路军也挺进敌后，在山西开辟抗日根据地。

在杨献珍人格力量的感召和郧县地下党组织的秘密串联、精心组织发动下，革命青年卢定涛、毛国府、王国馨、雷龙、蔡林、蔡发祥、赵智、王明伦、上官权以及杨献珍的四弟杨邦琳（又名杨朴）、侄儿杨国民等34名知识青年，毅然辞别故乡热土，宛如一条红色铁流，跋山涉水，冲破敌人重重封锁，跨越数省奔赴山西太原参加山西青年抗敌决死队。

这批知识青年大部分都是初、高中在校学生。为了抗日救国甘愿抛弃学业而投笔从戎。他们具有一定的文化素质，思维敏捷，接受新鲜事物快。参加决死队后，经过短期训练，立即开赴前线，投入战斗，和广大爱国将士一起用自己的血肉之躯抗击日本帝国主义的侵略。他们个个英勇顽强，不畏强敌，敢打善拼，不怕流血，不惧牺牲，表现突出，屡立战功。很快，他们就受到决死队各级首长的重视，及至1940年百团大战前后，他们中的许多人都被提拔为排、连、营级的军事或政治指挥员。

在当时强大而凶残的日寇进攻面前，由于敌我力量过分悬殊，加上国民党政府的妥协动摇，因此，在日寇对山西日益紧张残酷的连续扫荡和百团大战中，郧县籍34名知识青年和他们的众多战友们一样，在与日寇的拼杀中，未等看到抗日战争的胜利，便血洒疆场，英勇献出了他们年轻宝贵的生命。

山西青年抗敌决死队（资料图片）

## 支援主力部队保卫根据地

　　1939年7月中旬，日军第二次九路围攻晋东南。13日，日军又侵占了壶关县城，当时任阎锡山政府的第五专署秘书主任的杨献珍带领路东办事处与山西第五行政区保安第九团转移到壶关县南部山区的芳岱村。杨献珍来到芳岱村之后，专署机关住在岸头上秦瑞瑶家的五间堂屋。为了给太行山南部、白晋公路路东的六个县人民群众宣传党的方针、政策，又组建了太南黄河日报社，这都归属杨献珍直接领导。

　　杨献珍利用自己的特殊身份，执行中共中央关于巩固和扩大抗日民族统一战线的方针，同国民党顽固派进行了坚决的斗争。他同时组织当地群众反扫荡、搞生产自救、支援主力部队保卫根据地，度过了抗日战争最艰难的岁月。

　　在芳岱村期间，杨献珍还指导并引导一批爱国青年走上了革命道路。

　　曾任《人民日报》总编辑的李庄同志回忆："当时，杨献珍同志的公开职务是山西五专署秘书主任，大家都叫他杨主任，实际他的工作范围大得多，任务重得多。在晋东南我最尊重他，他对我帮助最多。我尊重他不是因为他官大，而是因为他学问多，没有大官派头，很有学者风度。"①

　　当时，日军实行经济封锁，燃料十分困难，杨献珍与专署办事处同志们的做饭就成了问题。有一次，炊事员为了省事，在村庄背后的山上将树木砍下，背回来烧火做饭。杨献珍知道后，随即把炊事员叫到自己的住处，和蔼地对他说："咱们专署机关是代表人民利益的机关，林木是人民群众的，我们只有保护的义务，没有损坏的权利。"炊事员思想上一时想不通，嘴里嘟囔着说："现在兵荒马乱的，哪能顾这么多。"

　　杨献珍耐心地对他说："是啊！现在是战争时期，但是战争总要

---

①秦尧.杨献珍在芳岱[N].长治日报，2012-07-21（A3）.

1938年冬，杨献珍在山西长治与决死三纵队领导同志合影。左三为杨献珍（朱江2015年7月11日摄于郧阳革命历史纪念馆）

结束，我们总会胜利。为了将来，我们只能一边抗日，一边保护已有的资源。你可知道，今天的小树就是明天的栋梁材，等打败日寇正好建设祖国。"

听着听着，炊事员惭愧地低下了头说："杨主任，我错了。"杨献珍高兴地说："知错就改，这很好。明天早晨我和你一起上山刨死树根、捡枯树枝。"

第二天，杨献珍和炊事员早早起来上山去捡枯树枝。在他的带动下，专署的工作人员和战士们每天晨练后都要自觉地捡回些枯树枝来，以解决燃料困难。从此，五专署的工作人员和战士们像爱自己家乡一样热爱这里的一草一木，在当地人民群众心目中树立了良好的形象。

## 发表《论山西十二月政变》

当阎锡山看到新军和抗日群众运动的发展超越了他所允许的范围，看到共产党在新军中影响迅速扩大时，感到惶恐不安。1939年12月，阎锡山背信弃义，以所谓的"冬季攻势"的名义，集中6个军的兵力，在日本侵略者的配合下，向晋西山西新军决死二纵队和八路军晋西独立支队发动突然进攻，使晋西地区的工作遭到严重损失。在晋东南，阎军在国民党军、日军配合下，攻击上党地区的新军决死一、三纵队和附近的八路军，屠杀共产党和进步分子500余人，绑架了千余人，与蒋介石遥相呼应，掀起了山西抗战以来第一次反共高潮。

这次事变，被称为"十二月事变"（亦称"晋西事变"）。"十二月事变"之后，杨献珍随即在《新华日报》（华北版）连续三天发表了著名的《论山西十二月政变》。"这篇文章虽未点蒋介石、阎锡山的名，但把十二月政变的性质、蒋阎的罪行、革命力量的斗争以及争取时局好转的前途和任务说得清清楚楚。"李庄在回忆录中写道。

1940年1月，杨献珍担任中共中央北方局秘书长，不久兼任北方局党校党委书记兼教务主任。2月，杨献珍以"华明"为笔名，在北方局机关刊物《党的生活》第七期发表《山西十二月事变的经验教训》的长篇文章，着重分析了决死三纵队和五专署遭受惨痛损失的原因。1944年，杨献珍被调任延安中央党校，任教务处副处长兼二部主任职务；1945年12月，任中共晋察冀中央局党校副校长；1948年夏，调任中央政策研究室工作；1948年11月，任中共中央马列学院教育长。

中华人民共和国成立后，杨献珍出版了《什么是唯物主义》与《〈唯物主义和经验批判主义〉解说》，这些书被学界认为是唯物主义哲学中重要的著作。

1940年杨献珍（中）（资料图片。朱江2017年2月25日摄于郧阳博物馆）

　　1953年，杨献珍任马列学院副院长。两年后，马列学院改名为中共中央直属高级党校（以下简称中央党校），他任校长兼第一书记，虽然工作繁忙，他仍坚持讲课，向学员们传授马克思主义哲学道理，带领党校学员到实际工作中搞调查研究。

　　因对"大跃进"中的虚报、浮夸发表不同看法，1959年，杨献珍遭到降职处分；1964年，他提出"合二而一"的学术观点又遭到公开批判。1967年9月，林彪、江青反革命集团和康生一伙以"叛徒"的罪名下令将杨献珍逮捕，押解到北京郊区一所监狱里。在狱中，他写下了一篇篇抗议、申诉材料和文章，这些文章后来汇编为一本书，名为《我的哲学"罪案"》，成为中国当代哲学史上的不朽杰作。

　　1978年12月，党中央为杨献珍彻底平反，任命他为中央党校顾问。此时，已82岁高龄的杨献珍，不顾年老多病又投入到理论研究工作中，为解放思想、拨乱反正奋笔疾书，高声呐喊。

　　1982年9月，杨献珍当选为中央顾问委员会委员。1992年8月25日，一代哲人杨献珍与世长辞。他带走的是一生中的苦辣酸甜，留下了后人不可多得的哲学思想和道德文章。杨献珍谢世后，《人民日报》《工人日报》等全国各大报纸争先报道杨献珍生平事迹，歌颂这位辩证唯物主义者的战斗精神和捍卫真理的执着品质。

杨献珍雕像(朱江2017年2月25日摄于郧阳博物馆)

# 6年抗战武当山的何基沣

何基沣，打响了卢沟桥抗战第一枪。在抗战中，何基沣有6年多时间是在鄂西北武当山下度过的，其间，他率部进驻均县（今丹江口市）草店镇的周府庵。作为七十七军副军长，何基沣倾力主持军事教育工作，造就了一批抗战人才；作为一七九师师长和晋升后的七十七军军长，他率部奋勇杀敌，长期坚守在抗战一线。抗日战争时期，何基沣在武当山下的谷城县秘密加入中国共产党，他利用自己的特殊身份，抵制国民党顽固派的反共分裂阴谋，秘密向八路军、新四军提供武器，支援中国共产党领导的革命斗争。

一代抗日名将何基沣（资料图片）

## 他打响卢沟桥抗战第一枪

何基沣是著名抗日爱国将领。1898年10月，何基沣出生于河北藁城。1923年他在保定陆军军官学校毕业后，投身于冯玉祥领导的西北军。

1937年六七月间，北平战事日趋紧张，已到了一触即发的地步，7日深夜日军假借"演习"之名，诈称丢失一名士兵，要求进宛平城搜寻，遭中国驻军严词拒绝。日军恼羞成怒，下令向卢沟桥进攻。枪炮

1988年解放军文艺出版社出版发行的
《百战将星——何基沣》

声响起,何基沣作为二十九军一一〇旅旅长亲临卢沟桥前线,命令部队打响了还击第一枪,由此揭开了中华民族全面抗战的序幕。面对中国军队的顽强抗击,日军伤亡惨重,不得不诡称谈判。何基沣毅然受命前往,严词驳斥了日方让中国驻军撤出宛平城的蛮横要求,日方代表恼羞成怒,拔刀直逼何基沣,他毫无惧色,拔出手枪对峙,迫使对方无力地放下武器,才昂首离去。

从武汉失守至抗战胜利,何基沣主要是在鄂西北度过的。在鄂西北,何基沣正式被中共接纳为特别党员。他坚决要求抗日,坚持中共倡导的抗日民族统一战线政策,抵制国民党顽固派的反共阴谋,积极支援中共在鄂中敌后开展游击战争,率部长期坚守在汉水两岸,荆(门)、当(阳)、远(安)、南(漳)一线,为鄂西北抗战的胜利作出了很大的贡献。

1948年11月,在淮海战役中,他与张克侠将军率领七十七军和五十九军2万余人起义,加速了全国解放战争的胜利。中华人民共和国成立后,何基沣先后担任国家水利部、农业部副部长,政协第一、第三届全国委员会委员和政协第五届常委等职。1980年1月,何基沣因病辞世，享年82岁。

## 他在武当山下加入共产党

1938年10月底武汉沦陷后，时任七十七军副军长的何基沣，奉命率七十七军副军部及所属的军训团等附属单位、后方留守机关，由河南桐柏撤至湖北保康，进入鄂西北。

此前，由于国民政府抗战不力，何基沣率组建不久的一七九师在河北大名府之战中失利。他愤而拔枪自戕，幸而得救，从此他把抗日的希望寄托在中国共产党身上。1938年2月，何基沣秘密抵达延安，与毛泽东、刘少奇、朱德等中共领导人深谈多次，郑重其事地递交了加入中国共产党的申请书，并要求中共派人去他部队进行抗日救亡的政治工作。

何基沣回到七十七军后，被军长冯治安委为副军长，并兼任军教育处长，着力改造七十七军军训团，力图把军训团打造成七十七军的"黄埔军校"。

七十七军军训团的前身是二十九军军士训练团，二十九军扩编为集团军后改属七十七军。1938年12月，七十七军副军部及所属单位移驻武当山脚下的谷城县。1939年1月，何基沣被正式吸收为中共特别党员。

秘密加入中国共产党的何基沣非常激动，当即发下誓言："没有共产党中国就没有希望，我自愿成为共产党的一个新战士。"

不久，何基沣率部进驻均县草店镇的周府庵。草店镇是老白公路的咽喉和武当山的重要门户，由于其突出的战略地位和众多的宫观庙宇，遂成为战区理想的后方基地。周府庵是武当山下一个宏大的建筑群，明时有房屋上千间，占地5000余亩，其时长住道人仍有百余名，列全山各宫观之首，自然成为军训团的最佳驻扎之处。此时七十七军副军部所属单位已建立中共秘密工委，一批中共领导的抗日救亡群众团体及著名人士随着战区后方机关的西移也聚集草店。

在这样浓厚的抗日氛围中，何基沣支持工委秘密发展党员，重用党组织推荐的人员，支持部属走向社会，进行抗日宣传教育，开展统战工作，对其他进步团体的救亡工作也给以热心帮助。在草店期间，何基沣轻装简从看望湖北省战时乡村工作促进会服务团，询问他们开展活动和工作的情况，勉励他们再接再厉，坚决抗战，使该团受到了很大的鼓舞。

## 在均县加强军队训练

1939年3月，为各部培训初级干部的第五战区干部训练团，准备在均县草店地区筹建，何基沣给以大力支持。他一面将建团所需的干部人员调往该团，一面率副军部部分所属单位迁往均县城，将草店的周府庵等宫观让与战区干训团。

在均县城，何基沣要求七十七军军训团加强军事技术训练，努力提高实战能力。1939年5月30日至6月2日，第五战区干训团教育处长张寿龄应他邀请，观摩他操办的步兵轻武器实弹战术野战演习。随着进攻部队指挥官在敌情变化、采取相对措施的过程中前进，并观察实弹射击的命中效果，演习取得圆满成功。

回到周府庵后，张寿龄立即集合全团，讲述在何基沣部参观的体会，勉励大家为打败日寇而努力学习，艰苦操练。

为提高军训团官兵的政治素质，何基沣还邀请活跃在五战区的著名进步文化人姚雪垠、臧克家到团开展活动。

两个月后，何基沣又率部移防谷城县。这期间，何基沣高度警惕国民党特务的监视和破坏。经他同意批准，中共组织从军训团选拔了

何基沣将军（左）和张克侠将军（资料图片）

一些骨干派往延安学习。他所器重的人才不少是中共组织推荐的，如师部特务连长和他的警卫员都是中共秘密党员。中共的许多干部、党员使用了七十七军、一七九师的证件，开展秘密工作。当他们受到迫害时，何基沣总是全力相助，给予保护。

鄂西北地方党组织、中共鄂豫边区党组织一些负责同志的活动，也得到了他的帮助和掩护。1940年春，何基沣派部队护送新四军鄂豫挺进纵队政委朱理治安全到达西安并转往延安。李先念后来说道："原西北军何基沣、张克侠的部队，从我军组建之日起，就通过个人关系和我们保持秘密联系，并在人员、装备、经济等方面给过我们一些援助。他们在被迫执行国民党当局的反共命令时，总是事先向我们打招呼，从未发生过真的武装冲突，有时还供给我们一些重要军事情报。"①

## 他培养能征善战军事人才

随着战事的发展，何基沣率一七九师先调往荆门，后又移防南漳、远安一线。1939年冬，何基沣率部伏击日军，毙敌400余人，缴枪500余支。

每当日军无暇进攻鄂西时，蒋介石就密令三十三集团军进攻远安、当阳及汉水两岸的新四军。何基沣坚决执行党的抗日民族统一战线政策，教育官兵同新四军通力合作，一致抗日，抵制蒋介石制造分裂的反共阴谋。每次何基沣都派部队到日军占领区游击一周，并和新四军紧密联系，回来写假战报搪塞过去。

1942年冬，何基沣由于治军有方，部队训练有素，适应实战，纪律优良，被三十三集团军总司令呈报战区司令长官嘉奖。

1943年9月，何基沣因率部连续出击，屡立战功，升任七十七军军长，仍兼一七九师师长。他领导七十七军这支旧军队逐渐走上抗日救

①关于编写新四军五师战史和鄂豫边区革命史的谈话[M]//李先念.李先念文选（一九三五——一九八八年）.北京：人民出版社，1989.

国进步的道路，在鄂西北一直坚持到1945年抗日战争的胜利。

何基沣在鄂西北的6年，培养和造就了一批能征善战的军事人才，在抗战中发挥了重要的骨干作用；他善于激发官兵的抗日爱国热情，率领他们在前线奋勇杀敌，保卫了鄂西北及大后方。作为中共特别党员，何基沣利用自己的特殊身份，宣传党的抗日救国主张，反对和抵制国民党顽固派的反共分裂阴谋，积极团结各种社会力量共同抗日。

这一时期，何基沣为民族解放所作的贡献，无疑应该载入鄂西北人民的抗战史册中。

# 以笔抗战武当的姚雪垠

姚雪垠是我国著名的小说家、文学家。抗战时期，28岁的他来到武当山下的均县（今丹江口市）从事抗战文化宣传活动。在当地一所抗日文化工作讲习班，他担任唯物辩证法课程的老师。每当前方发生战事，姚雪垠都要冲进前线采访，曾有过在枪林弹雨中冒死突围8天才赶回均县的经历。1995年，中国作家协会给姚雪垠等抗战时期的老作家颁发了纪念牌，上面镌刻着"以笔为枪，投身抗战"几个字。

以笔抗战武当的姚雪垠
（资料图片）

## 从小听故事有了文学兴趣

著名作家姚雪垠，1910年出生在河南省邓县（今邓州市）一个破落地主家庭。他从小爱听外祖母讲故事，由此激发了想象能力和文学兴趣。

1929年春，他考入河南大学预科。次年因参加学生运动被捕，释放后被校方开除，他离开河南至北平。当年，他以"雪痕"为笔名，发表处女作《两个孤坟》。全面抗战爆发前夕，他曾发表《野祭》《碉堡风波》《生死路》等作品。

1938年7月底，姚雪垠参加了河南青年救亡协会成立大会。这个协

姚雪垠浮雕（朱江2015年6月20日摄于国民政府第五战区李宗仁司令长官部旧址纪念馆）

会的总会设在洛阳，在南阳成立执行部，叫豫南执行部。姚雪垠被指定为这个执行部的负责人。随后，他来到南阳开展抗日救亡工作。那时武汉的国民党已经取缔了青年救亡协会、青年救国协会和民族解放先锋队三个抗日救亡团体，当时社会上有人说，只要鼓吹抗日救亡的姚雪垠一回到邓县作乱，当地的民团就要暗杀他。尽管如此，姚雪垠还是冒着危险回到了邓县，在青年中开展抗日救亡工作。

这年冬天，姚雪垠闻讯民团要暗杀他，当即逃离邓县，躲避灾难。

在这期间，武汉沦陷，李宗仁的第五战区司令长官部搬到湖北襄樊，将后方留守处设在均县。这时，中共地下党与李宗仁合作，成立了以钱俊瑞、曹荻秋、胡绳等为领导的第五战区文化工作委员会，下设报社、文化站、文化队等机构，工作热火朝天。

1938年冬天，姚雪垠应第五战区文化工作委员会主任钱俊瑞的来信邀请，参加了第五战区文化工作委员会的工作，被派到武当山下的均县留守处。

抗日战争中，他继续坚持创作，并担任中华全国文艺界抗敌协会理事等职，积极投身抗战斗争。

中华人民共和国成立后，姚雪垠先后在河南、湖北、北京等地从事专业文学创作。他于1957年开始创作长篇小说《李自成》。这部全书达320余万字的巨著，共耗费他40年时间，荣获首届"茅盾文学奖"，是当代文学中风靡一时的历史长篇小说。

姚雪垠历任中国人民政治协商会议第五至七届全国委员会委员、中国文联全国委员会委员、中国新文学学会会长等职。1981年12月，已古稀之年的他加入了中国共产党。

1999年4月29日，因病医治无效，姚雪垠在北京与世长辞，享年89岁。

## 学员打火把为他送行

可是，有谁曾知道，姚雪垠不仅是著名的作家，还对马克思主义哲学颇有研究。

抗战时期，他在均县一所抗日文化工作讲习班上，担任唯物辩证法课程的老师。

28岁的他，竟把这门哲学课讲得明白易懂，引起了大家极大的兴趣，受到了人们的热烈欢迎，并在均县引起了很大震动。

早在学生时代，姚雪垠就接触了马克思的《哲学之贫困》等书籍，初步掌握一些关于历史唯物主义、辩证唯物主义以及政治经济学的理论常识。他下了很大功夫备课，参阅了艾思奇《大众哲学》等讲解马克思主义哲学的书籍。

在均县抗日文化工作讲习班上，他结合当时战争形势的发展，把课讲得深入浅出，通俗易懂。

当他讲课的时候，除了讲习班学员外，总还有许多人前去旁听；他不仅在班上讲，而且还到当地的中学，以及由何基沣将军担任教育长的七十七军军训团，作关于唯物主义辩证法的报告。

七十七军军训团是七十七军在均县设立的培养下级军事干部的学校，副军长何基沣兼任教育长。国立湖北中学，是山东各县中等学校南下流亡到湖北郧县（今郧阳区）、均县后成立的，师范部设在均县，学生中有中共党员，抗日救亡活动十分活跃。两校得知讲习班的热烈反响后，数次邀请姚雪垠、臧克家、田涛等著名进步文化人到校作报告。

姚雪垠应邀到七十七军军训团进行了两三次、到国立湖北中学进行了一次演讲，他的报告给两校学员留下了深刻印象。后来姚雪垠回忆道："在今天看来是极为普通的常识，在当时却是新鲜知识，而且与现实斗争结合得很紧，颇为听讲的青年们所需要，也算是雪里送炭的工作。"

后来，国民党发动抗战期间的第一次反共高潮，蒋介石下令撤销第五战区文化工作委员会，讲习班被迫结束。

姚雪垠在一个天色很黑的晚上从均县乘船撤离时，讲习班的学员、军训团的学员、国立湖北中学的部分学生，均县城内的进步团体，都来到均县东门外的江岸上，打着火把来为他们送行。

不少学员还一再大声向姚雪垠请求，要他务必把唯物辩证法的讲义继续写完，寄给他们。如此壮观的场面令姚雪垠激动不已，热血青年的爱国热情深深地打动了他。姚雪垠热泪盈眶，向大家挥手告别，点头答应。这一切所见所闻，都成了姚雪垠创作的素材。

## 头顶日机仍挥笔疾书

台儿庄战役胜利后，姚雪垠以《风雨》周刊主编和全民通讯社特约记者的身份赴徐州采访。

在徐州，姚雪垠同山东来的几位打游击的青年彻夜长谈，并根据所获资料，用书信体写成一本名为《战地书简》的小册子，后又写了一篇宣传抗战和爱国主义精神的小说《白龙港》。

这年冬天，姚雪垠辗转来到湖北襄樊（今襄阳市）参加钱俊瑞、曹荻秋领导的文化工作委员会。此时的姚雪垠，血气方刚，热情奔放，写作情绪高涨，在到达第五战区司令长官部驻地（当时驻老河口）后，开始写自己的第一部长篇小说《春暖花开的时候》，准备在胡绳主编的《读书月报》创刊号上开始连载。

他参加了抗日救亡运动，在斗争实践中获得了大量亲历、亲见、亲闻的第一手资料，为写好《春暖花开的时候》打下了坚实的基础。

抗战时期，姚雪垠的写作条件十分艰苦。《读书月报》创刊号很快就要出版，因而必须加紧写作；战争年代商品奇缺，买不来稿纸，只能用土法制造的又粗又黄的纸书写；经常遭到日机的空袭……

每天吃过早饭，姚雪垠就和妻子一起跑到老河口郊外，先去老百姓家里借把小椅子，然后来到村边的大树下。他将纸摊在凹凸不平的小椅子上，自己坐在地上挥笔疾书。由于椅子太低，姚雪垠写一阵后就感到颈部僵硬疼痛。但他写作的激情丝毫未减，稍微活动一下颈部又接着写。

当时人们最担心的是日机频繁空袭，但姚雪垠对此却并不在乎。每当老河口城内响起空袭警报声时，他毫不理会。紧急警报响起后，他只是抬头看看天空。只有当日机的轰鸣声由远而近，他判断来的是多架轰炸机时，才将稿纸塞进皮包，然后仰望天空，观察日机的动向。如果日机朝着他们所在的方向飞来，他和妻子便就地卧倒。当时中国军队用于保卫老河口的高射炮不仅数量少，而且命中率极低。有时日机投下的炸弹就在离姚雪垠夫妇不远的地方爆炸，弹片呼啸着从他们的头顶上方飞过。唯恐丈夫受伤的王梅彩不禁低声叫道："雪垠，雪垠！"为了给妻子壮胆，姚雪垠镇定地说："别怕，别怕！日机空袭的目标不是我们这里。"日机刚一离开，姚雪垠就拍掉身上的尘土，从皮包里取出稿纸，放到小椅子上继续写作。

## 冲进前线采访冒死突围

抗战期间，每当前方发生战事时，姚雪垠都要去采访。

出发前，他就加紧写作，多准备些书稿，从而保证了小说《春暖花开的时候》在《读书月报》上的连载从未中断。

1939年4月，随枣战役爆发。臧克家与姚雪垠同赴鄂北前线八十四军采访。他们"一面走着一面写着，一支铅笔，一个小日记本，一个膝盖"[1]，从师部、团部、营部、连部，一直到了山头的前沿阵地。

---

①孟宪杰.臧克家在鄂西北的抗战文化活动述论[J].学理论，2017，（1）.

以笔为枪的姚雪垠（资料图片）

从万家店、厉山到枣阳，他们在战场上经历了枪林弹雨。经冒死突围，历时8天才赶回均县，连诗稿在内，东西丢个精光。这次战役后，姚雪垠创作了散文《春到前线》，出版了著名的战地通讯《四月交响曲》。

1939年，姚雪垠的长篇小说《春暖花开的时候》开始在胡绳主编的《读书月报》上连载，这是我国最早出现的反映抗战生活的长篇小说，人物性格鲜明，生活气息浓厚，语言朴素、自然，细腻、流畅。同时，他还创作了颇有影响的中篇小说《牛全德与红萝卜》。

1939年底，为配合第五战区的冬季攻势，姚雪垠和臧克家作为"笔部队"战士第三次奔赴前线，在战地生活达3个多月。这是个"冰刀"似的冬天，两位著名文化人"骑着大马在风雪吹打着的战地上奔驰"，"同士兵们一道在战壕里过旧年"，敌人"把炮弹打落到我的身后身前"。①

1940年元旦过后，姚雪垠在钟祥前线写了《战地春讯》，文中披露了他在七十七军冯治安部采集到的大量感人事迹。1月，他在樊城写了通讯《鄂北战场上的神秘武器》；3月，又在《阵中日报》上发表了《战地佳话》，真实地反映了前方抗日将士的艰苦生活。

---

①孟宪杰.臧克家在鄂西北的抗战文化活动述论[J].学理论，2017，（1）.

以笔为枪的姚雪垠（资料图片）

1940年11月，姚雪垠害了一场大病，出天花。当时正是老河口惨遭日机轰炸的时候，他的病情耽误了好几天，既不能住医院，又不能到医院找医生。一度被中医当作了胃病，在停尸间住了好些天，多次昏睡不醒。

就在这时，第五战区的政治形势也进一步恶化，对进步文化人士的限制和打击越来越多。姚雪垠还卧病在床，就被战区当局借故免职。

第二年元月，姚雪垠被迫离开老河口，回老家邓县养病。不久去安徽主编《中原文化》。

1943年春节后，姚雪垠来到重庆，继续创作《春暖花开的时候》，并当选为中华全国文艺界抗敌协会理事；1945年他来到四川三台，任内迁的东北大学副教授。

抗战胜利后，姚雪垠在上海任大夏大学副教务长，代理文学院长。1953年迁居武汉为专业作家。1957年被错定为"右派"。

1960年被摘掉"右派"帽子。姚雪垠在逆境中开始创作他的代表作5卷本长篇历史小说《李自成》，这一史诗性的作品，以宏大的规模、壮阔的气势反映了宽广的社会历史生活，再现了明末波澜壮阔的农民战争，人物性格鲜明，具有深远的悲剧内蕴。1963年《李自成》

出版了第1卷，译成日文后获日本文部省、外务省颁发的文化奖；1976年出版的第2卷获首届茅盾文学奖。

1978年后，姚雪垠当选为第五、第六届全国政协委员、湖北省文联主席。

1995年，中国作家协会给姚雪垠等抗战时期的老作家颁发了纪念牌，上面镌刻着"以笔为枪，投身抗战"几个字。

# 办报抗战救国的胡绳

胡绳是我国著名的马克思主义理论家、历史学家。抗战时期，刚刚加入中国共产党的胡绳曾在武当山下办报，不遗余力地通过报纸宣传抗战，大量刊登了各界积极参与抗日活动的动态消息，产生了积极的社会效果，使一大批战区青年受到熏陶乃至走上革命道路。在武当山下的静乐宫附近，胡绳还向60多名进步青年学生进行短期培训。因其内容宣传抗日救国，坚持团结、反对投降，赢得了大家的喜爱。

抗战时期的胡绳（资料图片）

## 他20岁出任报社总编辑

《鄂北日报》是鄂西北早期的报纸之一，1939年春改名为《阵中日报》。抗战期间，胡绳曾担任这两份报纸的总编辑。

1918年，胡绳出生于江苏苏州。1938年加入中国共产党。他是中国著名哲学家、近代史专家，也是久经考验的忠诚的共产主义战士、无产阶级革命家、著名的马克思主义理论家，中国人民政治协商会议第七、八届全国委员会副主席。

1982年，胡绳出任中共中央党史研究室主任，负责研究中共党史，并参与起草了《关于建国以来党的若干历史问题的决议》和新

《中华人民共和国宪法》。1985年，胡绳接任中国社会科学院院长；1988年起当选为全国政协副主席；2000年，胡绳在北京去世。

可是，谁曾知道，胡绳在青年时代就与报纸、与武当山结下了深深的情缘。

全面抗战爆发后，全国在各地分设战区司令长官部。第五战区司令长官部负责指挥保卫津浦路的防御战。中共中央长江局利用李宗仁的第五战区司令长官部同国民党内部派系之间的矛盾，采用巧妙迂回的策略，积极开展统战工作。

1938年8月，董必武与李宗仁在武汉达成建立文化工作委员会的协议。在武汉告急时，李宗仁的司令长官部迁到了老河口。而此时，周恩来、董必武及中共湖北省委也在武汉沦陷前夕，安排了大批共产党员、进步青年和抗日群众团体，随第五战区从武汉撤退到鄂西北、武当山麓及沿襄河西岸一带。

在这批撤退的人群中，钱俊瑞、胡绳等5人是按照周恩来、董必武的布置，来到襄阳（今襄阳市襄城区），以成立文化工作委员会的形式，开展统战工作。

文化工作委员会成立后，于1938年11月顺利接办了原来由襄阳县

《鄂北日报》是鄂西北早期的报纸之一。抗战期间，胡绳曾担任总编辑。《鄂北日报》后来改名为《阵中日报》。图为《鄂北日报》、《阵中日报》浮雕。（朱江2018年9月23日摄于国民政府第五战区李宗仁司令长官部旧址纪念馆）

党部主办的《鄂北日报》。钱俊瑞任报社社长，时年20岁的胡绳任总编辑。

胡绳遵照中共中央《抗日救国十大纲领》和抗日民族统一战线的基本方针，不断对《鄂北日报》的版面内容进行改动与充实。他善于设计符合当时社会风貌的多种多样的报纸版面，第一版大部分是战事消息；第二版大部分是政治、经济、文化和地方消息，经常有1000字左右的社论；第三版是国际消息；第四版是副刊和少量的广告。报上设有信箱栏目，注意解答读者提出的工作、学习和生活问题。这份四开四版的铅印报纸，版面新颖，文章短小精悍，通俗易懂。

## 他在静乐宫给进步青年讲哲学

由于时处国共联合抗战时期，国民党忌讳的话不可多讲，而国民党想要看到的文章，又不利于抗日。那么，怎么办呢？种种不利因素，反而让胡绳充分显示了他的身手不凡。

他经过独立思考和刻苦摸索，结合思想文化界的实际情况，对当时《鄂北日报》的宣传讲究斗争艺术，坚持有理、有利、有节的斗争原则。他表现出一名党所培养的文化战士，在政治上、理论上的党性和锐气。

在胡绳的精心编辑下，不少来自前线军民英勇抗敌的消息、通讯，及时得到刊登，宣传了军民不怕牺牲的英雄气概。使每期出版的报纸都成了气势恢宏、波澜起伏的历史画卷。

1938年12月18日，国民政府国防最高委员会主席汪精卫突然秘密离渝飞滇，转往越南的河内，并发表反对抗战，诬蔑抗战将士的文告，投敌当了汉奸。胡绳抓住这一事件，适时开展了反投降、反分裂的宣传。对于国民党消极抗日，积极反共，制造摩擦，挑起事端的行径，通过严谨的措辞，作了必要的揭露。

当时，《鄂北日报》发行范围较广，第五战区军队、政府、机关、学校、团体及民众都有订阅，深受广大读者欢迎。这一时期，这份报纸强大的感召力，使人们读后爱不释手。

为了建立广泛的文化工作网，文化工作委员会在武当山下的均县（今丹江口市）静乐宫东侧开办了文化工作讲习班，招收60多名进步青年学生，进行短期培训。培训期间，胡绳讲哲学。培训50天左右后，进步青年学生分配到襄阳、南漳、枣阳、谷城、均县等各交通干线上建立文化站，其职责是宣传抗日救国道理，配合当地政府研究、组织和办理抗战后勤工作。

## 他为《阵中日报》出刊奔波

1939年初，蒋介石派军统特务张元良到第五战区担任政治部副主任，随后将文化工作委员会改组为"战区政治部设计委员会"。胡绳在襄阳担任总编辑的《鄂北日报》停办，改为《阵中日报》，但他仍担任负责人。

1939年3月1日，《阵中日报》在襄阳创刊。四开四版，日刊，铅印，主要发行到第五战区机关、所属部队、防区等，份数在2000到3000份之间。一版为国内新闻；二版为国际新闻；三版为国内通讯；四版为副刊。整份报纸，不仅版面新颖活泼，内容翔实，文章短小精

《鄂北日报》后来改名为《阵中日报》。图为《阵中日报》浮雕（朱江2015年6月20日摄于国民政府第五战区李宗仁司令长官部旧址纪念馆）

胡绳浮雕（朱江2015年6月20日摄于国民政府第
五战区李宗仁司令长官部旧址纪念馆）

悍，通俗易懂；而且还很注意和读者沟通，经常开展一些讨论，比如
"战区一日"征文等，解决读者生活、学习、思想、工作等方面的问题。

《阵中日报》报头系李宗仁题写。文章大量刊登了老河口各界积
极参与第五战区抗日活动的动态消息。

后来，随着局势愈发紧张，中共鄂西北区党委不得不分批将胡绳
等已暴露身份的人员撤离第五战区。

这年5月，日军迫近襄阳，《阵中日报》由襄阳迁到老河口，后又
迁至均县，报纸暂时停刊。胡绳以报纸暂时不能复刊为由，向李宗仁
辞别，离开襄阳。

随后，来到重庆的胡绳开始筹办《读书月报》，其他办报人员也
相继赶往重庆。

张元良则完全控制了《阵中日报》，报纸复刊。

1940年元月，《阵中日报》再一次做了大的调整。该报在第246
期刊载了新阵容，李宗仁的外甥、政治部主任韦永成任社长，尹冰彦
任总编辑，包括老舍、臧克家、碧野、姚雪垠、艾芜、安娥等33名作
家、进步人士担任特约撰述。《阵中日报》的副刊栏目丰富多彩，几
乎每天都不一样，积极宣传抗战的进步思想倾向，产生了积极的社会
效果，并使一大批战区青年受到文艺熏陶乃至走上革命道路。1946年
春，报纸改名《群力报》，迁到河南漯河出版。

当时，老河口显赫一时，一度成为第五战区所辖河南、安徽、湖北等地的政治军事经济文化中心、主要的抗战前沿阵地。抗战期间，第五战区主办的《阵中日报》，在老河口编印发行达6年之久。为宣传同仇敌忾的战斗精神和不怕牺牲的英雄气概，激励广大国民和将士抗日斗志，起到了积极的独到的作用。

据钱俊瑞后来回忆说："就在这年（1938年）年底，李宗仁要在均县办一个军官学校，要我去当少将总教官。他同意我到重庆去请示有关事宜，我就借机跑掉了。我乘坐司令长官部的车子去宜昌。途中路过当阳停了两天，当地党组织要我把信捎到重庆。到宜昌后，我坐飞机直达重庆，那天刚好过元旦。李宗仁本人态度较好，他知道我们要疏散撤退，就睁一只眼，闭一只眼。胡绳同志等比我晚走一段时间，大约是1939年五六月间到重庆去的。"（钱俊瑞《党在第五战区的统战工作》）

"1939年5月，张元良到均县草店，在第五战区干部训练团见张佐华、孟宪章、胡绳一个也没被吓走。"时任第五战区司令长官部调查科科长庞盛文回忆道。

2015年7月下旬，汉江师范学院思政课部孟宪杰副教授接受采访时分析认为，胡绳应该是1939年五六月份离开鄂西北的。据胡绳本人回忆，1939年6月他已在重庆。孟宪杰指出，此前胡绳率《阵中日报》撤至均县一带活动过应该是无可争议的，但时间很短，应该在1939年5月前后。这一发现在十堰抗战文化史上具有重要意义。

## 《阵中日报》发行武当山地区

《阵中日报》的副刊栏目丰富多彩，几乎每天都不一样。有前线出版社主编的《笔部队》、妇女工作委员会主编的《妇女前哨》、战区青年团主编的《战区青年》、广西青年军主编的《铁群》等。可以说，《阵中日报》的副刊对抗战进步思想的宣传，产生了积极的社会效果，并使一大批战区青年受到文艺熏陶乃至走上革命道路。

抗战时期，武当山是第五战区重要的后方基地，《阵中日报》

1996年5月5日，全国政协副主席胡绳（左一）视察丹江口水利枢纽工程（朱江2015年12月12日摄于丹江口工程展览馆）

曾在武当山地区发行，大量刊登了各界积极参与抗日活动的动态消息。包括胡绳、老舍、臧克家、碧野、姚雪垠等30名作家曾担任特约撰述。

《阵中日报》报头刊载社址在"湖北老河口北街11号"，通讯处为湖北三十二军邮局，报纸零售每份二角，订阅每月四元五角外埠五元，代售每月每份四元，广告每平方寸每日二元。

2015年据老河口当地86岁的老人何乐介绍，当时《阵中日报》印刷厂在现在的老河口市阳新区滨江村附近的罗汉寺里。

在蒋介石第三次反共高潮过后，《阵中日报》已经完全沦为国民党的政治工具。1942年5月9日起，《阵中日报》开始改为"临时石印第一版（号）"，第二天改为"临时石印第二号"，以后就此顺序排列。在一版报头下注明"今日一张共两版"，沦为八开小报，全部为新闻版。以前序列号到第981号止，时间是中华民国三十一年四月三十日（1942年4月30日）。

据了解，目前仅有南京博物院保管有《阵中日报》，但也不完整。

由于战乱、日机的狂轰滥炸、工作生活极不稳定等诸多方面的原因，《阵中日报》存世不多。总共编印了多少期？现存于世的有多少？编辑队伍有哪些人？还有待研究。

1941年，胡绳在香港任《大众生活》编辑；1942年后，在重庆任中共中央南方局文委委员，《新华日报》社编委。

1946年后，他任中共上海市工委文委委员，香港生活书店总编辑；1949年后，任中共中央宣传部教材编写组组长，华北人民政府教科书编审委员会副主任，人民出版社社长，政务院出版总署党组书记，中共中央宣传部秘书长。

1955年至1966年，胡绳任中共中央政治研究室副主任，《红旗》杂志社副总编辑。

1975年后，先在国务院研究室及毛泽东选集工作小组工作，后任毛泽东著作编委会办公室副主任，中共中央文献研究室副主任，中共中央党史研究室主任，中国社会科学院院长，中国人民政治协商会议第七、八届全国委员会副主席，中华人民共和国宪法修改委员会委员、副秘书长，香港、澳门特别行政区基本法起草委员会副主任委员。中共第十二届中央委员，第一、二、三届全国人大代表，第四、五届全国人民代表大会常务委员会委员。

三千里汉江欢歌腾细浪，八百里武当雄风万古扬。1994年12月，武当山古建筑群被联合国教科文组织列入《世界文化遗产名录》；如今，丹江口水利枢纽工程成为国家南水北调中线工程的核心组成部分。

位于武当山下的丹江口水利枢纽工程，于1958年9月1日正式开工；1968年第一台机组投产发电；1973年6台机组全部建成投产。胡绳十分关心武当山地区社会经济发展。1996年5月5日，胡绳（时任全国政协副主席）视察丹江口水利枢纽工程；5月7日，视察武当山。在武当山紫霄宫，他题诗一首《游武当山未能登金顶》："南岩绝景屡回眸，百嶂千峰尽举头。试遣灵鸦报真武，长留金殿供神游。"

# 为抗战鼓与呼的碧野

读过碧野作品的人都知道，他的不少作品似与鄂西北结下了不解之缘。这是因为碧野有多次在鄂西北工作和生活的经历，鄂西北是他心中的第二故乡。抗战时期，作为"笔部队"的坚强战士，碧野以武当山为根据地，赶赴火线"参战"。在一年多时间内，他驰骋在鄂西北深山、汉水两岸高声歌唱，用手中的笔，为宣传抗日救亡鼓与呼。中华人民共和国成立后，碧野全家在丹江口"安家落户"，在丹江口水利枢纽工地生活了整整6年，还两次登临武当山。

现代作家、散文家碧野（资料图片）

## 18岁在北京图书馆自学

碧野，原名黄潮洋，我国现代著名作家。在抗日战争时期，他深入前线，以顽强的毅力和艰辛的劳动，创作了一批优秀的文学作品；以爱憎分明的情感，有力地鞭挞黑暗、热情地讴歌光明，在广大读者中产生了积极影响。

1916年，碧野出生在广东大埔一个贫寒家庭。童年和少年时代，碧野受到进步思潮的影响，并得到文学上的感染和熏陶。碧野曾任中华全国文艺界抗敌协会成都分会理事，莽原出版社总编辑，晋冀鲁豫边区北方大学艺术学院和华北大学文艺学院教师。中华人民共和国成立后，碧野历任中央文学研究所创作员，中国作协第三、四届理事和湖北分会副主席。他的主要作品有《我们的力量是无敌的》《丹凤朝阳》《情满青山》《阳光灿烂照天山》《月亮湖》等。

1934年夏，由于参与领导广东省立四中的学潮，碧野被迫逃往北平。18岁的他一边在北平图书馆自学，一边在北大、中国大学旁听。1935年，他的处女作《窑工》发表后好评如潮，更加坚定了他走文学之路的信念。

1935年底，碧野走上街头参加了"一二·九运动"，加入了进步文化团体浪花社和民先队，发表了报告文学《募捐》《迫害》等作品。

全面抗战爆发后，碧野辗转华北、豫西，参加了抗日游击队，之后决心拿起笔为抗战出力，接连写出了几部报告文学作品，其中以《北方的原野》影响最大。

抗日战争中后期，他在第五战区和大后方主要创作了《灯笼哨》《乌兰不浪的夜祭》《三次遗嘱》《奴隶的花果》等中短篇小说和散文《母亲的梦》。

## 抗战中的"刀锋战士"

碧野第一次到鄂西北是在抗日战争中期，大约待了一年多时间。

鄂西北通常是指湖北省西北部的郧阳和襄阳地区。抗日战争时期，这里是第五战区辖地，位居国统区大后方的前沿。特别是均县、光化、襄樊（今丹江口市、老河口市、襄阳市）一带，战区司令长官部长驻于此，各类军政机关密布，大批知名人士、进步团体和流亡青年在中国共产党倡导的抗日民族统一战线旗帜下一度在此集聚，掀起过轰轰烈烈的抗日救亡群众运动。由于一批进步文化人的积极参与和推动，这里的抗战文化活动盛极一时，别具特色，影响深远。

1940年春，碧野因从事进步写作活动在洛阳被捕，被关押一个多月后经营救来到老河口。此时，第五战区抗战文化工作的黄金时代已经结束，但文化工作并没有停止，一批进步文化人仍被战区当局以各种名义挽留下来。

碧野在第五战区政治部挂中校衔，与田涛主持《阵中日报》副刊《台儿庄》的编辑工作，同时还是第五战区政治部主办、白克主编的《战地》月刊的主要撰稿人。

在进步文化人的努力下，《阵中日报》副刊发表了大量抗日文学作品，影响扩及战区所辖各县及各部队。在老河口，碧野住在市中心钟楼下一间破败的小屋中，吃饭在姚雪垠家搭伙，与姚雪垠、臧克家、田涛相处甚密。他们"在垂柳、古井前或站或蹲或坐或照相，像战士守卫国土，赤胆忠心"。这年夏，碧野在老河口写了中篇小说《乌兰不浪的夜祭》。小说描写了蒙古族女英雄飞红巾大义灭亲，亲手处决了她情人的故事，人物性格鲜明，情节离奇曲折，深深地打动了广大青年读者。

在老河口，碧野与姚雪垠、臧克家、田涛等结下了很深的友谊。碧野后来回忆说，"每一次拉响警报……臧克家、姚雪垠和我都事先相约跑罗汉寺田涛处，有茶喝，有饭吃"。他们就民族战争、青年出路、前线写作等问题展开激烈讨论。有时，大家互相争得脸红脖子粗，但友情依然深厚。

这个时期，国共两党摩擦加剧，进步文化人受到越来越多的排挤和打击。在这种形势下，1941年1月，应三十军军长池峰城之邀，碧野、臧克家和田涛来到南漳县三十军的驻地，挂秘书名，计划跑战地，写文章、出丛书，使鄂西北五战区的战地文化工作得以继续。池峰城的秘书丁行是中共党员，池峰城手下的师长黄樵松正直、爱国，思想进步。但这年五六月间，池峰城在上峰的压力下变卦，被迫礼送几名文化人出境。至此，碧野等人先后离开了鄂西北，以后辗转于安徽临泉、河南叶县等地，最后去了大后方。这期间，碧野以洛阳集中营的生活为素材，写了中篇小说《三次遗嘱》，揭露了国民党顽固派镇压进步知识分子的行径。

抗战时期在第五战区，碧野、姚雪垠、臧克家、田涛（从左至右）合影（朱江2015年9月26日摄于国民政府第五战区李宗仁司令长官部旧址纪念馆）

## 他在武当宣传抗日救亡

作为"笔部队"的坚强战士，碧野等人以鄂西北武当山为根据地，赶赴火线"参战"，他们驰骋在鄂西北深山、汉水两岸高声歌唱，用手中的笔，为抗日救亡鼓与呼。

当时，第五战区政治部在老河口办有《阵中日报》，其副刊《台儿庄》刊登了姚雪垠、臧克家、老舍、安娥、田涛、彭澎、王寄舟等中共地下党员、进步作家、特约撰述者们早期许多珍贵的作品，其中很多作品已是孤本，甚至未能收录到他们以后的作品集。这其中，碧野也是"特约撰述"人之一。副刊《台儿庄》由进步作家田涛主编，其中具有代表性的作品有碧野《草原上的英雄》、姚雪垠《家的故事》、臧克家《十二月的风》、田涛《呜咽的汉江》等。

如今在老河口市的国民政府第五战区李宗仁司令长官部旧址，陈列着一幅珍贵照片。

这张照片拍摄于1940年4月底。拍摄地点是老河口城南郊外一处水井旁，碧野、姚雪垠、臧克家、田涛4位后来的中国文坛巨匠留下了珍贵的瞬间。

当时，这4位年轻的作家本来是相约到老河口郊外采风的，因为侵占武汉的日军刚刚对老河口进行过一番狂轰滥炸，几位从隐蔽地方出来的年轻人在拍去身上的灰尘时，还不忘幽默地关心对方。随行的军事摄影记者便提议给他们合个影，大家一拍即合，于是就有了这张弥足珍贵的历史照片。

照片从左至右分别为碧野、姚雪垠、臧克家和田涛，碧野右手叉腰左手扶着井架站立，旁边的姚雪垠右手持一枯树枝蹲在井沿上，而右侧的臧克家和田涛并肩坐在井沿或地上。从他们或淡定，或坚毅的眼神中，我们不难看出4位年轻作家对未来的肯定。

碧野、姚雪垠、臧克家等人是抗战时期文坛上十分活跃的战地文化人。他们在第五战区艰苦生活达四五年之久，而在鄂西北、武当山地区活动的时间就占到了一半以上。这一不平凡的时期，无论对碧野、姚雪垠、臧克家，还是对第五战区、鄂西北抗战文化工作都是极其重要的。

## 鄂西北是碧野第二故乡

中华人民共和国成立后，碧野在铁路工人中生活了3年，又在新疆先后生活4年。

1955年，他写完长篇小说《钢铁动脉》之后来到新疆，生活了4年，《天山景物记》就是记录新疆风情的作品之一。

从内地到边疆，从山间到水边，碧野带着炽热的感情深入各地生活，出版了长篇小说《我们的力量是无敌的》《钢铁动脉》《阳光灿烂照天山》《丹凤朝阳》和一批中短篇小说、散文集，如《在哈萨克牧场》《遥远的问候》《天山南北好地方》《情满青山》《月亮湖》《碧野近作》等。据粗略统计，大半个世纪以来，碧野创作并出版了30余本书，约500万字。

读过碧野作品的人都知道，碧野的不少作品似与鄂西北结下了不解之缘。这是因为在碧野的人生中，有多次在鄂西北工作生活的经历，鄂西北是他心中的第二故乡。

1977年，碧野携夫人重回丹江口
水利枢纽（资料图片）

　　1960年，他夫人病重，组织上决定将他调到武汉作协工作，但他不愿待在大城市，听说鄂西北丹江口正在建设一座大型水利枢纽工程时，便决定到那里生活，以水电行业为缩影，描绘中国人民建设社会主义的宏伟画卷。第二年，碧野全家在丹江口"安家落户"。其时，来自湖北、河南16个县市的十万大军齐集丹江口，荒山秃岭到处是工棚。碧野和工人们一起睡地铺，一起啃红薯，一同在烈日和风雪里劳动。正如茅盾所写："碧野白头不认老，丹江工地舞钢镐。"他在混凝土的搅拌声中写作，在工地交了许多知心朋友，上至书记、指挥长，下到许多小青工。他每天都在不停地劳动、访问和创作，努力为长篇小说《丹凤朝阳》的面世做准备。1962年，大坝工程暂时停工了，碧野进入鄂西北腹地访问。从这一时期发表的作品判断，他去过郧县（今郧阳区）、南漳、房县、竹山乃至神农架，访问过老苏区，采访过劳动模范，爬上过鄂西北最偏远的大九湖，还两次登临武当山。1965年，碧野以极大的热情在工地上开始了《丹凤朝阳》的创作。"文化大革命"开始后，碧野于1966年被迫离开了工地，离开了

1977年，碧野重返丹江口（图片来源：常怀堂撰《张体学与丹江口大坝》，2017年6月内部资料）

鄂西北。碧野在丹江口水利枢纽工地生活了6年，他的妻子儿女也在丹江口住了整整4年。

1972年秋，下放沔阳的碧野刚调回武汉，便向组织要求重返丹江口。一个多月后，碧野再一次回到了鄂西北。1975年春，碧野写完了《丹凤朝阳》初稿。1978年，共计43万余字的《丹凤朝阳》由百花文艺出版社正式出版。这篇小说画面壮阔，笔法细腻，对祖国大型水利枢纽工程的建设作了史诗式的概括，是一部思想性和艺术性俱佳的优秀长篇作品。

2008年5月30日6时30分，中国共产党优秀党员、湖北省终身成就艺术家、中国作家协会和湖北省作家协会名誉委员、华中散文学会会长、正厅级离休干部碧野，因病在武汉逝世，享年92岁。

# 登武当赋愤诗的方振武

"中国抗日英雄"方振武亲笔签名照（资料图片）

抗战名将方振武从小立志报效祖国，长大后积极加入抗日队伍，战功显赫；但终因蒋介石的压迫被迫流亡海外，后被特务杀害。如今在武当山天柱峰，镌刻着方振武于1939年11月留下的诗作，表达了他国难当头，强敌入侵，自己纵有一腔热血，却报国无门的复杂心情。

## 积极抗战走蒙辽

第五战区驻扎到老河口以后，战区司令长官李宗仁决定开办一所军校，为坚持抗战，争取抗战的胜利培训一批能征善战的中下级军官。几经考虑，他把军校地址选定在武当山下的周府庵。

1939年1月，第五战区干部训练团正式开学；同年年底，干部训练团改编为中央陆军军官学校第八分校。

《李宗仁回忆录》是这样记录的："另于襄河（汉江）西岸距老河口约九十里地的草店（即周府庵所在地），成立中央陆军军官学校第八分校。校址设于武当山下诸宫殿式建筑的驿站中。相传这些驿站建于明代，那时武当山寺庙香火鼎盛，各方士大夫多来朝山，每年且有朝中大臣奉敕前来进香，这些驿站即于是时奉圣旨所修建。规模宏大，虽经数百年犹未改旧观。加以山林幽静，古柏参天，真是最理想的军校校址。该校除招收知识青年外，并调各军下级干部前来受训，故有学生队与学员队之分。因抗战已过三年，全国军队久经战斗，下级军官伤亡甚巨，亟待补充之故。"[1]

第八分校开学不久，蒋介石任校长，第五战区中将参谋长徐祖贻任教务主任。1939年11月，第八分校第二期学员毕业即将奔赴抗日救国的前线。蒋介石委派方振武将军代表他，前来祝贺并巡视战区。

方振武，著名的抗日将领，曾同冯玉祥、吉鸿昌等在察哈尔组织了抗日救国军，到内蒙古、辽宁一带打击日军侵略者。

察哈尔抗日同盟军的抗战和所进行的抗日救亡宣传，对于推动全国抗战作出了不可磨灭的贡献。

## 少时胸怀报国梦

1885年，方振武出生在安徽寿县一个贫寒家庭，他幼时就读于瓦埠小学，因家境贫寒，青年时代曾挑卖凉水。他常听父亲讲述曾祖方觉先为推翻清朝帝制而英勇献身的事迹，这在他幼小的心中留下深刻的印象。1906年，21岁的他考入安庆武备练军学堂。毕业后，投身安庆马炮营当兵，后在安徽新军中任队长。

1911年，辛亥革命爆发，他在革命军光复南京的战斗中英勇作战，立下战功。1913年，他随黄兴参加"二次革命"，进军江苏，英勇善战，以一营的兵力，与数倍于己的北洋军激战七昼夜，虽身中数弹，仍坚持战斗。"二次革命"失败后，方振武只身赴日，入尚武陆军学校，见到了孙中山先生。次年他加入中华革命党。

1918年，方振武任广东护法军政府海军陆战队大队长。1924年在奉系军阀张宗昌部任直鲁联军别动队支队司令、补充旅旅长、二十四师师长。1925年12月，方振武脱离张宗昌，率部加入冯玉祥的国民军，后任国民军联军援陕副总指挥，第三方面军总司令。1928年改隶

---

[1]欧战爆发后之宜、枣及豫南、鄂北诸战役[M]//李宗仁口述，唐德刚撰写．李宗仁回忆录．南宁：广西师范大学出版社，2015.

1929年，任安徽省政府
主席的方振武（资料图片）

蒋介石指挥，曾任国民革命军第四军军长，第六路军总指挥兼安徽省政府主席等职。1929年，方振武因反对蒋介石被押，1931年获释后被选为国民政府委员。

九一八事变后，国民党南京政府的对日妥协政策激起全国人民的义愤，部分国民党爱国将领也产生强烈不满。方振武将军奋起抗日，立志"宁为战死鬼，不做亡国奴"。

1932年，方振武变卖全部家产，凑集10万元作抗日军费，随即秘密离开南京，到山西介休。这年2月，他与旧部鲍刚、张人杰等共商组建抗日救国军，自任总指挥，向全国通电，北上抗日。5月26日，方振武将军与冯玉祥、吉鸿昌共同在张家口联名发出通电，宣告察哈尔民众抗日同盟军正式成立，方振武任副总司令。6月20日，同盟军任命吉鸿昌为北路前敌总指挥，方振武为北路前敌总司令，率军北进，连续收复了康保、宝昌、沽源及黄旗营子等地。7月7日，吉鸿昌、方振武下达进攻察北重镇多伦的总攻击令。当日夜至8日拂晓，同盟军连克敌两道外围防线，直抵城下。经过5个昼夜苦战，终于在12日收复多伦，将日伪完全赶出察哈尔省。

蒋介石对同盟军的兴起和抗日发展极为恐惧，担心危及个人统治权力，因此不仅未予以支援，反而极力设法扑灭。同时，对方振武将军许以西北边防督办名义，继以拉拢诱惑，被拒绝。方振武和吉鸿昌，在同盟军遭到蒋介石瓦解、攻击之下，继续进行抗日救亡活动，直至10月，终于在蒋、日军联合夹逼下失败，方振武将军被迫流亡国外。

察哈尔抗战是中国爱国官兵响应中国共产党团结抗日号召，举起武装抗日旗帜，进行联合抗日的一次伟大尝试，得到了全国主张抗日的各派政治势力及广大民众的支持和称赞，对揭露南京政府对日妥协政策的错误起到了积极作用。

尽管这一爱国壮举最终因日伪军的联合进攻归于失败，但是在中华民族危亡关头，这对全国抗日救亡运动所起到的鼓舞和推动作用却是不可估量的，体现了在国民党内部，同样存在着相当强烈的抗日御侮的愿望和要求。

## 武当山上题愤诗

1937年，抗日战争爆发后，方振武回国找到蒋介石，要求带兵上前线抗日，但被拒绝，只给方振武一个上将参议的虚衔。

1939年11月，方振武受蒋介石委派来到第五战区，出席第八分校第二期学员毕业典礼。

同为抗日将领，李宗仁对方振武的到来，感到非常高兴。

第八分校的军事学员们，也早就想一睹这位抗日名将的风采。李宗仁为方振武举行了隆重的欢迎仪式兼学员毕业典礼仪式。方振武在毕业典礼仪式上，高度评价李宗仁抗日救亡的丰功伟绩，盛赞第五战区将士的卓著功勋。李宗仁将军在热情洋溢的答词中，赞颂方振武将军和抗日同盟军的抗日功绩，号召第五战区的将士们像当年察哈尔抗日同盟军那样，不屈不挠，抗战到底，直至取得最后的胜利。当时，参加仪式的还有第五战区的张自忠、孙连仲等高级将领。送走毕业的学员后，李宗仁又迎来了他老家广西各界慰问抗战前线将士慰问团。经过几天的休整，在李宗仁倡议下，方振武等同邀广西慰问团的全体成员，一同前往武当山观光游览。

缠绵的秋天，八百里武当山层林尽染，万山红遍，风光旖旎，天高云淡。

李宗仁、方振武一行登上了武当山海拔1612米的最高峰天柱峰。环顾四周，放眼望去，群山起伏，重峦叠嶂，大好河山，尽收眼底。这时，太和宫的道长端来了笔墨纸砚："诸位将军在军务繁忙之余，光临古刹，山门生辉。贫道冒昧，请诸位留下一二墨迹，作为镇山之宝，幸甚幸甚。"方振武想到国难当头，强敌入侵，百姓涂炭，自己纵有一腔热血，却报国无门，被蒋介石剥夺了抗日的权利，英雄无用武之地。想到此，一股愤懑之情涌上心头，他挥笔写下了《游天柱峰》："万丈雄山势欲奔，峰高五岳接天门；秦皇汉武封禅日，不受虚荣亦自尊。民国廿八年，方振武。"

方振武将军的字迹有魏碑遗风，粗犷苍劲，力透纸背，豪迈奔放。诗言志，这首诗的字里行间，借歌颂武当山一柱擎天，壁立万仞，雄壮山河的气势，透露出将军刚直不阿、义愤填膺、报效祖国的高贵气节。在场众人无不向他投来敬佩的目光。

方振武的《游天柱峰》题词，如今仍镌刻在武当山（朱江2013年1月19日摄于武当山太和宫）

当天下午，李宗仁一行离开武当山回战区总部。道长请来石匠，把方振武的诗，镌刻于石碑之上，屹立在登金顶的九连蹬石道旁，让将军的爱国精神与青山永存。

后来，方振武到桂林，创办垦牧场，筹集资金，购买枪支，准备重整抗日武装，再赴战场杀敌。不料又遭特务监视、捣乱，在不得已的情况下，他出走香港。

在港期间，他心中想的是怎样抗击日寇，曾著《对日碉堡连环战法》一书。他常与爱国人士来往，联系海外抗日力量，组织"海外侨胞联谊会"等抗日团体。1941年12月18日，日军侵占香港，他于19日重返内地，决心奔赴抗日前线杀敌卫国。当他刚入广东中山县境时，不幸遭到国民党的特务暗杀，时年56岁。

# 结缘武当的抗日英烈张自忠

1940年参加枣宜会战的张自忠将军（朱江2015年9月26日摄于国民政府第五战区李宗仁司令长官部旧址纪念馆）

1939年初，著名抗日将领张自忠的第三十三集团军后方留守部队驻在均县（今丹江口市）草店一带。那年秋天，张自忠特意到后方视察第三十三集团军留守部队。视察后，他兴致勃勃地畅游武当山下的老营宫旧址。张自忠在仰观武当群峰的宏伟气势时，深为赞赏，只以无暇攀登为憾。他深有感触地说："我们要发扬戚继光那种卫国保民的精神。奋起抗战，军民振奋，万众一心，一定会把敌人打垮，把敌人赶出去！"1940年，他在襄阳与日军战斗中，不幸牺牲，被追授为陆军二级上将军衔。抗战史研究专家认为，张自忠是抗战中中国军队牺牲的军衔最高的将领。

## 他自幼性情豪爽慷慨仗义

在抗日战争那个烽火连天的年代，中华儿女为了保卫家园，同日本侵略者进行了英勇悲壮的斗争，无数的英雄马革裹尸、血洒沙场。张自忠上将就是众多抗日将领中最著名的一个！

1891年8月11日，著名抗日将领、民族英雄张自忠出生于山东临清县唐家园。

张自忠性情豪爽，一次，看见一个无赖在欺侮两个卖菜的老头，他冲着无赖就是一拳。此时的张自忠虽然年少，却高大魁梧，几招之后，那无赖就服输了。张自忠逼着无赖给老人道歉才算了事。随后，顽皮的张自忠被父亲送回了临清老家，又被母亲送进私塾读书。读书时，张自忠依然热衷玩耍，甚至玩一些冒险的游戏，这让母亲很担心。不过，张自忠在顽皮中锻炼出了慷慨仗义的性格。

1907年，16岁的张自忠与临清县咨议局议员李化南之女李敏慧结婚。1908年，张自忠考入了临清高等小学堂。当时的高等小学堂，教给学生的仍然是四书五经，但张自忠更喜欢读一些小说。《三国演义》《说岳精忠传》是他最爱读的小说，他崇拜关羽、岳飞的英雄气概，这也进一步锤炼了他慷慨仗义的性格。

1910年夏，张自忠从高等小学堂毕业。20岁时，他考入当时中国北方有名的法律学校天津北洋法政学堂。在这里，他第一次接触到孙中山的三民主义学说和"驱除鞑虏，恢复中华，创立民国，平均地权"的资产阶级革命政纲。1911年底，张自忠秘密加入同盟会，亲身投入到轰轰烈烈的革命运动。

## 他满腔愤懑一生建功无数

1916年9月，张自忠经同乡好友推荐给了冯玉祥。冯听了介绍后，又将张自忠上下打量一番，见他长得高大英武，且颇有"沉毅之气"，便很满意地收下了他。投奔冯玉祥之初，张自忠被委任为中尉差遣。他因纯朴诚实、吃苦能干，深得冯玉祥赏识和信任，不久就被提拔为排长，随后又被提升为连长、营长等。张自忠随冯玉祥先后参加了与直系和奉系联军的战争。蒋冯阎中原大战后，张自忠等部接受入关助蒋的张学良整编，合为第二十九军，宋哲元任军长，张自忠任该军第三十八师师长，驻扎晋南。

日本侵华战争开始后，张自忠曾对部下说："人生在世总是要死的，打日寇为国牺牲是最光荣的。只要有一兵一卒，我们决心与日寇血战到底！"

1933年3月，日军侵犯华北，张自忠率部大败日军于喜峰口。卢沟桥事变后，抗日战争全面爆发，他把满腔愤懑倾泻在对侵略者的仇恨上，同日军进行了一系列的战斗，直至光荣殉国。

张自忠一生建功无数。1937年至1940年，先后参与临沂向城战斗、徐州会战、武汉会战、随枣会战与枣宜会战等。

1938年2月，张自忠首战御敌于沘水，恢复友军淮北阵地。3月12日夜，暗渡沂水，翌日拂晓向敌猛袭，激战20天，直至日军板垣师团败退。此战斗不仅解了临沂之围，而且粉碎了板垣、矶谷两师团会攻台儿庄的计划，为以后台儿庄大捷创造了有利条件。其后的徐州撤退战役，张自忠率五十九军阻击敌人3天，完成掩护任务。

1939年5月初的随枣会战，张自忠率部渡襄河救援，13日抵达田集附近，当晚突袭镇内日军兵站，生俘日军300多人，烧毁敌橡皮船百余只，缴获军马百匹和一批粮食。

## 他在武当山谈戚继光卫国保民

据第五战区司令长官办公室专任高级参谋张寿龄回忆，抗战期间，张自忠的第三十三集团军后方留守部队驻在均县（今丹江口市）草店镇一带，由七十七军副军长何基沣在那里负责。

1939年1月，第五战区干部训练团在武当山下的均县草店镇周府庵开学。这年秋天，张自忠特意到后方视察第三十三集团军留守部队，张寿龄利用这个机会请他到干部训练团讲了一次话，并在教育方面予以指导。

那天，张自忠在干部训练团视察时，兴致很高。他深入靶场指导射击要领时，

张自忠将军（朱江2015年9月26日摄于国民政府第五战区李宗仁司令长官部旧址纪念馆）

张自忠将军雕像（朱江2015
年9月26日摄于国民政府第五战区
李宗仁司令长官部旧址纪念馆）

鼓励大家说："部队中如有这样百发百中的射手，何愁不打胜仗！"

张自忠在视察干部训练团期间，张寿龄还特意请他到武当山下的老营宫旧址一游，并邀干部训练团政治教官孟宪章陪同前往。

老营宫在草店镇以西约10公里处，沿着老白公路过了好汉坡，一眼就望到山脚下那片开阔的小盆地。明朝永乐皇帝兴建武当山的宫观时，以此处为基地扩建。经明清两代，老营宫年久塌损，已成废墟，一片荒芜，仅存者唯碑亭数座和残余御道，枯木颓垣点缀其间。

张自忠在仰观武当山群峰的宏伟气势时，深为赞赏，只以无暇攀登为憾。

这时，张自忠问张寿龄等人，曾否到过山上。张寿龄回答，年初在干训团开学之前，他同孟宪章及团里的几个大队长，以往返3天的时间登过一次顶峰。

张自忠又问到山上的建筑，孟宪章说只有顶峰上的金殿和展旗峰下的紫霄宫两处尚很完整，算是明朝在这个地区仅存的建筑物了。张自忠又感兴趣地问到了武当山的高度，张寿龄说，地图上的标高是1600米。

张寿龄、孟宪章陪同张自忠信步游览时，张自忠深有感触地说：

"从我国的历史上看,历代的兴衰都与政治有关。残民以逞,内部倾轧,外侮频仍,终至亡国。这就是人们常说的'国必自伐,而后人伐之',确实有它的道理。日本敢于这样疯狂地侵略我们,不也是看到我们不团结,连年内乱,互相残杀所招致的吗?"他紧接着又说:"现在好了,我们全国团结一致,奋起抗战,军民振奋,万众一心,一定会把敌人打垮,把敌人赶出去!"

随后,张寿龄接过话说:"抗战以来,敌人屡受重创,已知道中国人是不可侮的。国人对战胜敌人的信心也在日益增长,这些是值得肯定的。"

"确实是这样的。"张自忠又若有所思地继续说,"从我们的抗战联想起明朝的戚继光。戚继光善于练兵,纪律极严,又很能用兵,曾在浙江沿海一带把入侵的倭寇打得大败而逃,那是嘉靖年的事吧?"张寿龄说:"是在嘉靖末年。"张自忠说:"我们也要发扬戚继光那种卫国保民的精神。"他的这一席话,给众人留下了深刻的印象。

## 他是令日军敬礼的抗战英雄

1940年5月,日军会攻襄樊(今襄阳市),襄樊战役打响。5月7日拂晓,张自忠东渡襄河,率部北进。虽然张自忠在河东的部队只有五个师二万余人,兵力只是日军的一半,但军人以服从命令为天职,他立即根据自身情况调整部署。

不幸的是,张自忠的电报密码被日军截获破译,他的军事部署完全被敌方掌握。1940年5月14日,双方发生遭遇战。15日,张自忠率领的1500余人被近6000名日寇包围在湖北宜城县南瓜店以北的沟沿里村。当日上午,日军发动进攻,战斗异常惨烈。至下午3时,张自忠身边士兵已大部分阵亡,张自忠也被炮弹炸伤右腿。

激战到16日拂晓,张自忠部被迫退入南瓜店十里长山。日军在飞机大炮的掩护下,一昼夜发动9次冲锋。张自忠部伤亡人员急剧上升。5月16日,张自忠自晨至午,一直疾呼督战,午时他左臂中弹仍坚持指挥作战。到下午2时,张自忠手下只剩下数百官兵,他将自己的卫队悉数调去前方增援，身边只剩下高级参谋张敬和副官马孝堂等8人。随后，日军蜂拥而至。

宜昌市档案馆藏侵华日军战地记录《231联队史》，这样记载张自忠壮烈牺牲的场景：日军第四队一等兵藤冈是第一个冲到近前的。突然，从血泊中站起来一个身材高大的军官，他那威严的目光竟然使藤冈立即止步，惊愕地愣在那里。冲在后面的第三中队长堂野随即开枪，子弹打中了那军官的头部，但他仍然没有倒下。清醒过来的藤冈端起刺刀，拼尽全身力气猛然刺去，那军官的高大身躯终于轰然倒地。

1940年5月16日下午4时，张自忠壮烈牺牲，时年49岁。

张自忠牺牲时，他左胸兜里有一支派克金笔，上面镌刻着"张自忠"3个字。由此，日本军官得知躺在地上的人就是张自忠，随即向张自忠遗体行了一个军礼，又忙叫人找来担架，将遗体抬往20里外的陈家集日军第三十九师团所在地。

日军对这位英勇的中国将军非常佩服，让军医用酒精把张自忠的遗体擦洗干净，第二天用柏木棺材将其葬于陈家祠堂后面的土坡上，当晚他们接到总司令部命令，把张自忠的遗体运到武汉。是夜，一支中国军队突袭此地，中国军人敢死队冲向日军，抢回了张自忠的忠勇之躯。

宜昌十万群众不期而集恭送张自忠灵柩（资料图片）

张自忠灵柩运抵重庆储奇门码头（资料图片）

张自忠将军的灵柩，由湖北宜昌起程运往重庆，举行国葬。当日，10万人口的宜昌，倾城出动，万人空巷。轮船汽笛响彻长江，载着将军遗体驶离宜昌码头，缓缓远去……

1940年5月28日，张自忠的遗骸运至重庆。将军之死，举国悲痛，灵柩所到之处，人山人海，更有民众要求，用肩膀扛灵柩至码头，以表崇敬之情。国民政府对张自忠明令褒扬，举行国葬，生平事迹宣付国史馆。1940年8月15日，延安各界人士举行张自忠将军追悼大会。毛泽东为张自忠题词："尽忠报国。"周恩来曾撰文赞张自忠"其忠义之志，壮烈之气，直可以为中国抗战军人之魂"。

中华人民共和国成立后，中央人民政府追认张自忠将军为革命烈士。2009年，张自忠将军被评为"100位为新中国成立作出突出贡献的英雄模范人物"。

2014年9月，张自忠将军名列第一批300名著名抗日英烈和英雄群体名录。

抗战史研究专家认为，张自忠将军是抗战中中国军队牺牲的军衔最高的将领。

# 武当山下订姻缘的抗日英雄张敬

1940年5月15日，作为第三十三集团军少将高级参谋的张敬，随张自忠将军至湖北宜城南瓜店附近遭日军伏击。次日，在危难中，张自忠命他迅速撤退，张敬却坚决不从，誓与将军战死沙场同赴国难。张敬带领仅有的十余名手枪队队员冲向敌阵，击毙36名日军，身负重伤后又被敌人的刺刀插入胸膛，壮烈殉国，时年仅33岁。张敬被福建省人民政府和中央民政部门先后追认为"抗日革命烈士"。鲜为人知的是，张自忠身边的这位高级参谋，在武当山下有着一段曲折感人的血泪情缘……

1986年6月，张敬被福建省人民政府和中央民政部门先后追认为"抗日革命烈士"，遗照进入文林山公墓抗日烈士馆（朱江2015年9月26日摄于国民政府第五战区李宗仁司令长官部旧址纪念馆）

## 破格晋升少将高参

张敬，1908年出生在福州一个清贫的家庭。他13岁丧父，家庭生活拮据，幸得在北京海军部当文书的舅舅按月寄款接济，全家得以度日。

1923年，张敬考入理工中学，学校距家较远，他每日快步往返，晚上在家帮母亲料理家务，并督促3个弟妹读书。

张敬在理工学校毕业后，靠舅舅的资助与荐引，考入北京大学，为旁听生。1928年，张敬经人介绍，南下广州，参加国民革命军，在国民革命军第十一师教导团任少校副官。

不久，他又考入南京中央陆军军官学校炮兵科。3年后，张敬以优异成绩毕业，被选往日本炮兵士官学校深造。归国后，张敬即受任十九路军七十八师炮兵营营长，常驻泉州，后调防福州一年，驻扎在乌山路沈葆桢公祠堂，"军纪严明，为民所称道"，至此，张敬基本上完成了从文质彬彬的书生到英姿飒爽、威严精干的军人的转变。

1938年，抗日战争中，李宗仁任第五战区司令长官，张敬被派任该战区青年军团上校大队长，不久改任战区司令长官部作战情报科科长。

1939年1月，任第五战区干部训练团第三大队长。同年秋，国民革命军第三十三集团军总司令张自忠赴均县（今丹江口市）视察三十三集团军后方留守部队，并应主持第五战区干部训练工作的老朋友张寿龄之邀，就近视察了设在均县草店镇周府庵的第五战区干部训练团。视察中，他发现第三大队的内务格外整洁，爱才如命的张自忠在听过张寿龄的简单介绍后，便立即要求老友割爱，让张敬到他那里去。一向敬重张自忠的张敬欣然从命，到张自忠的总司令部任作战科科长，自此便长期追随在张自忠左右，直至生命的最后一刻。

张敬到了张自忠那里不久，因表现突出，被破格晋升为少将高参，张自忠还夸赞他，并许诺日后更要委以重任。这对于治军素严，有"剥皮将军"之称的张自忠而言，可谓十分少见，也从侧面反映了张敬确实是一个军事奇才。

作为一个被世人景仰的抗日英雄，张敬的爱情和婚姻问题，人们一直讳莫如深。

张敬胞妹张淑桢追忆说，张敬驻泉州时，一度因病住院结识护士长郑某，日久生情，甚至到了谈婚论嫁的地步，还要求母亲及诸弟妹移居泉州筹办婚礼，连女傧相的人选都定好了，可惜不久张敬又调第五战区工作，张敬与这位郑护士长的婚事终究没成。

## 暗自喜欢上海女学员

1921年出生上海书香门第的卢采芬，是一位娇小姐。她本该继续那无忧无虑的小姐生活，顺顺当当地读完大学，然后找一位门当户对的夫婿，安稳过一生。然而，1937年全面抗战爆发后，刚读完高一的卢采芬不得不辍学，随家人到原籍安徽阜阳避难。后来，在报上看到第五战区抗日救国青年军团招收学员的消息，她就跟着兄妹、表兄妹一行9人报名参加，训练期为半年。她的长官正是张敬，是军团的大队长，英俊精干、神情威严，学员都很崇敬他，也都怕他。

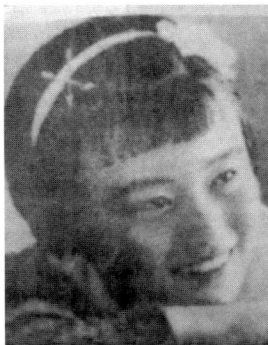

1939年夏初的卢采芬（图片来源：卢采芬撰《我与抗日英雄张敬将军的一段血泪情缘》，《世纪》2004年第3期）

也许卢采芬也一样，起初对张敬也只有又敬又怕的感觉。

当时，16岁的卢采芬是第五战区抗日救国青年军团中年龄最小的，排在队伍最后。每次夜行军，张敬总是骑着一匹棕色马，从排头绕到排尾，然后喊一声："小鬼头卢采芬，累不累啊？"卢采芬朝张敬笑笑，一声不吭，心想：头上戴钢盔，肩扛冲锋枪，腰系干粮袋、水壶，能不累吗！

然而，对于张敬来说，年轻、美丽、活泼的卢采芬的出现，犹如在他困苦、枯燥的生命中吹进了一股清风。

两个背景不同、来自两地的年轻人的生命就这样产生了交集。

半年的艰苦训练，对卢采芬来说，简直是脱胎换骨的磨炼。表姐杨素芬看她吃不惯大锅饭，把自己带的13块大洋都给她买烧饼吃而花光了。

半年的训练期很快就过去了，毕业考试在即，军团要根据个人的毕业考试成绩分配工作。临考前一晚，卫兵小廖叫卢采芬去团部。张敬见到她就说："考试准备得怎么样？我先考考你。"

张敬问了几道题，看她都答对了，又为她做了一些补充。原来，这几道题正是次日的考题。很快，卢采芬等人被分到各县抗日宣传队工作了，从湖北的老河口、襄阳、武汉、沙市、宜昌……一直到罗田县的大山里，渐渐与第五战区的司令部失去了联系，给养也中断，已面临无米下炊的境地。

有一天，突然开来一辆大卡车，司机说长官张敬调她回老河口第五战区司令部工作，并让她即刻随车启程。

出于自我保护的本能，卢采芬拉上一个年长她几岁的女友张偎影，临开车时又跳上一位男生权良。车行了一天一夜，到了老河口。

张敬一看来了三个人，哭笑不得，卢采芬笑着向他解释："权良是自己跳上车的，他只是不想待在山里。"张敬并不责怪，把他们安排在第五战区新生活促进社工作，具体内容是布置官兵娱乐室，包括琴棋书画、洗印照片等。就这样，卢采芬在促进社工作了一两个月。

1939年初，张敬奉命调到武当山下的均县草店镇的第五战区干部训练团工作，他把卢采芬、张偎影也调去了。临行前几天，卢采芬路过老河口一家照相馆，拍了两寸照片给父母寄去。

## 送未婚妻上学成永别

几天后，一辆绿色军用专车载着张敬、卢采芬和张偎影出发了。张敬和张偎影坐在车后两边的长排车位上，卢采芬因晕车坐在车前头，和司机仅隔一层厚玻璃。

途经谷城县石花街车辆检查站时，卫兵下令停车检查，开车司机不买卫兵的账。于是，卫兵举起了冲锋枪，张敬反应敏锐，急呼："采芬，快趴下！"

卢采芬头一低，只听"嗖"的一声，子弹从她头顶擦过，射中司机的脖颈。车停了，司机已经死了。这时，卢采芬的头顶在不断流血，张敬抱着她狂奔到石花街医务室……医生包扎好她的头部伤口后说道："子弹如果再往下一点儿，你就没命了。"

到达均县草店镇的干部训练团后，张敬每天都陪卢采芬去医院换药，直到伤口愈合后才松口气。

从张敬的眼神里，卢采芬感受到他发自内心的愧疚和心痛。张敬病倒了，还不忘记她的营养问题，让传令兵炖鸡汤、买上等的水果，把卢采芬叫去看着她吃下，还时常向卢采芬倾诉他不幸的童年和包办的婚姻……

有一次，张敬动情地握着卢采芬的手，低声说："小妹妹！从你加入军团的一年多来，我对你的情意你能感觉多少啊？"卢采芬看到张敬的眼泪滴到枕巾上。其实，卢采芬早就看出他的情意，尤其是受伤后的这一段日子里的关爱。卢采芬不敢接受，岔开话题说："我想继续读书。"张敬恳切地说："给我一些时间考虑一下，好不好？"卢采芬笑笑说："谢谢您！"此后，张敬先向广东番禺的妻子提出离婚，并慎重地给卢采芬父母去信求婚，然后恳求她在上学前跟他订婚。

当时，卢采芬心想，战乱年代，事无定数，再说张敬不但是她的救命恩人，还同意她继续读书，于是就同意先订婚。

订婚宴席是保密的，只有张敬的结拜大哥张寿龄、二哥傅少华和张偎影参加。张敬做事一向雷厉风行，第二天就带着警卫员和她乘船到了郧县（今郧阳区）。那时已是1939年8月下旬，正赶上报名参加考试，幸运的是，卢采芬居然跳了一级，考上郧阳中学高三年级。

为了卢采芬的安全，张敬把她安排到挚友李团长府上吃住，并再三拜托李夫人照料她的生活。告别时，张敬让卢采芬送他一张照片。于是，卢采芬把在老河口拍的两寸照片拿出来，张敬当即放在贴身的内衣口袋，眼泪汪汪地轻轻吻了一下她的额头，回到第五战区第三大队，踏向那不可知的未来。万万没想到，这竟然是他们的永别！

## 不从撤退命令壮烈殉国

卢采芬上学后，李团长的专车每日接送。就在这时，张敬来信告诉她，因为张自忠将军向司令部点名要调他去任职，军令如山，他即将赴前线了，并千叮咛万嘱咐要卢采芬照顾好自己，等他凯旋。细心的卢采芬发现，简短的信纸上有斑斑泪痕，张敬是不是有不祥的预感？

1940年夏，前线传来张自忠将军和少将高参张敬一同战死沙场、为

1940年5月16日，少将高参张敬在枣宜会战中壮烈牺牲（朱江2015年9月26日摄于国民政府第五战区李宗仁司令长官部旧址纪念馆）

国捐躯的噩耗。卢采芬死活不相信！但没过几天，张敬的卫兵来学校找到卢采芬，卫兵带来她写给张敬的信件，并哭诉没能保护好长官，没能保护长官的遗物和存款。从卫兵口中，卢采芬得知张敬的妻子不同意离婚，从广东赶到司令部，又追到前线，知道丈夫阵亡，就取走了他的所有遗物。卫兵走远了，卢采芬才清醒过来：张敬永远离她而去了！

毕业后，卢采芬先回到老河口，住在一位女友家。张敬的结拜兄弟傅少华得知后，派传令兵把她接到身边，含泪向她讲述了张敬在前线英勇作战的事迹：

1940年夏，日寇进攻第五战区辖地，张自忠率部截击襄河左侧南北日军，5月7日凌晨，张敬、李文田跟张自忠一起，率七十四师和司令部手枪营渡过襄河，奔赴河东战场。他们曾多次击退敌军，仅梅家高庙一战，就击毙日军第十三师团1400余人。不幸的是，5月13日，张自忠司令部所用密码被日军破译，作战计划泄露，且日军集中大股兵力回攻，张自忠部寡不敌众，于5月15日下午被赶到湖北宜城县南瓜店以北的一个山沟沿里，伤亡惨重。坚持到16日上午，张自忠部又伤亡上千人，张自忠也身负重伤，弥留之际，张自忠安排伤病员和苏联顾问等人转移，又命张敬迅速撤退，张敬却坚决不从，誓与张自忠同赴国难。张敬理直气壮地表白："身死名垂乃军人殊事，今日愿与张公共存亡！"并高喊，"不怕死的跟我上！"他带着仅有的十余名手枪队队员冲向敌阵，击毙36名日军，身中7弹的张敬还举枪击毙数名日军，最后，被蜂拥而上的日军用刺刀插入胸膛……5月16日下午2点，张敬壮烈殉国，年仅33岁。

张敬殉国后的第二天，张自忠部夺回阵地。张敬的遗体被安葬在湖北钟祥县郊，并被国民政府追认为中将。张寿龄特填词一首，以志哀悼，题为《思佳客·悼张敬烈士》。

1986年6月，张敬被福建省人民政府和中央民政部门先后追认为"抗日革命烈士"，遗照进入文林山公墓抗日烈士馆。

2008年，正值张敬诞辰100周年，烈士故里举行盛大的纪念活动，以告慰英灵。

抗日阵亡将领张敬之墓，位于湖北省钟祥市胡集镇快活铺南（资料图片）

# 武当山下筹办干训团的孟宪章

九三学社创始人之一孟宪章（资料图片）

孟宪章是武当山下土生土长的十堰人，九三学社创始人之一。早年，他作为冯玉祥将军的随从秘书，致力于国民革命，后与吉鸿昌将军一起组织抗日同盟军。1933年，孟宪章在北京创刊《长城血战记》半月刊画报，因鼓舞士气，唤起民众，轰动一时。1937年抗日战争全面爆发后，孟宪章积极宣传中国共产党建立抗日统一战线主张，并回到故乡筹办第五战区干部训练团。在他的鼓励下，广大青年怀着抗战救国壮志，投笔从戎，纷纷应考受训，为战区输送了大批抗战新生力量。

## 刻苦奋发就读北大

孟宪章是九三学社创始人之一。

九三学社的前身是民主科学座谈会。1944年底，孟宪章等一批进步学者为争取抗战胜利和政治民主，继承和发扬五四运动的民主、科学精神，在重庆召开民主科学座谈会，讨论时局，发表政见。后为纪念1945年9月3日抗日战争和国际反法西斯战争胜利，于1946年5月4日在座谈会基础上正式成立九三学社。九三学社是以科学技术界高、中级知识分子为主的具有政治联盟特点的政党，是接受中国共产党领导、同中国共产党亲密合作、致力于建设中国特色社会主义事业的参政党。

作为创始人之一，孟宪章有着曲折的人生经历。1895年，孟宪章出生在均县（今丹江口市）城关镇，兄弟姊妹5人，他是老大。孟宪章的父母与伯叔同堂聚居，人口众多，家中土地稀少。在这种艰难的环境下，他从小养成了诚实勤俭、刻苦求学的优秀品德。

他的启蒙教育，是在私塾度过的。1907年，均县第一所初等小学成立，孟宪章随即从私塾转入学校。他读书用功，成绩优异，遵守校规，不爱嬉戏，深受王吉阶老师喜爱。因此，王老师为孟宪章取字"永之"，盖取"永观厥成"之义，寄予厚望。

1912年，孟宪章进入均县高等小学就读。当时家人无力供他继续升学，他便设馆教学，自筹学费。1914年，湖北省立襄阳第二师范招考新生，该校为5年制公费学校，正适合他的上学要求。孟宪章抓住难得的时机，背着书箱前往报考，遂以名列前茅被该校录取。从此，他如饥似渴地学习，加倍奋发，常常夜以继日，以异乎寻常的刻苦精神钻研学业名传全校。

1918年，他先后考取了北京大学、北京政法专科学校、北京师范大学史地研究所和教育部国语讲习所，最后他选择了北京大学。

在北京大学读书期间，孟宪章曾加入设在北京翠花胡同的国民党左翼党部，参加了学生反帝反封建的爱国运动。1925年，他著有《世界最近之形势》，旨在唤起国人觉悟，发愤图强，挽救民族危亡。

## 回故乡筹办干训团

1926年10月，北伐军攻克武昌后，孟宪章劝说吴佩孚部属襄郧镇守使张联升易帜，改编为国民革命军独立第九师，孟宪章任该师政治部主任，所部移驻襄阳。

1927年4月，孟宪章赴豫晋投奔冯玉祥，历任国民革命军第二集团军总部随从秘书、内防处副处长、宣传处长兼《革命军人朝报》《新中华日报》总编等职。其间，为冯玉祥整理日记、文电及国民军史稿。

一年后，他随冯玉祥到北京创办《朝报》。同年因参加拥冯倒蒋活动，被关押于上海警备部两月。后经蔡元培等人保释出狱赴太原。

1930年，冯（玉祥）阎（锡山）发动讨蒋（介石）战争（即中原大战），孟宪章时任宣传处长，在北京参加会议。结果，讨蒋战争失败。此后，他东渡日本，留学于东京帝大，并遍游欧美各国。1931年回国后，孟宪章著有《环球视察记》《三万里海程见闻录》《欧美教育考察记》。

1933年5月，丧权辱国的《塘沽协定》签订后，长城内外大片国土沦于敌手，民族危机日益深重。孟宪章与爱国将领吉鸿昌将军赴张垣，在冯玉祥将军领导下，组织察哈尔民众抗日同盟军，奋起抗战，屡挫日寇。这一年，孟宪章在北京创刊《长城血战记》半月刊画报，因鼓舞士气，唤起民众，轰动一时。1935年7月，他任冀察政务委员会编译室主任，主编《世界情报（半月刊）》，揭露日本侵华野心。

1937年7月7日卢沟桥事变后，全面抗日战争爆发。孟宪章在武汉主编《民族战线周报》，宣传中国共产党建立抗日统一战线的主张。随后，他与邓初民等人发起"湖北乡村工作促进会"，任常务理事，推动抗战救亡工作。

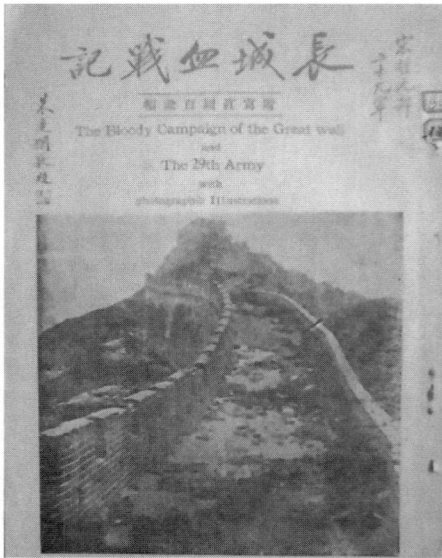

1933年，孟宪章在北京创刊的《长城血战记》半月刊画报 (资料图片)

1938年10月武汉沦陷前夕，孟宪章随国民革命军第五战区司令长官李宗仁转移至襄阳。李宗仁以他是均县人为由，邀其与钱俊瑞、胡绳等成立文化工作委员会。

1938年冬，孟宪章奉李宗仁之命，回到均县故乡，筹办第五战区干部训练团。他在襄阳、郧阳设立招生处，号召爱国知识青年报考受训，参加抗战。

在他的鼓励下，广大青年怀着抗战救国壮志，投笔从戎，纷纷应考受训，为战区输送了大批抗战新生力量。干部训练团改为中央陆军军官学校第八分校后，他留校担任政治教官，时为少将军衔。这时，孟宪章担任特聘讲师。一些学生经常在课余后，到他住处当面请教，若遇到敌机窜扰警报，便一同跑到周府庵后锦屏山麓席地而谈。当时，孟宪章心忧国难，不修边幅。初夏，气候闷热，他就开襟扪虱，毫不为意。其简朴作风，令人感念。

干部训练团第一期毕业同学录，附有孟宪章所写《干训团创办记》一文。文字清新，叙述翔实，作为抗战史料十分珍贵，惜已不存。

## 参与创建九三学社

1940年，孟宪章经冯玉祥推荐，来到重庆担任中央军事委员会政治部设计委员、中央银行经济研究室专门委员等职。他以中央银行专门委员的公开身份，掩护了一大批为中国共产党、为民主事业做过有益工作的大学生。

他居住乡间，阅读马列主义著作，追求真理，在报刊上发表文章。曾两次赴前线视察，深感国民党蒋介石政治腐败。

1945年重庆谈判期间，孟宪章参与创建九三学社，任该社中央委员。1947年，蒋介石在南京召开伪"国大"，妄图保住"总统"宝座，实行独裁统治。孟宪章在《大公报》《益世报》上发表题为《事实胜于雄辩》的文章，揭露伪"国大"打着民主招牌反民主的真相。

1949年5月上海解放后，孟宪章来到北京，积极投入全国第一届政协的筹备工作，任筹备委员并参与讨论《共同纲领》草案。全国政协成立

1933年，孟宪章在北京创刊的《长城血战记》半月刊画报（资料图片）

后，他被选为全国第一届政协常委，为新中国的诞生作出了积极贡献。

除任政协委员外，孟宪章还担任中国人民银行总行经济研究专门委员，兼职燕京、辅仁大学教授，九三学社宣传委员和政协常委。1950年至1953年1月，他兼任湖北省人民政府委员。

在此期间，孟宪章从百忙中抽出时间著书立说。先后给《人民日报》《光明日报》写社论和短评，发表的《反对美帝扶助日本》《新民主主义概论》颇具影响力。他还先后完成《日本共产党斗争史》《反美扶日斗争史》《中国近百年经济史》《中国近百年经济史分编》等著作，为后人留下了宝贵的精神遗产。

由于身兼数职，工作异常繁忙，孟宪章终因积劳成疾。在患病期间，他的左臂不能举起，就用绳索悬臂坚持写作，直到精力耗竭。1953年1月1日，孟宪章在北京逝世，享年58岁，灵柩安放于北京八宝山革命公墓。

# "笔杆子"抗日救国的魏克明

1937年全面抗日战争爆发后，均县（今丹江口市）盐池河人魏克明奔赴山西投身民族革命。他在太原参加了党的外围组织"牺牲救国同盟会"，同年10月加入中国共产党，从事牺盟会的组织宣传工作。1939年春，他奉命调到长治，任牺盟会《战斗日报》《黄河日报》总编，开始新闻工作。1941年4月起，他先后调任《新华日报》（华北版）编辑、副总编和《新华日报》（太岳版）社长兼总编，经常为报纸撰写社论和评论，宣传抗日救国主张。1949年以后，魏克明历任《解放日报》副总编、总编和《新闻日报》党组书记、副社长等职。

魏克明(资料图片)

## 奔赴山西投身民族革命

魏克明，亦名克纯、笃生。1908年，他出生在武当山麓的均县盐池河，幼从塾师读书。1924年，魏克明考入湖北省第二师范学校，受早期共产党人萧楚女影响，开始接受新思想。

1927年，在中国共产党均县党组织领导下，他投入家乡农民运动。1929年到武昌，经叔父魏和阶保荐，魏克明任湖北省政府建设厅录事，负责政府机关记录、缮写。1931年，他考入湖北省立高中，在

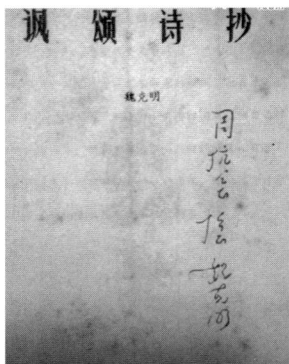

魏克明签赠本《讽颂诗抄》（资料图片）

校传播进步思想。

1931年九一八事变后，魏克明投入学生救亡运动，被推为该校学生救亡会负责人之一。他带领同学罢课请愿、刷标语、散传单，宣传抗日救国，并与进步师生组织社会科学研究会，出版进步刊物，抨击时政，遭学校开除。1932年夏，他与上海左翼青年同盟取得联系，随后以社会科学研究会为基础成立左翼青年同盟武汉分盟。不久，武汉分盟遭破坏。

1937年抗日战争全面爆发后，魏克明奔赴山西投身民族革命。他在太原参加了党的外围组织"牺牲救国同盟会"，同年10月加入中国共产党，从事牺盟会的组织宣传工作，不久调至阳城县担任县牺盟分会特派员。

同年10月，在山西阳城县担任区牺盟特派员、区长的赵树理也调回县牺盟分会工作。当时第二战区司令长官阎锡山有一个组织叫主张公道团，口号是"打倒坏官坏绅坏人，扶持好官好绅好人"，很能迷惑一些人。原来的团长姓李，是阎锡山的心腹，此人劣迹颇多。为了把政权掌握到共产党的手中，牺盟会就发动群众把姓李的赶走了。

这时，魏克明代表党组织找赵树理谈话，要他出任阳城县主张公道团团长。开初，赵树理有点不愿意。他说："我是共产党，当阎锡山的官，不是让群众骂我……"

魏克明代表党组织劝他："这是策略，只有当了他的官，才能名正言顺地把阎的政权夺到咱们手中，这有利于抗日。"当时，魏克明还代表党组织介绍赵树理加入了"民族革命同志会"。同志会是阎锡山的核心组织，非常反动。魏克明告诉赵树理："这样做，是为了麻痹地方政权中阎的嫡系分子，便于开展工作。"赵树理服从组织决定，加入了。但只名义说是，没有办任何组织手续。

1939年，国民党军队源源不断地进驻阳城境内，与共产党的抗日活动制造摩擦，尤以十四军的八十三师为最甚，不断排挤、打击共产党的各项抗日活动。

当时有个组织叫"战地总动员委员会"，是由共产党、国民党、牺盟会、公道团联合组成的。阎锡山规定，各县县长要兼任"战地总动员委员会"委员长，县牺盟会特派员、县主张公道团团长要兼任副委员长，其他单位出任委员。

按照阎锡山的规定，阳城县县长陈发贵是阳城县"总动员委员会"委员长，牺盟会特派员魏克明、公道团长赵树理就是两位副委员长了。

## 魏克明力挺赵树理

一次，十四军寻衅闹事，他们以商量抗日事宜为借口，突邀陈发贵、魏克明、赵树理到十四军军部开会。

魏克明劝赵树理要理直气壮地同他去出席会议。他说，斗争中要立足公道，针锋相对。

会上，八十三师政训处主任李英樵首先向陈发贵、魏克明、赵树理提出改组总动员委员会，调整、增补人员，凡国民党驻阳城的军队，每个师必须有一个代表参加总动员委员会，而且担任副委员长职务。

县长陈发贵以理驳斥："总动员委员会已经组成，哪些单位该派代表，由上级决定。国民党驻军已有人担任委员。李先生提出此事已成为马后之炮，纯属无理要求。本县长身为一县之长，又是总委会委员长，表示断然拒绝。"

李英樵满口脏话，要求魏克明支持他，并把手枪放到桌上，威胁说："不答应，这手枪就要说话了！"这时，魏克明说："总动员委员会及地方各界派代表组成的抗日团体，军队已有代表介入。你提出每师出一个代表，并要当副委员长，这纯粹是削弱抗日军人的力量，干涉地方行政。军队都介入地方活动，还能专心打仗么？李先生这番高论，贵军军长知道吗？"

魏克明的简单几句话，驳得李英樵哑口无言。李英樵不甘心就此罢休，见陈发贵、魏克明都很硬，没有回旋余地，于是把赌注下到赵树理身上。

李英樵先发制人。他向一个参谋长递了一下眼色，那个参谋长突然站起，先骂一句"奶奶的！"随即杀气腾腾地举起手中的砍刀，砍下一个桌角，又把腰间手枪取下，"啪"的一声放到桌上，大声吼道："赵树理，我看你这个公道团长要不要脑袋？要脑袋，就得主张公道，马上答应我们李主任的要求！"

赵树理原本坐着抽旱烟，他见这个参谋长要无赖，早已怒火中烧。他"腾"地一下站起来，把拳头在桌上狠狠一击，震得桌上的茶缸都跳起来。他狮子般地吼道："休得无礼！这是开会，不准撒野！你们想欺侮人吗？告诉你：赵树理不是胆小鬼，不是吃素的，不是好惹的！我是主张公道团团长，就是要主张公道！你用砍刀砍掉一个桌角，又把手枪摔得叮当响，有什么用！就是你砍掉我的脑袋，打穿我的胸膛，你们的无理要求，我也不能答应！"

赵树理按照魏克明事先的交代，临危不惧，坚强不屈，脸不变色，心不慌张，怒发冲冠地把双手插在腰间，稍微缓和了一下口气，接着说："你们是军人，是中国的军人，你们说说中国军人的含义是什么？爱国主义的含义是什么？民族气节的含义又是什么？你这堂堂的参谋长还算不算中国人？在这民族受难、国家沦亡的今天，不去前方打鬼子，却来这里与自己人过不去，中国人弄中国人，你这算哪一路本事？我今天也庄严声明：你们提的无理要求，我这个公道团团长坚决不答应，因为它不公道！我这个总动员委员会副委员长坚决不答应！因为它不利于动员全民抗战！"说完，赵树理坐下来，又抽起了他的旱烟。

1939年春，魏克明奉命调到长治，任牺盟会《战斗日报》《黄河日报》总编，开始新闻工作。1941年4月起，先后调任《新华日报》（华北版）编辑、副总编和《新华日报》（太岳版）社长兼总编。经常为报纸撰写社论和评论，宣传抗日救国主张。1949年1月，北平解放，魏克明任华北《人民日报》副社长，5月随军南下进入上海，历任《解放日报》副总编、总编和《新闻日报》党组书记、副社长等职。1963年12月，他当选为中共上海市第三届委员会候补委员。1965年9月任中共上海市委政治研究室主任。他在领导办报工作中，力主报纸宣传要实事求是，反映群众呼声，使读者喜闻乐见，经常同记者一起深入基层，采写报道。

## 主动退居二线当顾问

自1953年起，魏克明患有肺结核、胃病等多种疾病。右肺被切除1/4，常常抱病坚持工作。

1959年，他所著《论家庭》一书阐述要正确处理家庭和集体、国家的关系，强调限制人口增殖，提倡计划生育。"文化大革命"期间，他遭受残酷迫害，常作诗以抒其愤，后整理成《讽颂诗抄》一册。

粉碎林彪、江青反革命集团后，魏克明重返解放日报社，后主动退居二线当顾问。

1978年1月，魏克明写了一首诗："狠批两估计，心潮涌如山。无限绞心事，历历呈眼前……结舌成过去，扬眉在今天。火里生凤凰，污泥出青莲。"表示在经受一场浩劫之后，要像火中凤凰一样，更加振奋精神，为党工作。他担任《解放日报》顾问之后，确实实现了他的心愿。

1979年《解放日报》创刊30周年，魏克明出席纪念大会，作题为《解放日报的三十年》的讲话，总结30年来报纸宣传工作的经验教训。

1980年8月，在上海召开的华东六省一市八报负责人座谈会上，72

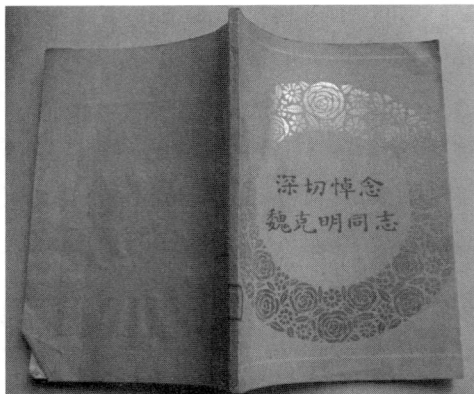

1983年1月，解放日报编辑部编辑的《深切悼念魏克明同志》

岁的魏克明尽管行动困难，仍然坚持参加会议，而且经过认真准备，作了发言。他指出，现在正是新闻工作大有作为的时期，是发明创造的时期，是英雄辈出的时期，鼓励大家开辟宣传工作的新天地。他针对当时报纸宣传中存在的缺少重要言论，缺少重大典型，轻飘飘、不解渴的缺点，作了具体的分析，对怎样办好报纸，提出了自己的见解。解放日报社党委经过研究，认为魏克明的建议很重要，会后就作了改进报纸宣传工作的打算，已取得了初步效果。

魏克明忠于党，忠于人民，忠于党的新闻事业。数十年来，始终勤勤恳恳，兢兢业业，把毕生的心血和精力献给党的新闻事业。他在领导报纸工作中，积极宣传马克思列宁主义、毛泽东思想，宣传贯彻党的路线、方针、政策。他坚持党报的党性原则，积极宣传党的主张，同时坚持密切联系群众，充分反映人民群众的意见和呼声。

作为顾问，魏克明仍继续战斗在第一线。他关心报纸工作，努力学习中央文件，制订报纸宣传计划，研究报纸改革方案，以至报纸的标题、版面、文字差错，他都经常提出意见和建议。

魏克明学习和工作的劲头，使了解他健康状况的同志深感惊异。他除了听新闻、看报，还查阅各种资料，其余的时间就是考虑给报纸的宣传出主意，写评报意见。他看到报上有一篇好文章或一个好版面，就高兴地写出评报意见，鼓励编辑记者。倘若发现问题，他也及时提出批评建议。他担任顾问两年半来，光是评报的信，每周都有一两封。《解放日报》总编室保存的魏克明给总编辑的信件，有厚厚一大沓。他常常为报纸写文章。他在报刊上发表文章的数量，不少精力旺盛的青年记者也赶不上。他写的读《论共产党员的修养》心得的文章，重评《清宫秘史》、重评《水浒》的文章，研究白居易诗歌创作的文章，一篇又一篇，提出不少问题，发人深思。

作为《解放日报》的顾问，魏克明还经常关心上海整个新闻界。《文汇报》总编辑，广播电台台长，都是他家中的座上客。他们每隔一段时间，都要向魏克明谈谈情况，向他请教宣传中碰到的问题，共同琢磨，拟订报道的选题。

1982年1月14日，魏克明在上海逝世，享年74岁。

# 房县抗日救亡先锋雷天明

雷天明（资料图片）

　　1938年，房县人雷天明随共产党员庞俊从事抗日救亡运动。同年7月，他加入中国共产党。后来雷天明以各种名义主办、编辑《动员日报》、《五月》杂志、《民先日报》，建立地下党组织。1940年，雷天明进入鄂豫边区根据地，先后任新四军师政治部秘书，团政治处主任，鄂中军分区政治部副主任、地委统战部长，江汉军区政治联络部长，中原军区二纵队政治部副联络部长，江汉独立第一旅三团政委。1946年8月，任鄂西北军区第一军分区政治部主任、鄂西北专员兼房县县长等职。1947年，雷天明被敌人杀害，牺牲时年仅31岁。

## 在房县筹办《动员日报》

　　雷天明，原名雷盈鉴，1916年4月出生于房县城关镇莲花村雷家湾一个地主家庭。他4岁时，母亲病故，于是他跟父亲一起生活，6岁启蒙读书，学习非常刻苦。8岁时，父亲赴省开会途中被人害死。从此他成了孤儿。

　　父亲死后，雷天明在叔叔们的照顾下，仍坚持上学。雷天明的幺叔雷振殿，曾留学日本，学纺织专业，回国后在武汉工作。为了培养雷天明，专程从武汉回房县，把12岁的雷天明接到武汉读书。雷天明到武汉后，先在江汉初中学习，后升入江汉高中学化工专业。

1936年，时年20岁的雷天明进入湖北省农业专校读书。

1938年春，雷天明放弃学习机会，由省政府民政厅介绍，以乡政助理员的公开身份回房县开展工作。

房县是鄂西北边陲重镇，战略位置十分重要，土地革命战争时期，贺龙率领红三军在此建立过革命根据地，群众基础较好。

全面抗战爆发后，在外读书的许多房县籍青年学生，奋不顾身，投入抗战。他们以国家大事为重，放弃学业，回到故乡，组织宣传，唤醒民众。1937年冬，在上海大夏大学读书的张吾纯回到武汉，约集许荫民、许澄宙、邓荔等10余名房县籍学生，组成"抗日救亡宣传团"，推许荫民、张吾纯为正副团长，长驱千里，返回房县燃起抗日烽火。

他们回到房县后，成立了"房县抗战动员委员会"，开展抗日宣传活动。雷天明在西关小学任教，并被推选为动员委员会委员。雷天明的活动能力，组织能力很强，回房县不久，就充分展示了才华。他与先行回房县的青年学生组织了抗日救亡演出队，在学校和居民中教唱抗日歌曲，演出抗日话剧，一时间，房县城郊到处响起了高亢的抗战歌声。

鉴于当地群众渴望知道抗战消息，而外地报纸，因交通不便，辗转传递，颇费时日。雷天明、张吾纯、许荫明等着手筹办《动员日报》，报纸以报道抗战消息和国际新闻为主要内容，以激励人民爱国热忱，动员人民抗战为宗旨，消息来源主要商请无线电台台长朱韩修和医生屈子昭用耳机收听广播供给。

## 建立房县地下党组织

1938年5月，中共湖北省委派共产党员庞俊、吉维学、邹则民、曾陶坤、鲍瑞琴到房县开展工作。公开身份是成立合作办事处，组织合作社，发放贷款。庞俊任合作办事处主任指导员，主要任务是组织群众、发动群众、秘密建立党的组织，开展党的活动，动员民众，参加抗战。庞俊未到房县前，通过鄂北地下党，基本上了解了房县进步青年的基本情况，到房县后，就与雷天明取得了联系，并和他在同一个学校教书，对其进行重点培养。

雷天明在大学读书时，就结识过共产党员，参加过学校党组织开展的活动，对党的纲领、性质、任务有所了解。通过与庞俊的接触，对党的认识更深了一步。

在庞俊的领导下，雷天明工作更加积极、主动。他们以西关小学为阵地，以教员的合法身份开展工作。雷天明在学校教国语、英语和音乐课程，工作量很大，担子很重，他坚持边教学、边宣传，利用合法讲台宣传党的抗日救亡政策。

为了广泛深入地开展抗日宣传活动，雷天明争取一切机会，利用一切形式，走进工厂、农村、街头教唱抗日歌曲，与群众亲切交谈、征询意见、回答问题、发表演讲，他的演讲慷慨激昂，入情入理，对听众颇有说服力。后来，他又组织进步学生，创办了《五月》抗战刊物，成立了抗日救亡宣传队、歌咏队，走上街头表演，走进广场公演，师生同台，演得逼真、动情，倾城往观，轰动一时。

雷天明不仅是一个有才能的组织者、领导者，而且是一位出色的导演和演员。他曾扮演《三江好》《放下你的鞭子》《送丈夫去当兵》《骂汪精卫》等剧目主角。

他独唱《流亡三部曲》时，音色悲壮，扣人心弦。为适应群众需要，扩大宣传效果，雷天明利用星期天或假期先后到城郊的百果树、三海堰，以及下店子、上当河公演。每到一处，深入群众，亲切交谈。在蛤蟆石演出时，他了解到茅坪邓保长买卖壮丁，借端敲诈的劣迹，随即编写了一段，历数了保长罪行。正好这个保长在场，就让群众将其推出示众，群众无不拍手称快，都说："演的是真戏。"

经过革命斗争的考验，1938年7月，庞俊介绍雷天明加入中国共产党。22岁的雷天明入党后，工作更加积极，经常忙到深夜，他将一大批进步青年紧紧地团结在自己周围，为建立房县地下党组织，奠定了基础。

## 转战鄂豫边区开展斗争

1938年10月，由于革命斗争需要，鄂北特委派雷天明到襄樊开展地下工作。1939年春，国民政府解散了鄂西北各县抗日救亡团体，逮捕在房县工作的共产党员，抗日宣传活动和党的组织，受到很大挫折。

为了发动群众投入抗日战争，鄂北特委派雷天明、蔡锦盈（又名蔡竞、江津）再次回到房县，宣传群众，发动群众，物色对象，发展党员，重建地下党组织。

雷天明回到房县后，重新组织了一部分积极分子，开展抗日宣传，并秘密进行建党工作。到1939年11月，雷天明和蔡锦盈先后在房县城关镇、军店镇发展了刘晏春、汪道生、孙运光、蔡灵龙、李道润、余锦蓉、陈正西等一大批党员并建立了地下党支部，雷天明任书记。

党组织建立后，房县抗日宣传活动，声势越来越大，影响越来越深。中共党组织的活动引起了国民党县党部的注意。县党部书记刘贯儒派出密探，侦察共产党组织活动地点，带领警察中队赴军店镇逮捕了共产党员蔡锦盈、中共竹房县委书记冯锡三，并对雷天明进行监视。鄂北特委鉴于房县地下党组织已遭破坏，雷天明已经暴露，为了保存革命力量，指示雷天明暂离房县，到鄂豫边区开展武装斗争。

1940年2月10日是农历正月初三，雷天明离开房县，到达谷城县，找到鄂北特委，汇报了房县情况。随后，鄂北特委派雷天明到鄂豫边区开展武装斗争。

当时，国民党军队和地方反动武装，对各地控制很紧。雷天明、张执一等人化装成商人，闯过了一道道封锁线，到达鄂豫边区。

在鄂豫边区，雷天明在新四军五师工作，先后担任十四旅四十三团政治部主任、第二军分区联络科长、军分区政治部副主任、地委统战部长等职，主要负责分化、瓦解国民党军队工作，争取进步力量一致团结抗日。

1942年4月，鄂北地委民运部部长余林，随队下乡借粮，正好遇见雷天明前来配合借粮工作。雷天明和余林，都是房县人，他们之间是师生，是同事，又是战友，在战火纷飞的年代，一对情侣，异地相见，革命的火花相撞，燃烧成熊熊烈焰。1942年10月，经军政部批准，雷天明和余林在鄂中军区政治部结婚。

## 白天行军打仗夜晚写总结

在抗日游击战中，由于日伪、国民党顽固派军队和地方反动武装的围攻，新四军每天都要行军打仗。在艰苦的环境中，雷天明白天行军打仗，夜晚打报告、写总结，还要抽时间看书学习，很少和余林见面。

1943年10月，余林突患重病严重贫血住进医院，正在前方作战的雷天明，听说后万分焦急，请人在敌占区买了两瓶"自来血"送给余林。当时，雷天明从联络科长升任政治部副主任，药带走后，他在日记中写道：小余生病，严重贫血，战斗紧张，不能探望，我托人给她买了两瓶补血药，为了个人私事，用了公家的钱，检查起来，是很不对的，这与我的职务是不相称的。职务变了，对党的忠心不能变，职务变了更不搞特殊，更应勤勤恳恳为党工作。

1945年5月，雷天明的长女雷英半岁了，放在奶妈家哺养，他很少有机会见到女儿。一次部队转战到余林工作的地区，原打算停留三天，余林就把奶妈和雷英接来，让雷天明好好地看看女儿。谁知道，第二天雷英发高烧，雷天明和余林心急如焚，想方设法送雷英去治疗。正在这时，雷天明接到情报，敌人要进行"大扫荡"，部队马上转移。雷天明对余林说："说实在话，我很爱你，也疼女儿，可是敌人在扫荡，部队要打仗，我不能留下来，也没条件带走孩子，更没有钱给孩子看病，我对不起孩子！这笔账，我们要算在日本鬼子身上，让他们加倍偿还！"说完，雷天明亲了亲孩子，含泪出发了。

1945年8月，经过14年艰苦斗争，抗日战争取得了伟大胜利，灾

1951年，房县各界公祭烈士雷天明(资料图片)

难深重的中国人民，都盼望和平，盼望过上好日子。但是，蒋介石在美国支持下，发动全面内战。1946年6月26日，国民党集中了30万大军，围攻中原解放区，中原部队遵照党中央毛泽东主席指示突围。

当时，雷天明在江汉军区独立旅任副政委，因余林身怀第二个孩子，即将临产。组织上为了照顾她，决定让雷天明和余林化装北上到解放区去。在党的事业和个人利益天平上，雷天明把砝码全部加在革命事业上。他主动到司令部请战："我是房县人，对房县的情况熟悉，我坚决要求参加突围，到鄂西北去开展工作！"司令部同意了他的请求。

1946年6月26日拂晓，国民党向宣化店发起总攻，中原军区部队分三路开始突围。雷天明所在的江汉军区独立旅是南路突围先遣部队，他们一路势如破竹，越过敌人重兵把守的平汉铁路线，突破襄河天险，打开南漳、宜城、保康，7月17日进抵房县县城。

1946年8月27日，江汉军区部队与王树声领导的一纵队在房县上龛会师，当即成立鄂西北军区和鄂西区党委，部队分散开展游击战争。雷天明被任命为房县县委书记、县长，带领部队在房县西南地区开展斗争。其间，雷天明与敌遭遇，不幸被捕。1947年2月23日，雷天明被敌人杀害。牺牲时年仅31岁。

雷天明牺牲后，他的亲属，几经周折，找到尸体，抬回安葬在雷家湾，房县解放后，将其遗骸迁至红军烈士塔。

雷天明是中国共产党优秀党员，鄂西北抗日救亡运动和鄂西北解放战争领导者之一。1987年，房县建雷天明烈士纪念馆，先后接待了来自县内外中小学校师生、驻军指战员、党政机关干部和企事业单位职工等20余万人次。

2011年5月，雷天明烈士纪念馆被房县纪委确立为房县反腐倡廉传统教育基地；2012年11月，被十堰市纪委监察局确立为全市反腐倡廉教育基地。

雷天明纪念馆(资料图片)

雷天明纪念馆(资料图片)

# 16岁弃教从军的赵剑英

赵剑英，1926年9月出生于武当山下的均县（今丹江口市）。她幼年多病，习武强身，少年成为"均州第一女侠"。抗战时期，她弃教从军救国，成了第五战区政工队的一名女兵。16岁的她悉心传授士兵们格斗、擒拿等自卫防御方法，后被聘为抗战队伍的武术教官。抗战胜利后，赵剑英与丈夫覃辉到广西加入地下党开展游击战。1962年，赵剑英回到家乡均县。1980年，赵剑英遇到武当山嫡传太乙五行拳正宗传人金子弢，成为武当太乙五行拳的正宗传人。2005年，赵剑英成为首批国家级非物质文化遗产武当武术代表性传承人，领衔武当武术。

赵剑英

## 16岁少女"破格"穿上戎装

1926年9月，赵剑英出生在均县静乐宫外一个贫穷家庭，乳名赵桂英。她父亲是篾匠，母亲生下5个孩子。赵剑英出生后的第12天，其父因病撒手人寰。

家境贫困的赵剑英自幼多病，长辈们都认为她"活不长"。母亲因无奶水，赵剑英幼年骨瘦如柴，又因疳积，动不动口吐蛔虫。为增强体质，赵剑英自小便学习小洪拳、大洪拳等武术套路。

虽然赵剑英的哥哥招收武术门徒，但受重男轻女影响的哥哥却从不教她一二。赵剑英6岁那年，一位姓国的东北军官，率部驻扎她家不远处的城隍庙。

由于这位军官是赵剑英哥哥赵元避的朋友，所以他也就常来赵剑英家玩。国姓军官在与其哥哥聊天中，发现了病秧子的赵剑英。国姓军官便让赵剑英的哥哥为赵剑英治病。可赵剑英的哥哥却没钱治，于是这位国姓军官，便让赵剑英跟着他学习武术。

就这样，赵剑英开始了习武。学武先练基本功，如手型、步型、踢腿、做朝天蹬、下腰劈叉、空翻等。

师严徒勤。这位军官每个动作教三次，达不到要求不教下一个动作。赵剑英记得在压腿时，这位军官要她腿伸直坐在板凳上，嘴要挨着脚尖。有时怕疼，赵剑英就把腿关节"弓"了起来，国姓军官发现后，就用皮带把她的膝盖扎在板凳上。赵剑英咬牙忍痛，眼含着泪水，大腿肿了消，消了又肿。历经种种磨炼，才基本上达到要求，赵剑英身体也慢慢地好了起来。

从此，赵剑英爱上了武术，长期坚持早起锻炼，精神面貌焕然一新。国姓军官接着又教她拳术套路和器械使用。赵剑英学得勤，先后学会了小红拳、燕青拳、十二路弹腿和刀、剑等武术套路。

1933年上小学，赵剑英每天早上从家门口沿街踢腿，劈叉，空翻到学校。不久，国姓军官随军走了。他走后，均县城关镇民众讲习所办了一所武术馆，赵剑英又去学习。练拳是从下午4点到晚上，不影响上学。

这所武术馆办得很像样，器械齐全。教官时常调动，流动性大，先后教过赵剑英的有王、孔、梁、左等姓教官。在武术馆学习的青年人很多，女孩子只有五人，最后只剩下两人。赵剑英是最小的一个，那些师兄们有时开玩笑，把赵剑英当石锁来举。

长期习武，老师和同学们都知道赵剑英会些武术，每逢纪念节日开大会，特别是运动会，学校都要她去表演武术。每次表演后，赵剑英总要得些奖品，为学校争了光，她也有了点小名气。

赵剑英10岁那年，一群习武男孩拦路问她："你不是会武术吗？有功夫才可开路！"

赵剑英右掌一挥，一个"二龙戏珠"，打在对方鼻子上的同时，食指和中指一下抠住了对方的眼眶。拦路孩子顿时鸟散。赵剑英由此赢得"均州第一女侠"的称号。

赵剑英习武从不间断。入学后，她常为各级来宾表演武术。小学毕业后，赵剑英考上了郧阳中学，因家穷无钱继续求学，由此辍学。

1941年，蒙回民族学校董事长马松甫老人聘15岁的赵剑英到清真寺回民小学教一年级。半年后，赵剑英到老河口她大姐家，经房东班老汉介绍，赵剑英又到老河口清真寺崇真小学代课。每天早操时，由她教学生练基本功，学校师生自是高兴。

1941年，前方战事吃紧。15岁的赵剑英决定弃教从军救国。其时，李宗仁任司令长官的第五战区总部设在老河口，正在招募新兵。

1942年夏，16岁的赵剑英便去报了名。别人应征入伍都要考试，可赵剑英报名时，有人说："这女孩子不简单，会武功。"主考官不信，问她："你真的能打吗？"赵剑英点头。主考官说："真的？那你露几招给我们看看。"赵剑英摆出几个动作，主考官当即目瞪口呆，然后说道："你不用考了，破格录用！"赵剑英由此穿上军装，成了第五战区政工大队一名女兵，被分配在桐柏第五战区第一挺进纵队搞政治宣传工作，主要是教战士唱抗日歌曲。

每逢节日庆典，都要赵剑英表演武术，或拳或刀或剑，并不时博得掌声。

## 抗战期间曾任武术教官

半个月后，赵剑英被调第五战区第一挺进纵队一支队政治室任干事。此时，她还不满16岁。闲暇，她悉心传授士兵们格斗、擒拿等自卫防御方法。其后，她被聘为武术教官。1942年，赵剑英奔赴前线。在炮火连天的抗日战场上，抢救伤员、护理病号，义务为抗战将士悉心传授徒手格斗、擒拿、搏击等自卫防御方法。

第五战区第一挺进纵队一支队政治室主任名叫覃辉，广西河池金城江区保平乡纳六村六谷屯人，曾担任乡长。卢沟桥事变后，他弃政从戎，并成为李宗仁的随从副官。1941年，他受训于重庆中央训练团，学成归队第五战区。

在第五战区第一挺进纵队一支队政治室，赵剑英与覃辉相识相爱。1943年秋天，二人在抗战前线河南信阳结婚。覃辉见妻子热爱武术，就将其名字赵桂英改为赵剑英。

1945年抗战胜利后，赵剑英随丈夫覃辉到广西河池。在河池县，覃辉与地下党组织接上头。

1946年，广西省杂技团周云鹏到河池义演，特邀赵剑英表演拳和剑。1948年，赵剑英调到思乐县当办事员。1949年3月，地下党联络员赵剑英以回河池探亲为借口，将覃辉掌握的一些枪械运到河池县，交给游击队。此次行动中，赵剑英把年仅5个月的女儿覃秀君托付给乡亲家中，此后失去联络，直到1991年才得以重逢。

据覃秀君回忆，自己在小时候，便听许多人说自己并非父母亲生孩子，但一直都不以为然。直至长大后，一名与覃辉曾有过交往的叔叔告诉自己身世。覃秀君说："母亲共生育了9名子女，解放前，有4个小孩夭折，解放后，又有3名子女离世，如今，只有自己和湖北的一个弟弟覃献平尚存人世。"

1960年，赵剑英（前排右三）代表广西武术队参加全国武术比赛（资料图片）

中华人民共和国成立后，赵剑英随丈夫回广西同住河池。覃辉任广西河池县建委副主任；赵剑英当上了河池县文化馆第四区文化站站长。1958年她成为南宁市体委"健身武术社"武术总教练。

由于功夫深厚，赵剑英多次代表广西武术队参加全国各类武术比赛，并屡次获奖。

1957年，覃辉被错划成右派，关进农场。后来，夫妻音讯不通。赵剑英和孩子被下放到广西的一个偏僻山村。

1962年，经组织批准，赵剑英回到了阔别20年的家乡均县。1968年，覃辉不幸死在劳改农场。而赵剑英得到丈夫死讯时，已是几年之后。回到了均县的赵剑英，却失去了工作。为了谋生，她靠摆摊修钢笔、写春联卖春联度日。

20世纪70年代初，习武的赵剑英开始无偿教人习武。可她，也因教武遭到牢狱之灾。正在此时，有人揭发她，其教武的目的是鼓动群众闹事。无处申辩的赵剑英，因此被判入狱两年零五个月。

因为武功过人，入狱的赵剑英，被限坐在牢房里，不许行动，以致她的屁股坐出老茧。1972年，赵剑英被释放。出狱后，她四处为自己讨说法。1979年，她被安排到均县体委上班，也使她回到了阔别已久的武术舞台。

## 年过五旬终获武当武术绝学

1980年，赵剑英"重出江湖"，应邀参加湖北省武术观摩交流大会。7月，她代表湖北队赴山西太原出席全国武术观摩交流运动会。而就在这次武术观摩交流运动会上，赵剑英遇到了她武术生涯中至关重要的一个人——金子弢。

会上，浙江代表队里的湖北老乡王保仁，久闻赵剑英练武当功夫，便向她推荐年高七旬的武当山嫡传太乙五行拳正宗传人金子弢。金子弢在紫霄宫外的竹林中，窥见李合林道长的武当太乙五行拳后，如痴如醉要求学习。但受"武当功夫只传道人不传外人"门规之限，金子弢遭到拒绝，但金子弢三次拜倒在李合林道长的门下，终于感动

1982年12月，赵剑英（右二）在北京参加全国武术座谈会（资料图片）

1983年1月21日，赵剑英（前排右五）出席湖北省武术工作座谈会（资料图片）

道长将他收为嫡传武当太乙五行拳正宗传人。

金子弢学会太乙五行拳后，离开武当山，不仅半个世纪研习不断，且从不向任何人传授。其时，年事已高的金子弢，担心自己如果找不到传人，武当太乙五行拳就极有可能失传。得知赵剑英来自武当山，金老先生非常激动，不断询问武当山的情况。而赵剑英对武术的痴迷及刻苦钻研的精神，一下子打动了金老先生。于是，金子弢决定把自己苦苦研习50余年的太乙五行拳教给她。

1980年，赵剑英（右）与金子弢习练武当太乙五行拳（资料图片）

此后，赵剑英一心研习武当真功武当太乙五行拳，又结识武术大师沙国政、吕紫剑等人，习得武当三丰剑、太极剑、八仙剑、八卦掌、形意拳等武当武术。事实上，20世纪90年代以前，武术界一直存在"武当无拳"的争议。赵剑英最大的贡献就是用扎实、深厚的武当功夫驳斥了"武当无拳"的谬论。

## 赵氏弟子遍布世界各地

学会武当太乙五行拳后，赵剑英觉得，作为武当弟子，应该发扬光大武当武术。从20世纪80年代起，她开始广收门徒，免费向大家传授武术，其中就包括武当太乙五行拳。加拿大、德国、匈牙利、波兰、新加坡及国内众多武术爱好者慕名而来，向她拜师学艺。迄今为止，她的门徒至少有1万多人，遍布世界各地。其中洋弟子已在国外开办10余家武馆，传播弘扬武当武术。

传播武当武术
光大文化遗产

赵剑英 戊年九月武当

赵剑英题词（资料图片）

　　赵剑英还带队出现在国内武术观摩及比赛现场，20多年来，她和弟子获得金牌166枚、银牌211枚、铜牌78枚，并多次受到国家、省、市领导的亲切接见。2005年5月，赵剑英被授予首批国家级非物质文化遗产武当武术代表性传承人。她的名字随着武当武术走出了国门，走向了世界。2007年5月，赵剑英出任中央电视台武林大会武当太乙五行拳全球海选擂台赛监督委员会副主任，随后应邀赴中央电视台担任专家评审。

　　2011年1月6日凌晨4时15分，一代宗师——武当山道教武术总教练、"国宝拳师"赵剑英，因病救治无效在丹江口市去世，享年85岁。

巾帼英雄赵剑英（资料图片）

# 竹山开创抗日局面的安天纵

1937年底，中共党员安天纵从武汉来到鄂西北地区，创办《抗日三月刊》《乡促通讯》等宣传刊物，广泛开展抗日宣传活动，成立竹山县乡村工作促进会和青年读书会等抗战团体。与此同时，他积极联系国民党军的地下党员以及原红军战士，秘密发展党组织，创建党的抗日民族统一战线，推进抗日救亡运动向纵深方向发展。

## 参加武汉业余歌咏团

1937年，日本帝国主义发动了全面侵华战争，给中国人民带来了深重的灾难。

同年8月，武汉业余歌咏团成立。作为武汉几十个歌咏队中成立较早、人数较多、参加救亡宣传活动比较活跃的团队之一，武汉业余歌咏团是武汉群众自发组织起来的团体，最早发起参加者是安天纵等人。

安天纵1914年出生在辽宁省新民县。1936年，他参加革命，同年加入中国共产党。

武汉业余歌咏团借用大智路韩家巷保安公益会地方练唱救亡歌曲，通常都有几十人聚集活动，多者达到200多人，成员主要是工人、职员、中学生、小学教员等。有一天，人们听说冼星海要来教指挥，人来得特别多，整整齐齐坐满了一堂。

冼星海在武汉期间创作了100多首歌曲，《新中国》《在太行山上》《保卫大武汉》《到敌人后方去》《游击军》《祖国的孩子们》……安天纵所在的业余歌咏团往往最先唱开。

## 山区着手建立党组织

1937年12月，中共汉口区委组织部长安天纵和中共党员江大榜率3名共青团员，以湖北省乡村工作促进会第二十九宣传队的名义到竹溪县开展抗日宣传活动，并准备建立党组织。

抗日战争时期，十堰地区属国民党湖北省第八专署行政区，专署机关设在郧县城关，辖郧县（今郧阳区）、郧西县、均县（今丹江口市）、房县、竹山县、竹溪县6县，也是国民党第五战区的辖地。在这一形势下，地处鄂西北边陲的郧阳地区，因其特殊的地理环境和政治气候，既成为抗敌的大后方，又成为国共两党争夺战略基地的焦点，斗争形势异常复杂。

由于郧阳与川陕豫三省交界，境内和周边均系秦岭和巴山余脉交错的崇山峻岭，地势险要，老（河口）白（河）、汉（中）白（河）公路连接东西，汉水横穿郧阳全境，这里自然成为国民党统治区抗日的后方，也是共产党领导人民群众建立理想的抗日根据地的战略要地。

全面抗战爆发后，北京、天津和上海相继被日寇占领，特别是武汉形势吃紧，中共湖北临时省委着手整顿各级党组织。

1938年1月，安天纵、江大榜与竹溪积极分子邓昌坤在竹溪县城召开会议。会议认为要搞好抗日宣传，首先要做好竹溪县上层人士的工作，然后向下发展。同月，他们组建竹溪县乡村工作促进会，进行广泛抗日宣传工作。

1938年2月，刘瑞芳、韦君宜、张光年到襄樊组建中共鄂北特支。不久特支书记刘瑞芳被捕，工作未能展开。同年3月，由于竹溪县国民党地方势力活动猖獗，致使中共党组织无法开展活动，安天纵、江大榜遂离开竹溪县赴郧县。安天纵任中共郧县中心县委书记，以抗日巡回宣传队作掩护，从事党的地下工作。

1938年5月，在樊城建立的中共鄂北工作委员会，书记由左觉农担任。6月，中共鄂北工委改组为中共鄂北中心县委，安天纵担任书记。

下辖中共枣阳工作团、中共襄东特区委及襄樊两镇基层党组织，共有党员170人。到了9月，鄂北中心县委改建为鄂北特别委员会，隶属湖北省委，书记由安天纵担任，下辖襄樊地区的党组织有枣阳县委、襄樊近郊工委、襄东特区委、光（化）谷（城）联委。

## 走上街头开展抗日宣传

1938年10月，湖北省委派安天纵等人，以巡回宣传队的名义赴房县、竹山等县开展抗日宣传活动。

巡回宣传队住在竹山县城北门坡中心小学的一间简陋寝室里。安天纵夫妇住在竹山县城北门坡钟奎山客栈，当时他妻子怀孕在身。他们除了带一床单薄被子及少量换洗衣服外，大部分是抗日宣传书籍。当时人们以为他们是流亡的难民，都很同情，特别是青年学生，自发地帮助夫妇俩解决一些困难。

安天纵夫妇在食难果腹，衣难御寒的条件下，仍以忘我的革命精神开展抗日宣传。安天纵与巡回宣传队队长张殿英一道，身着简朴的蓝布长衫，走上竹山县街头，站在凳子上，以流利生动的语言，控诉日寇在东北的残酷暴行，听众无不义愤填膺。

他们以歌曲为武器，唱着雄壮激昂的《义勇军进行曲》、悲愤的《流亡三部曲》，激发了青年学生、老人、妇女的抗日救国热情。

安天纵参与的宣传队在街头演出《放下你的鞭子》（资料图片）

一时间，有的请缨杀敌，投笔从戎；有的慷慨捐献现金、衣物，慰问伤员，并发动抵制日货。当时，竹山青年办的《堵河月刊》登载了一篇《沸腾的堵河》，记述了当时宣传抗日群情鼎沸的动人场景。

## 创办多个抗战刊物

在郧县省立十一中学因参加学潮被开除的一批竹山籍学生，失学居家，遭到社会恶势力的歧视和诽谤，感到前途渺茫，写下了感慨诗："茫茫虚度岁月过，千秋事业竟如何？壮志难酬艰苦事，满目疮痍感慨多。"处在这种精神状态中，安天纵既是他们的老师，也是知心朋友和领导者。安天纵用革命的乐观主义精神诱导鼓励这些年轻人。

在安天纵的鼓励下，由武汉沦陷以后回竹山县的青年宋一之、龚镇中为主要成员，利用在地方上有势力的杜振族，在东门外观音阁内设置了学术研究社。实际上，安天纵是学术研究社的核心领导者，他带头创办了《建竹旬刊》《新闻简报》《精神周报》等刊物。在刊物上，除了登载有关抗战的文章、诗歌以外，还揭露地方贪官污吏的丑闻。在宣传队的指导下，人们排演了讽哑剧《怪物》、街头剧《放下你的鞭子》等。

安天纵具有组织群众、发动群众的领导艺术和才干。他同青年们在一起，日日夜夜、风风雨雨，他勤奋好学、吃苦耐劳的精神，深受青年敬佩。他是青年的知音，他说："恶势力好比是一根弹簧，只要用

武汉业余歌咏团最早由安天纵等人发起（资料图片）

力气，就可以把它压下去，不用力气压，它就弹得高。"　"一根绳子三股合成，每股均匀就有力量，如果一根紧，一根松，一拉就会断。"安天纵教唱的《青年进行曲》，激起了青年们同恶势力搏斗的勇气。

## 建立抗日民族统一战线

后来，安天纵因妻子分娩，离开了巡回宣传队，留在了竹山县。

他根据党组织指示，成立竹山县乡村工作促进会和青年读书会等抗战团体，创办《抗日三月刊》《乡促通讯》等宣传刊物，积极开展抗日救亡活动。

与此同时，他联系上驻扎竹山县城的国民党军三十五旅地下党员谭天，于1937年冬季在钟奎山客栈秘密成立了党小组，谭天任组长，组内另有3名党员。党小组成立后，积极寻找大革命失败后转入地下活动的共产党员，充实领导力量，并着力培养入党积极分子，组织群众广泛开展抗日救亡运动。

安天纵在竹山县茅塔寺与地下党员傅淑华和隐蔽在茅塔寺的红军战士丁震宇接上了关系，对他俩传达了关于党的抗日民族统一战线的方针政策，鼓励他们继续做好群众工作，秘密发展党的组织，以推进抗日救亡运动向纵深方向发展。

其间，安天纵领导了反对竹山县长华维扬的斗争。后来，湖北省政府查实华维扬贪污，将其撤职查办，经郧阳地方法院审判，华维扬被判刑下监。

渐渐地，安天纵的活动引起了国民党当局的注意。1938年下半年接任县长的贺理华，借口其"行动越规"，迫使安天纵夫妇离开了竹山县。不久，谭天随军调离竹山县，他领导的党小组随之解散；傅淑华则按照上级指示到竹溪县开展工作，她新建不久的党小组也自行撤销。

党组织在竹山县的恢复发展工作虽然屡遭挫折，但是党所播下的火种不但始终没有熄灭，而且随着武汉失守等战略形势的转变，由战略防御阶段转入了战略相持阶段，在鄂西北山区顿成燎原之势。

# 慷慨就义的抗日先锋聂之俊

烈士聂之俊（资料图片）

1937年7月全面抗战爆发后，聂之俊走出课堂到应城汤池参加陶铸主办的首期农村合作事业训练班学习，随后加入中国共产党。根据当时形势需要，党组织派他从武汉来到最偏远的竹溪县开展抗日救亡活动。作为竹溪县中共党组织创建者，他通过多种形式大力宣传抗战，激发广大青年和进步人士抗日救亡热情。1939年1月，他与竹溪县爱国人士开展反贪污、反迫害斗争中慷慨就义，献出了年仅23岁的宝贵生命。1950年，中南军政委员会颁发第一号烈士证书，追认聂之俊为革命烈士。

## 给家人写抗战绝笔信

聂之俊是党的优秀地下工作者，鄂西北山区竹溪县中国共产党组织的创建者。

1916年，聂之俊出生在江西樟树市大桥乡城上村一个没落的书香世家。他自幼才思敏捷，志向远大，5岁就入私塾读书。几年时间，竟熟读了四书五经，背唐诗宋词琅琅有声，深得父辈们的喜爱。其父聂宗尹系一开明人士，见子才思敏捷，遇事善于思考，大有成才之望，便经常给他讲述岳飞、文天祥等济世救民、精忠报国的故事，以启发其忧国忧民意识，培育其爱国思想。特别是当聂之俊懂事以后，由于家道中落，家里经常受到富豪大户的排斥，从而激励他更加勤奋好学，立志改变这种不公平的世道。

1928年，聂之俊考入江西省立九中。在校期间，他省吃俭用，购买进步书刊，从中汲取营养，开启自己对社会的认识。他还积极参与校内各种进步活动，与同学何喜林、熊惠民一起，背着行李，步行90公里，向省教育厅控告该校校长陈宪章贪赃枉法。为此，第二年他被迫停学。

1930年秋，他转到南昌江西省立一中就读，又因参与反对江西省长的学生运动被迫离校；1933年春，聂之俊转到南昌私立心远中学学习。该校是一所私立学校，反动统治控制力量比较薄弱。教师雷伯雄是参加过大革命运动的进步人士，他利用三尺讲台，向同学们灌输进步思想，宣传科学和民主，反对封建和迷信；英语老师漆裕元思想倾向进步，常从英文书中选出一些有进步内容的资料，让学生们翻译。聂之俊在进步老师的谆谆教导下，逐步走向成熟。此时，正值九一八事变，日本帝国主义开始侵略中国。

品学兼优的聂之俊，成绩一直名列前茅，曾获全校学科竞赛的奖励。1935年高中毕业前夕，当聂之俊和同学们从外国通讯和资料中知道国民党政府与日本签订了《何梅协定》的消息后，异常愤慨，立即把这一消息译成中文，邮寄分送到心远各中心学校和大街小巷，揭露国民党丧权辱国的罪行。聂之俊还在学校举办的《心远月刊》上发表了《两个穷兄弟》等文章，揭露日本帝国主义侵华的罪行，抨击国民党丧权辱国的行径，表现了聂之俊对穷苦人民的同情。

高中毕业后，为振兴民族工业，走工业救国的道路，他毅然选择考取了国立武汉大学工学院电机系。1935年秋，日本帝国主义加紧对中国的侵略。聂之俊响应党的抗日救国号召，与敌人展开了针锋相对的斗争。聂之俊冒着凛冽寒风，走上街头，在游行队伍中跑前跑后，积极组织和领导同学高呼抗日救国口号。这次游行示威活动，起到了动员群众、宣传群众、唤起群众的作用，武汉的广大市民和爱国人士也纷纷起来支援响应，团结一致呼唤抗日。

1937年七七事变发生，武汉告急。当时，聂之俊妻子怀孕在身，父母多次写信促其返家照应。这时，聂之俊向父母、妻子寄出家信。"抗战开始以后，有人畏惧不前，往安全地带逃。天下兴亡，匹夫有责。有志男儿当热血，焉能苟且偷安？等将日本帝国主义赶出中国后，再回家欢聚一堂，那时才是真正的快乐。"他在信中向妻子举荐了《林烈士的绝笔书》以表示反抗侵略、不怕牺牲的决心。他在信中还说："当全国同胞正处在水深火热之中，整个国家民族处在生死存亡关头的时候，每个有血性的青年没有不投笔从戎、枕戈待旦的，以赴国难。那么，个人的学业、官禄、家庭也将成为次要的东西了。"

## 参加汤池训练班

1937年11月，聂之俊通过地下党组织的介绍，离开武汉大学到应城汤池，参加由陶铸主持开办的第一期农村合作事业训练班。这个训练班是中国共产党利用合法名义，培养抗日游击战争骨干和壮大抗日力量的重要基地。

1938年1月，聂之俊光荣加入中国共产党。2月，他先后被分派到天门皂市和应城巡查工作。同年4月，党组织派他到武昌参加抗战常识研究班学习。

根据当时形势的需要和聂之俊的积极表现，同年4月，党组织派他从武汉到鄂西北竹溪县开展抗日救亡活动，并任农村合作指导室主任指导员。合作指导室共5人，另4人任指导员。

这年4月下旬，聂之俊带着学员及他们的党组织关系，从武汉出发，踏上前往竹溪县的征途。一路上，他身先士卒，每到一处宿营地，总是先张罗着食宿，大伙都休息了，他还在挑灯夜战，坚持学习，查看地图，安排第二天的行程及宿营地。次日清早，又首先起床，安排好早饭，然后再叫醒大家。

在聂之俊的带领下，经过十几天的跋涉，顺利地到达了竹溪县。

地处鄂西北边陲的竹溪县城不仅交通文化落后，条件艰苦，而且封建反动势力猖獗；加之这里陕豫各路土匪相继窜踞，搜刮民财，致使食不果腹的竹溪人民更加穷困。当时的国民党竹溪县县长陈世航，是郧阳专署专员刘翔的亲信，极力阻挠和破坏革命。

聂之俊一行到达竹溪县后，被安排在一处阴暗、潮湿的房里办公、食宿。陈世航还指派专人夜间到窗口下轮番偷看，企图寻找其不轨行为。聂之俊等没有退步。夜间，他们用一块大红布将房间隔开，男女分住，敌人无机可乘。白天，他们一起分析形势，分头走访进步人士和青年，到大街小巷进行宣传活动，尽快争取社会力量，开创抗日合作的新局面。

他通过多种形式大力宣传抗战，极大地激发了全县城乡广大青年和进步人士抗日救亡的热情。他还书写了"抗日高于一切"的匾额，悬挂于合作指导室的门上，公开进行抗日救亡宣传。在聂之俊的宣传鼓舞下，许多青年积极参军参战，支援前线。

经过一段时间工作，很多爱国青年和学生经常到合作指导室去听革命歌曲，接受抗日宣传。有的打听前线消息，有的积极参加抗日救亡宣传活动，有的还酌定投笔从戎，要求介绍他们到延安去。不管谁到合作指导室来，聂之俊总是热切接待，和青年学生热情交谈。青年人乃至一些开明人士都乐意和他接近，称呼他为"聂先生"。

1938年一个夏天的晚上，先于聂之俊来竹溪县的中共党员傅淑华让谭巽平悄悄找到聂之俊，将其带到傅淑华的住处，接上组织关系。从此，他们经常一起密商，分析竹溪县的形势。经过多次酝酿，在谭巽平家秘密成立了隶属中共鄂北中心县委领导的中共竹溪特别支部。傅淑华任特支书记，聂之俊任组宣委员。特支成立后，根据上级党组织的指示，确定了竹溪县的工作任务。

在特支的领导下，竹溪县人民的抗战形势如火如荼地向前发展。他们公开举起了抗日大旗，成立了竹溪县乡村巡回宣传队，还组织社会青年和县政府部分进步人士，建立竹溪县抗日促进会和抗日宣传队，聂之俊出任总干事。

为了支援前线将士，在聂之俊的主持下，多次召集爱国人士走上街头，向群众宣传抗日救亡的意义，动员群众为抗战前线捐款。同时，还在竹溪石印局印发了《竹溪县抗日工作促进会告全县同胞书》和中共中央发出的《只有全民族实行抗战才是我们唯一出路》的宣言、《抗日救国十大纲领》等重要文件，主办了《抗战建国半月刊》杂志，宣传党的抗战思想和政策，启发竹溪县人民自觉为抗日出力献策。

在此基础上，中共竹溪特支又遵照中共长江局关于"中心任务是组织民众，武装民众，准备发动游击战争，有计划地建立几个基干游击队和游击区"的指示，指派聂之俊深入到县自卫队，以与官兵谈心、教唱抗日救亡歌曲等形式，激发官兵的爱国热情，进行策反工作。

## 年仅23岁慷慨就义

正当全国人民奋起抗战之时，国民党当局却对抗日救亡活动百般限制。

不久，由于湖北省第八区专署电令取消所属农贷合作社，竹溪县长、军统特务陈世航以聂之俊思想"左"倾为由将聂之俊拘押，幸得党组织及时营救，他才恢复自由。此时，原合作指导室的其他4人先后离开了竹溪。党组织考虑到他的安全，通知其立即离开竹溪。聂之俊不顾个人安危，再三要求留下坚持工作。他在竹溪广泛联系群众，团结进步力量，介绍革命青年和县自卫连队的积极分子加入中国共产党。

1939年元旦，竹溪县政府举行慰问前方抗日将士的募捐游艺会。陈世航之流以慰劳前方将士为名，行中饱私囊之实，强行"募捐"。聂之俊与当地爱国人士组织发起了一次反贪污、反迫害的斗争。一夜之间，"要抗日，要民主，反贪污渎职"的标语遍及全城。国民党反动派异常恐慌，实行全城戒严。

1月6日晚，正当聂之俊在县立小学开会时，陈世航以"非法集会，危害国民"为借口，派保安将与会人员抓了起来。当晚，由地方绅士作保，释放了其他在押人员，却将聂之俊送进大牢。

由于聂之俊在群众中很有声望，陈世航对外不敢声张，诡称递解出境，陈世航对其软硬兼施，逼供诱骗他"悔过"自首。但他始终大义凛然、严词以对，每次审问，聂之俊坚定回答："抗日无罪！爱国无罪！"陈世航黔驴技穷，怕阴谋败露，伙同亲信蒋树勋、胞兄陈其良、外甥赵景铭、自卫队长李春策划暗杀阴谋。

1939年1月22日凌晨，陈世航派陈其良、赵景铭、李春等人，以护送出走为名，将聂之俊押送到城南泉溪境内，暗下毒手，将其秘密杀害。

1951年镇压反革命时，缉捕归案的凶手之一李春供称，1939年1月，奉陈世航之命，押解聂之俊，从城南九里岗一路南行。行至泉溪喝风垭，见此处地僻林密，暗随其后的凶手陈其良遂开了第一枪。聂之俊遭枪击未倒，捂住喷血的胸口，转身怒视凶手，高呼一声：共产党万岁！呼声穿透阴森森的山林，盖过山垭上冷飕飕的山风。李春慌忙掏出快慢机，再向聂之俊射来一梭子弹……

聂之俊被杀一事，激起了竹溪县人民的极大愤慨，也激励了竹溪县特支对敌斗争的坚强信念。特支书记傅淑华对聂之俊的牺牲感到非常痛心，决定借助社会力量严惩顽凶。她一边组织竹溪社会力量进行反陈斗争；一边请求民主人士谭巽平利用关系，到郧阳专署控诉陈世航暗杀聂之俊的罪行，还在《鄂北日报》发表揭露其罪行的文章。在强大的压力下，郧阳专署专员刘翔不得不撤掉陈世航的

聂之俊烈士就义处（资料图片）

烈士聂之俊的儿孙参观竹溪县革命传统教育基地。左二为
聂之俊唯一的儿子聂月波（资料图片）

县长职务。

　　中华人民共和国成立后，竹溪县人民没有忘记这位年轻的抗战时期牺牲的革命烈士。1950年，中南军政委员会颁发第一号烈士证书，追认聂之俊为革命烈士。

　　聂之俊在竹溪县生活和工作不到一年的时间面对敌人的枪口，慷慨就义，献出了年仅23岁的宝贵生命。他的事迹如今成为竹溪县向师生进行爱党、爱国教育的鲜活教材。

　　2012年11月20日，在竹溪县革命传统教育基地和聂之俊牺牲地喝风垭，烈士聂之俊唯一的儿子、74岁的聂月波老人充满深情地对陪同自己的两个儿子说："你们的爷爷聂之俊为了共产主义事业献出了宝贵的生命，今天我们到竹溪县来缅怀他、纪念他，就是要继承他的遗志。我家里至今还保存着许多父亲生前的信件等资料，如果有机会就将这些资料提供给烈士纪念馆或烈士陈列室，作为爱国主义教育资料。"

# 从房县奔赴延安的军医张毅争

出生中医家庭的房县女子张毅争受舅舅教育和影响，逐渐树立了革命理想。抗日战争期间，她与舅母等7人步行前往西安，辗转来到八路军西安办事处。后来，张毅争被分配到延安中央医院担任妇产科护士，参加过护理毛泽东的女儿李

张毅争和丈夫杨建新（余策星 供图）

讷、八路军一二〇师政委关向应，并参与接待救治各战场送来的伤病员。因工作突出，张毅争曾多次荣获模范护士称号，并光荣加入中国共产党。1965年，张毅争被授予少校军衔；1979年，她被提升为沈阳军区二〇二医院医务处主任，享受正师级待遇。虽然是一名军医，没有直接上前线与日寇展开搏斗，但作为一名战地医生，她深感如同上战场打仗一样光荣。

## 出生中医家庭

1923年5月，在房县军店镇，张毅争出生在老街上土城门旁边一户老中医家庭。她家境富裕，生活优渥。在经过五四运动以后，中国传统的重男轻女观念有所收敛。张毅争父亲把她视同儿子一样看待。张

毅争小学毕业后，父亲把她送到私塾读了三年古文。

1939年1月，张毅争在读书时期认识了她革命道路上的启蒙人——中共均郧特委派到房县从事地下工作的雷天明（原名雷盈鉴）、蔡锦盈（又名蔡竞、江津）。当时，鄂北特委书记安天纵安排雷天明和蔡锦盈回到房县找工作掩护自己，开展抗日宣传。担任均郧特委特派员的蔡锦盈回到房县老家后，就住在张毅争家。

蔡锦盈的老家是军店镇小峪村，小地名叫蔡家湾，他是张毅争的亲舅舅，生于1915年8月。蔡锦盈回到房县后，以张毅争的家为据点，组织群众学习革命书籍、演唱革命歌曲、讲述抗战故事、宣传发动群众投身抗日救亡运动。在舅舅的教育和影响下，张毅争逐渐明白了革命道理，树立了革命理想。

在房县，雷天明、蔡锦盈深入乡村和学校组织宣传队、歌唱队，发展了一大批爱国热血青年。1938年秋，房县地下党组织首批进步青年准备输送到延安抗大学习，投身抗日救亡运动。张毅争得知消息后，激动得热血沸腾！这次赴延安，安排的还有在房县西关二小教书的余锦蓉，被雷天明培养成发展对象。于是，15岁的张毅争同舅母付荣峥（蔡锦盈妻子）、余锦蓉等8名热血青年，以去四川求学读书为名，激情满怀地向延安方向进发。

## 步行跋涉到达西安

按照规定的时间，余锦蓉去军店镇和张毅争汇合。谁知，余锦蓉清早刚出门，就被表弟无意看到了，马上报告给了大奶奶。大奶奶闻讯，立即坐上滑竿追赶，一直追到了军店大河边。此时，余锦蓉见后边有人追来了，赶紧藏在龙家湾坟墓。结果还是被大奶奶找到抓了回去，关在厢房里。

余锦蓉被抓回去的消息传到了军店老街。张毅争等一行7人听到这个消息后，深恐暴露了行踪，决定先走。

房县地处鄂西北大山区，环境闭塞，交通极为不便。从这里出发去延安，只能穿越羊肠小道，还要翻越险峻陡峭的秦岭。途中，时常会碰到野兽出没，条件艰苦，行进困难可想而知。在当时国民党反动统治的严酷形势下，要从国统区奔向解放区，途中除了要克服山水阻隔的困难，还必须同国民党反动政府所设置的重重关卡的盘查周旋。这一切对这个从未离家出过远门的15岁少女来说，无疑是一种非常严峻的考验。

就这样，张毅争和舅母付荣峥等7人悄然离开了军店镇，步行朝竹山县、竹溪县方向走去。张毅争一行人满怀抗日救国的热血心肠，一路上提心吊胆，特别是过关卡和县城时，国民党对西行的青年人查得特别严。经过竹山、竹溪县城时，张毅争等人都是从城边的山边上绕过国民党设下的层层关卡。

到了陕西省平利县，张毅争一行人见盘查很严，决定从青铜关翻越秦岭到西安去。上了秦岭，只见山道陡峭，荒山野岭。一路上很少有人家，更多的是狼嚎虎啸。沿途树枝刮脸，荆棘丛生。这一切都没有阻拦住15岁的张毅争。

凭着坚定信念的支撑鼓舞，张毅争和同伴们经过近一个月的艰苦跋涉，总算走到了陕西西安。可刚来到这人生地不熟的地方，要找到八路军办事处的住地谈何容易？西安到处都是国民党士兵和特务，他们只好穿街走巷，四处打听。颇费了一番周折后，终于找到八路军在西安设的一个办事处，西安七贤庄。

## 安吴青训班苦学三月

坐落在古城西安北新街七贤庄的八路军西安办事处，是中国共产党及其领导的八路军于1937年至1946年设立在国民党统治区的办事处。

然而，国内政治局势波谲云诡，变幻莫测，国民党破坏了国共合作协议，掀起了第一次反共高潮。八路军西安办事处的工作阻力越来越大，处境也越来越困难，因而介绍进步青年去延安抗大学习或到抗战前线去的工作，也难以坚持下去。

张毅争找到八路军西安办事处，向他们讲述了千里迢迢前往延安的愿望。因为在当时，全国各地青年学生投奔延安的人太多，八路军西安办事处对于外地来的学生，都进行了很严格的挑选。这时，办事处人员告诉他们，这项工作已基本结束，不能再收留他们了。见状，每个人的心情十分沉重。张毅争找到办事处负责人，一再表示，只要能把她留下参加抗战，再远、再艰苦的地方也愿意去，决不畏缩。在大家情真意切的强烈要求下，经过办事处认真审查，最后挑选张毅争、付荣峥、蔡奉3名女性和1名男教师，其余人在作了一番安抚之后，让他们就地寻找职业或返乡。就这样，张毅争迈出了革命的第一步，加入到抗日革命队伍的行列。

张毅争读过书，又是出身于中医家庭，于是她被送到陕西省泾阳县蒋路乡安吴堡村住进了安吴青训班。当时，这个青训班的名誉主任是朱德。在开学典礼上，朱德为全体学生作了《抗战形势》的报告，并且挥笔为青训班写下了"学好本领上前线"的题词。

青训班每天清晨5点钟起床，晚上9点钟吹号熄灯，起床后一个小时早操，早餐后两个小时军训，两个小时政治课和讨论，午餐后休息一小时，两小时上课，两小时运动。青训班设在当地一座古庙中，由于学生很多，有的借住民房。没有教室，学生上课时就在庙堂的大殿中，天气晴朗之时，学生就在吴氏陵园的露天里上课，下雨时转到庙中大殿中上课。张毅争和其他同学一样，在大殿中打地铺睡觉。闻号音起床，一切都按照军队的训练进行。张毅争的老师有上文学课的、医药课的、军事课的，有时候林伯渠也来给学生们上课。

张毅争在安吴青训班学习了三个月，所学的课程主要有党的抗日方针政策、抗战形势、关于游击作战的基本知识。还有哲学、政治经济学等理论知识。生活环境很差，条件很艰苦，而学习则是相当紧张，统一军事化管理。上课时坐的是背包，课桌就是自己的膝盖。张毅争和大伙儿睡的是地铺，两人合盖一条被子，砖头当枕头；吃的是小米，黑面窝头；啃的是咸菜疙瘩。夜晚，还要在城墙边站岗放哨。有时，夜间还急行军拉练。张毅争就在这样的环境中锻炼自己。

青训班的学习和生活，为张毅争奔赴抗日前线奠定了坚实的基础。

## 悉心护理抗战名将关向应

1940年初，国民党破坏骚扰越来越频繁，青训班在干扰之下无法办下去了。在青训班解散时，组织上安排这些学员有的去延安，有的去敌后。张毅争被分配到党中央所在地延安，具体工作是到中央医院当护士。

延安是中国革命的圣地，是全国所有爱国青年心中时刻向往的神圣地方，为世人瞩目。张毅争当时的想法，是要上前线面对面地与日本鬼子打仗。当时，她给远在重庆新华日报社工作的舅舅蔡锦盈写信，讲了自己的想法。蔡锦盈接到信后，写了封信狠狠地批评了张毅争，说她能在党中央身边工作是许多革命人士梦想不到的好事，并在回信中写道："干革命工作不能挑挑拣拣。不能闹情绪。一切服从党的安排。"蔡锦盈当即就委托董必武将回信捎给她，同时带来的还有一些进步小说。

舅舅的谆谆教诲、领导和同志们的热心帮助，终于使张毅争安下心来。思想通了，情绪高了，工作的劲头也就更足了！从此，她的一生与部队的医疗卫生工作结下了不解之缘。

延安中央医院的前身，是1937年1月中共中央核心机关及红军总部从保安迁到延安后组建的中央苏维埃医院，不久改称陕甘宁边区医院，当时院长是傅连暲。1938年秋，延安遭到日军飞机的轰炸，边区医院又迁到安塞县。

1939年9月，傅连暲从延安各机关、学校挑选了一批学过医护知识的青年男女，以及具有高中以上文化的女青年到医院学护理。张毅争就是在这批青年中选来的女护士。

延安中央医院被毛泽东拍板定名以后，医院按照正规医院分出10个科室，仅妇产科在延安8年时间中就接生过3000多个孩子。毛泽东的女儿李讷、陈云的女儿都是在这里出生的。张毅争在延安中央医院担任妇产科护士，还参加过护理毛泽东的女儿李讷。

当时，延安中央医院既要接待从各个战场送来的伤病员，有时更要搞好部队首长和中央领导生病住院后的医疗护理，还要负责延安驻

八旬高龄的雷大爷指着这间房子说，房子是后来改造过的，张毅争老家就在这里：军店镇下店子街143号（图为抗战女军医张毅争的房县故居。余策星　供图）

军和当地群众的诊疗护理。虽说是中央医院，可医疗设备和条件是相当差的。一次，一个产妇产后大出血，急需输血，可医院根本就没有血浆，再迟就会有生命危险。情况万分危急，张毅争立即要求献血，这才使产妇转危为安。由于工作职责所在，张毅争为好几位中央领导的夫人生孩子进行过护理。张毅争认真细致而扎实的工作，得到了时任延安中央医院院长石昌杰和患者们的赞誉和信任。因此，领导也就放心地把一些危重病人的护理工作交给她。

一次，八路军一二〇师政委关向应因患结核病需要进行特殊护理，院领导就派张毅争完成这个任务。接到任务后，张毅争感到压力很大。关向应是我党我军的高级领导，肺病在当时条件下被人们称为不治之症。但尽管如此，张毅争还是毫不犹豫地接受了任务。为了首长的病情尽快好转，早日康复，她找营养补品，熬药煎汤，日夜不停地守候在关向应病榻前悉心照料。经过一段时间的治疗，关向应的结核病逐渐有了好转。由于长时间的极度紧张和劳累，张毅争累倒了。在延安中央医院工作期间，张毅争曾多次荣获模范护士称号，并光荣加入中国共产党。

## 战地医生深感光荣

中华人民共和国成立后，张毅争随部队进军甘肃天水市，在天水高级步校任军医。1952年，部队调防，张毅争随部队参加抗美援朝，进入朝鲜五四二医院工作。1953年朝鲜战争结束后，张毅争回到沈阳部队二〇二医院工作。1955年，中国人民解放军第一次授军衔，她被授衔大尉。1956年，她被派往北京解放军总医院进修学习两年；1960年，她被调往沈阳军区总医院妇产科任医生，后又调回沈阳军区二〇二医院任医生。1965年，张毅争被授予少校军衔；1979年，她被提升为院医务处主任，享受正师级待遇。

如今，张毅争已离休，由于长期从事医疗护理工作，不停地走动，下肢得不到很好的休息，久而久之患上股骨头坏死，已换了假关节。虽行动多有不便，但她仍不服老，还在参加一些力所能及的社会活动，经常参加部队老年书法练习和大赛。现在张毅争是沈阳军区、辽宁省军区书法协会成员，还多次荣获两级军区书法奖励证书。

虽然是一名军医，没有直接上前线与日寇展开搏斗，但张毅争在长期的革命生涯中深深地体会到，自己作为一名战地医生，就如同上战场打仗一样光荣，用青春与热血谱写的依然是一首抗战之歌。

# 开展地下工作的黄正夏

晚年黄正夏（资料图片）

黄正夏被誉为东风汽车的教父。他16岁参加革命进行抗日救国活动，长期在鄂西北开展党的地下工作。反动军警悬赏4000大洋捉拿他，他巧妙与敌周旋，不屈不挠坚持斗争。2009年9月10日11时，为"东风"发展作出重大贡献的公司老领导、湖北省人大常委会原副主任黄正夏在武汉逝世，享年88岁。按照黄正夏生前遗愿，骨灰分别撒在了长江和武当山。

## 16岁参加革命

黄正夏，原名陈宗煌。1921年5月，出生在湖北襄阳城东30公里的黄龙镇。1937年10月，16岁的他开始参加革命，进行抗日救国活动。

1938年10月，武汉沦陷后，襄樊（今襄阳市）形势日紧，进步学生黄正夏举家迁至均县（今丹江口市）簸箩岩一同学家，迅速投入到浪河黄龙山饶崇健领导的"民先"组织中去。根据"民先"组织安排，黄正夏以公开身份先后参加了浪河、草店、石板滩文化站工作。

1938年11月，黄正夏在鄂北战教会蔡锦盈（又名蔡竞、江津）介绍下，光荣加入中国共产党。

1938年底，由共产党人钱俊瑞主持的第五战区文化工作委员会，在鄂西北主要城镇均设置文化馆、站，以开展抗日救亡宣传工作为主要工作内容。均县草店文化站于12月建立，黄正夏作为工作人员，开始做党的秘密工作。

他在回忆录中说，1938年9月，湖北省委确定派赵石去鄂西北工作时，省委宣传部长何伟指出，鄂西北地理位置处于川陕鄂豫四省交界处，北可进中原，达关中，南可抵长江，西可入四川，东可抵武汉，而且有秦岭，大巴山和武当山作依托，是建立抗日根据地的理想战略要地。

1939年3至4月，中共均县南区委员会成立，区委机关设在黄龙山饶家新屋场炮楼内。这时，房竹地区的党组织领导冯锡三来到黄龙山担任南区区委书记，饶崇健任组织委员、黄正夏任宣传委员。

为了将党组织向外扩展，南区委员会又成立了均、房、谷边区中心支部，边区支部在黄正夏的组织下，在谷城县附近的飞石岩成功举办了一期来自均、房、谷三县的20多名党员骨干参加的党员训练班。通过党的频繁培训工作，大大提高了地方党组织的组织、领导、指挥和战斗能力，坚定了党员的立场、信念，为以后中国共产党在鄂西北的革命活动奠定了坚实的思想基础和组织基础。

1939年至1941年，黄正夏正式转入鄂西北开展党的秘密工作，先后任均县区委书记、均州中心县委委员、均县县委书记、鄂西北工委书记。其间，他经常辗转于解放区之间，联络地下党，积极为前线筹备战略物资。根据中央及湖北省委的分析，除先后派夏忠武、张光年、张执一、安天纵、易家驹等一大批同志来鄂西北外，1938年冬又先后来了许多著名的党内外人士及群众团体，襄樊、均县城内都有，但大多数集中在草店镇。

## 反动军警悬赏

1941年春，蒋介石发动了震惊中外的皖南事变。不久，时任均州中心县委书记邓一陶被捕叛变，均县县委和南北两区区委同上级失去了联系，成了红色"孤岛"。县委领导人黄正夏针对邓一陶的反党宣言，刻印散发了一份《告鄂西北人民书》，严厉驳斥叛徒邓一陶的反党宣言。

此后，均县地下党开展了十分艰苦的斗争。为了整顿党组织，培训骨干，向深山老林发展党员，向武当山腹地的均、房交界，均、谷交界深入展开，准备应付突然事变。先是在均县和谷城县交界的飞石岩、蛤蟆口举办党员训练班，后来又在均县和河南淅川县交界的玉皇顶大山举办。每期约30人。学员白天隐蔽上课，主要学习《党的建设》《社会发展史》《游击战争》等内容。在训练期间，学员们利用月夜，或在黎明前进行军事演习。教官由过去当过兵的党员担任，主要是训练队形及传授怎样利用有利地形地物作战等知识。训练班在"山高皇帝远"的深山野谷中开办，生活极为艰苦，但是同志们却非常乐观。飞石岩一带党员群众深情而风趣地说："黄正夏、饶崇健等同志在山洞办游击训练班，睡的是'龙床'（石板），枕的是'玉枕'（石头），盖的是'金丝被'（稻草），吃的是'燕窝'（玉米窝窝），喝的是'甘露水'（山泉水），似神仙，非神仙，尝尽人间苦，闯过虎狼关。"

1941年底，黄正夏转移到鄂豫边解放区后，均县南区一带党的活动主要由饶崇健主持。

1942年5月以后，反动军警对这里进行了"搜剿"和"驻剿"，并悬赏4000大洋捉拿黄正夏、饶崇健等共产党人。1942年11月，为了捉拿黄龙山中共主要领导人，敌人主力部队撤出后，安插了大批便衣特务隐蔽在黄龙山地区进行秘密搜捕，残酷杀戮共产党员及进步群众。反动派到处张贴布告"拿获匪首饶崇健、张业敬、黄正夏者赏洋4000元；如击毙匪首饶崇健、张业敬、黄正夏提解首级或经人证明确实者赏洋3000元；因报告匪徒进而拿获者赏洋1000元"，等等。一时间，黄龙山及均、房、谷三县交界处笼罩在阴云密布、杀气腾腾的白色恐怖之中。在广大人民群众的秘密保护下，地下党组织巧妙地与敌周旋，不屈不挠地与敌坚持斗争。一次，地下党组织发动群众把数千斤粮食从城七坪送到隐蔽点，并处决了一个特务分子，使敌人大为惊慌。

1947年，黄正夏与夫人吴芷英在哈尔滨（资料图片）

1942年至1945年8月，黄正夏转入鄂豫边解放区以后，先后任边区洪山公学教员、小学部主任、行署处科长、边区实验中学、建国公学（鄂东分校）教导主任。1945年10月至1946年5月解放战争期间，任边区罗礼光中心县财经局长、经麻商工委委员、沙高中心镇镇长；1946年底至1949年5月中原突围至东北，任东北行政委员会粮食局处长，1947年参加东北局民运部土地改革巡视小组成员。

1949年5月至1953年底南下湖北，他任中共湖北省委秘书处主任、省委办公厅副主任、中共湖北省沙市市委书记。

1954年4月，黄正夏到二汽筹备处报到，开始参与二汽的筹建，其间，到华中工学院（华中科技大学前身）汽车及内燃机系学习，不久，包括华中工学院在内的多所院校的汽车专业并入长春汽车拖拉机学院（现吉林大学），黄正夏随之前往，1956年从长春汽车拖拉机学院肄业；后历任国家技术委员会、国家科委、中国科学院副局长、局长；1974年至1986年，他回到湖北，任中共湖北省十堰市委第一书记、市长，中共第二汽车制造厂第一书记、厂长，二汽集团（东风汽车公司）董事长、党组书记、经理。1986年至1995年任湖北省人大常委会六届、七届副主任；1995年9月离休。

2009年9月10日，深受"东风"职工爱戴、为"东风"发展作出重大贡献的公司老领导、湖北省人大常委会原副主任黄正夏，走完了他一生88年的光辉历程，在武汉逝世。

## 率领二汽扭亏

黄正夏是"东风"事业的重要开拓者和奠基人之一。

1953年，黄正夏成为二汽筹备小组中的一员。1974年，黄正夏正式加入二汽，任党委书记。

1977年10月，二汽第一任厂长饶斌调任国家机械部任副部长，次年黄正夏开始全面主持二汽工作，任第一书记和厂长。

黄正夏接管二汽时，计划经济仍是主旋律。二汽被规定每年必须生产一定数量的军用车和民用车。也因为此，在成立前19年里，二汽长期处于亏损状态，每年都需要向国家申请补贴。1978年，二汽接

1979年10月，二汽被命名为"大庆式企业"，黄正夏（左）接受锦旗（资料图片）

到的民用车任务为2000辆，国家计划亏损3200万元。倔强好强的黄正夏不肯认命，在湖北省一次工业大会上，他表态称："我们争取超产3000辆5吨民用车，今年力争扭亏为盈。"

尽管计划部门没有批准二汽的扩产需求，但二汽当年仍成功实现超产3120辆，一举摘掉了长期亏损的帽子。

1979年，国家经济结构调整，二汽被列为"停缓建"项目。

黄正夏灵活的头脑与坚忍不拔的性格在关键时候起了作用。1980年1月6日，黄正夏奔赴北京，开始了长达一个月的"游说"工作。他的苦心最终打动了各部委，后来成功将二汽从"停缓建"的危机中救出。

为续建二汽，黄正夏向国务院提出"自筹资金，量入为出，分期续建"的办法，并获得国务院批准。在黄正夏的领导下，二汽提前两年建成年产10万辆汽车生产能力，连续6年在汽车产量、实现利润、税收方面都占到全国汽车行业60%以上，奠定了东风事业发展和20世纪80年代辉煌的坚实基础。

1985年，二汽提前完成10万辆产能建设，生产优质汽车35万辆，实现利润8.4亿元，上缴税收4.2亿元。

20世纪80年代中期，黄正夏又率领二汽人开始了第二次创业，建设襄樊基地，开启了东风实现十堰、襄樊、武汉"三级跳"，发展轻轿事业的先河。

黄正夏长期在二汽担任领导职务，他坚持从实际出发，解放思想，改革创新。在二汽经济体制改革中，他提出了"全面质量管理为基础，全面技术质量为核心，全面经济效益为目的"的指导思想，有效地调动了干部职工的积极性，取得了比较明显的经济效益，增添了工厂的活力，为二汽的发展奠定了基础。他十分重视人才，重视知识，注意发挥专业技术干部的作用，任厂长时，在二汽成立了技术中心，组织专家攻克难关，保证了汽车质量的稳步提高。他注意在实践中培养锻炼干部，在二汽大胆地启用了一批年轻优秀人才，并向全国输送了许多领导骨干。

1986年，黄正夏离开二汽时，一汽原厂长耿昭杰对他开玩笑说：

"听说你离开二汽，我们都非常高兴。不知道你哪里来的那么多的鬼点子，我们怎么跟也跟不上。"

黄正夏离休后，仍然心系汽车工业和东风的发展，为发展新能源汽车奔走、呼吁，建言献策。现在全世界都在大谈特谈电动汽车，殊不知早在2000年，黄正夏就为了在中国推广电动汽车而四处奔走。后来的"十五"高科技计划将电动汽车列入12个重大专项之一。

在生命的最后几年，他全力研究生物燃料。因为在行业里浸淫的时间久，他也自然最能看清楚未来的方向。他一生都在为一个目标而奋斗。

黄正夏的遗体告别仪式于2009年9月16日上午在武汉举行。按照他的生前遗愿，骨灰撒在他深爱并为之奋斗的荆楚大地——长江和武当山。

# 血洒疆场的首位军长郝梦龄

1937年忻口保卫战打响后，郝梦龄率领中国军队与日军展开激战，他和6000官兵与阵地共存亡，用鲜血和生命写下了气壮山河的不朽篇章。郝梦龄是全面抗战初期牺牲在抗日疆场上的第一位军长，毛泽东高度评价他抗日殉国的精神。如今，他的珍贵遗书遗照馆藏在十堰市档案馆。

馆藏十堰市档案馆的
郝梦龄遗照（资料图片）

## 出身家庭贫寒

1898年2月18日，郝梦龄生于河北省藁城县庄合村，家庭世代务农。郝梦龄家境十分贫寒，只读了三年私塾就被父亲送到一家杂货店当学徒，后因不堪忍受老板虐待，投奔奉军魏益三部当兵。魏益三看他勤奋好学，先后把他送往陆军军官小学、保定军官学校学习。

从1921年起，郝梦龄在魏益三部任营长、团长。1926年，他跟随魏益三归属冯玉祥的国民军，任第四军第二十六旅旅长。

在北伐战争中，由于郝梦龄作战英勇，升任第四军第二师师长。打下郑州后部队改编，任国民革命军第五十四师师长。1930年中原大战后，他兼任郑州警备司令，后升为第九军副军长、军长等职。

郝梦龄为人正直，处世严谨。他喜好读书，家中购有大量的古籍珍本，其中有半堵墙高的二十四史，不仅有各种军事兵法，还有影印的藏经碑铭、《康熙字典》、《辞源》等工具书籍。

他常以历史上的英雄人物如岳飞、文天祥、史可法等忠臣义士的历史故事，鞭策自己并教育部下及其子女。

郝梦龄尤其喜爱、推崇文天祥的两首诗《正气歌》《过零丁洋》，这些都为他的壮举打下坚实的基础。

## 终获北上抗日

郝梦龄治军严明，从不任人唯亲，自己受了赏赐都要分给部下。

他的部队在乡间宿营，决不轻易打扰百姓，雨天常以草秸宿营。他一再强调：喝了水，还满缸，扫好地，再出门。

郝梦龄曾在一个治兵语录上，摘录军歌一首，印发全军背诵及歌唱。歌词是："三军个个听仔细，行军需要爱百姓，挑水莫挑有鱼塘，莫向人家打门板……"

1930年12月，蒋介石发动了对中国工农红军的第一次反革命"围剿"。郝梦龄曾率部与工农红军作战，以失败告终。1931年，第三次反革命"围剿"被红军彻底粉碎后，他看到连年内战使人民遭殃，血流千里，深为同室操戈而悔恨。

到了1934年蒋介石发动第五次反革命"围剿"时，郝梦龄请求解甲归田，未获批准。1935年，他被调往贵阳、独山、遵义等地，率第九军负责修筑川黔、川滇公路。

川黔公路通车后，第九军又担负起保卫和养护公路之责。1937年5月，郝梦龄再度请求解甲归田，仍未获批准，被调往四川陆军大学将官班学习。

1937年7月卢沟桥事变爆发时，郝梦龄正在去四川陆大的途中。得知消息，他立即从重庆返回部队，请求北上抗日。

他在报告中这样写道："我是军人，半生光打内战，对国家毫无利益。日寇侵占东北，人民无不义愤填膺。现在日寇要灭亡中国，我们国家已到生死存亡的最后关头。我们应该去抗战，应该去与敌人拼。"他再三上书请缨，要求当局允许他率部出征，终获批准由贵阳率部北上。

## 会战写下遗书

郝梦龄在北上抗日出发之前，已下定以死报国的决心。

部队途经武汉，他与家人告别，对儿女们说："我爱你们，但更爱我们的国家。现在敌人天天在屠杀我们的同胞，大家都应该去杀敌人。如果国家亡了，你们也没有好日子过了。"他还写好了一封信，封好后交给大女儿郝慧英，嘱咐她3天以后再拆开看。

15岁的郝慧英不理解父亲的心情，硬要立即拆开来看，郝梦龄不允，父女二人在争抢中把信撕成碎片，丢进了痰盂，郝梦龄便随队伍出发了。他走后，郝慧英把信从痰盂中捞出，拼凑起来一看，原来是父亲留下的遗嘱，还可以辨认出来的内容是："此次北上抗日，抱定牺牲。万一阵亡，你等要听母亲的调教，孝顺汝祖母老大人。至于你等上学，我个人是没有钱。将来国家战胜，你等可进遗族学校。留于慧英、慧兰、荫槐、荫楠、荫森五儿，父留于一九三七年九月十五日。"

郝梦龄率所部第四军到达石家庄后，归属第十四集团军司令卫立煌指挥。这时，山西雁门关已经失守，晋北忻口成了山西抗击日本侵略者的第一道防线。

于是，郝梦龄率部队于1937年10月初，先期到达了忻口前线。在卫立煌的统一部署、指挥下，郝梦龄任中央兵团长，指挥第九军和晋绥军第十九军、第三十五军、第六十一军等部，夜以继日地奔波坚守在忻口以北的龙王堂、南怀化、大白水、南峪线主阵地。

到达前线后，他视察阵地，部署兵力，指导抢修工事，鼓励官兵奋勇作战。郝梦龄对官兵们说："此次战争为民族存亡之战争，只有牺牲。如再退却，到黄河边，兵即无存，哪有官长。此谓我死国活，我活国死。"他反复强调：人人都应抱定有我无敌、有敌无我的决心与敌拼杀。官兵备受鼓舞，誓死杀敌。

在忻口会战正式开始的前一天，郝梦龄给居住在武汉的妻子剧纫

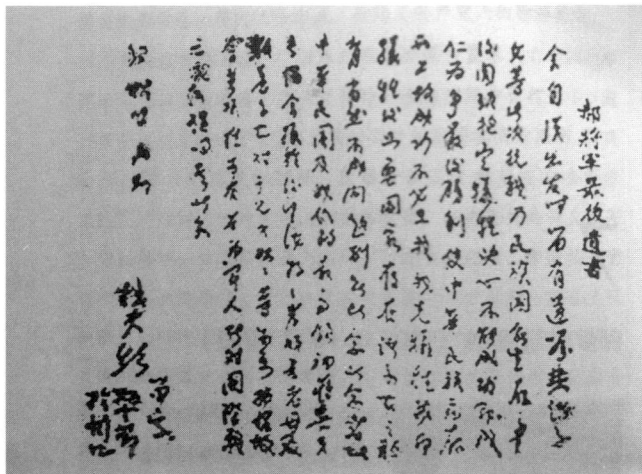

1937年10月10日，郝梦龄从山西邢口战场给居住武汉妻子剧纫秋写的遗书（资料图片）

秋写下了最后的遗书："余自武汉出发之时，留有遗嘱与诸子女等。此次抗战乃民族、国家生存之最后关头。抱定牺牲决心，不能成功即成仁，为争取最后胜利，使中华民族永存世界上，故成功不必在我，我先牺牲。我即牺牲后，只要国家存在，诸子女教育当然不成问题。别无所念……倘吾牺牲后，望汝好好孝顺吾老母及教育子女，对于兄弟姐妹等亦要照拂。故余牺牲亦有荣。为军人者为国家战亡，死可谓得其所矣！书与纫秋贤内助，拙夫龄字。双十节于忻口。"这些慷慨悲壮的话语，表明了郝梦龄为国捐躯、抗战到底的决心。

郝梦龄视死如归的爱国之情跃然纸上，这封遗书后来被刊登在当时的武汉各报，人们阅之无不动容！

## 前线挥兵奋进

1937年10月11日，著名的忻口保卫战打响了。忻口会战是平津失陷、淞沪会战开始之后，国民党正面战场第二战区组织的一次以保卫太原为目的的大会战。

指挥进攻忻口的日军指挥官是第五师团长板垣征四郎，他集中日军全部精锐，以飞机、大炮、坦克等精良武器装备，组成"立体战争"的密集火力网，疯狂向忻口阵地猛攻。当时，首当其冲的是布防于中央地区的第九军。郝梦龄亲临第一线指挥作战。在敌人飞机、大炮轰炸时，他指挥部队躲入掩蔽部，待炮火一停，马上出击，用步兵武器狠狠打击日军。双方多次展开白刃肉搏，近距离互掷手榴弹，战况极为惨烈。

10月12日，南怀化主阵地被日军攻破，敌我双方步炮兵主力在忻口西北、南怀化东北二〇四高地上，展开了激烈的拉锯战，一昼夜阵地易手13次。第九军在夺回被日军占领的高地时，有的团只剩下一个营的兵力。

郝梦龄身材魁梧，面色白净，神情威严，很善于鼓舞士气。那次战役中，三二二团在经过反复冲杀后只有百余人了。郝梦龄在阵地上当场把他们编为一个连，随即就大声问道："先前我们一团人守这个阵地，现在只剩下一连人还是守这个阵地，就是剩下一个人，也要守这个阵地。我们一天不死，抗日的责任一天就不算完。出发之前，我已在家中写下遗嘱，不打败日军决不生还。现在我同你们一起坚守这块阵地，决不先退。我若是先退，你们不管是谁，都可以枪毙我！你们不管是谁，只要后退一步，我立即枪毙他。"

接着，郝梦龄又大声问了一句："你们大家敢陪我在此坚守阵地吗？"所有官兵齐声回答："誓死坚守阵地！"次日晨5时，郝梦龄命令所部开始向南怀化、新陈庄出击。三二二团在前，晋军在后，限三小时攻下，后因为伤亡过重，两翼未动，还是停留在原阵地上。

他在《阵中日记》中这样写道："连日昼夜炮战甚烈，五日来，已伤团长一员，营长五员，连长二十员，士兵数百名。""今日督战，李（仙洲）师长负伤，戴（慕真）团长负伤，官员受伤过多。往日见伤兵多爱惜，此次专为国牺牲，乃应当之事。"

10月15日夜，总司令卫立煌增派7个旅，交给郝梦龄指挥，由正面袭击，左右两侧同时出击策应，以期夹击敌人。

10月16日凌晨，反攻大军分数路扑向日军阵地，枪炮声如雷，喊杀声震天，担任反攻指挥任务的郝梦龄和五十四师师长刘家骐亲自到

血洒抗战疆场的中国第一
位军长郝梦龄（资料图片）

前线督战，连克敌人几个山头。到了清晨5点，天已微明。郝梦龄担心天亮后，我军阵地受日军炮火威胁，不能巩固，不如乘胜追击，迅速歼灭残敌。于是，他挥兵奋进，敌军混乱，以机枪、手榴弹掩护后退。这时，郝梦龄、刘家骐已快到散兵线之前，距离敌人只有200米。在通过一段隘路时，郝梦龄被日军的机枪子弹打中，倒下后仍力呼所部杀敌报国，而后壮烈牺牲，时年39岁。同他在一起战斗的刘家骐，也为国捐躯。

郝梦龄牺牲后，战士们眼睛都红了，立志要为军长报仇。他的牺牲更加激发了中国军队的斗志！团长牺牲了营长指挥，营长牺牲了连长指挥，连长牺牲了排长指挥。

南怀化一战，郝梦龄和6000官兵与阵地共存亡，用鲜血和生命写下了气壮山河的不朽篇章。此后，八路军先后进行了雁门关伏击战、阳明堡机场夜袭战，给忻口守军极大的支援。由于山西东线娘子关失守，为避免腹背受敌，忻口守军主动撤离。忻口战役历时23天，中日双方投入军队20多万人；战役中，中国军队伤亡5万人，歼灭日军1万人。

1937年10月24日，郝梦龄的灵柩由山西运到武汉。武汉各界举行公祭，之后以国葬仪式安葬于武昌卓刀泉。

郝梦龄将军是全面抗战初期牺牲在抗日疆场上的第一位军长，1938年的小学国语课本中就有"中国第一个军长"的题目描写他。郝梦龄殉国后，人民音乐家冼星海谱写了《郝梦龄悼歌》。

为纪念郝梦龄的功勋，汉口北小路改名为郝梦龄路。1938年3月12日，在延安追悼抗敌阵亡将士大会上，毛泽东高度评价郝梦龄抗日殉国的精神。

1983年9月13日，中华人民共和国民政部追认郝梦龄为革命烈士。武汉市政府又将武昌洪山卓刀泉的郝梦龄将军陵墓修葺一新。现在，每到郝梦龄殉国日，都有许多人去将军墓地祭扫凭吊。

2014年9月1日，民政部公布第一批在抗日战争中顽强奋战、为国捐躯的300名著名抗日英烈和英雄群体名录，郝梦龄将军位列其中。

## 亲属建设十堰

郝梦龄牺牲后，他的遗属在中华人民共和国得到关怀照顾，在政府和人民的培育下，郝梦龄的五个子女，其中四人大学毕业，成

1937年10月24日，郝梦龄的灵柩由山西运到武汉。武汉各界举行公祭（资料图片）

了医师、教授和工程技术人员。郝梦龄的妻子剧纫秋女士于1984年逝世，终年85岁。

长女郝慧英，毕业于四川教育学院，退休前在武汉第十七中学担任生物教师；小女儿名为郝慧兰，毕业于第四军医大学，任宝鸡市中医院主治医师。

大儿子郝荫槐，1954年毕业于中南矿业学院，本可以去北京工作，但为了国家的需要，放弃了留在城里工作的机会，志愿支援边疆，在云南东川一个矿上工作。因长期下井染上肺病，死时年仅39岁。

二儿子郝荫楠，20世纪60年代初期是武汉同济医学院的妇产科医生。后因为支援国家三线建设，1965年，30多岁的他报名参加同济医学院郧阳分院（今湖北医药学院）的建设，郝荫楠带着妻女，来到了当时还很贫困的郧阳地区。郝荫楠等老一批创业者放下教鞭拿起锄头，开山挑土，垒石砌墙，砍树盖房，边建设边办学，保证了首批40名学员在简陋的校舍中如期开学。

最小的儿子郝荫森因患脑膜炎，不幸死于汉口万园医院，葬在汉阳。

郝梦龄的孙子郝良，1961年出生在武汉，后随父亲郝荫楠来到十堰生活。下过乡，吃过苦，后来考上大学，专业是汽车化工，毕业后

郝梦龄烈士之墓（资料图片）

在二汽技术中心工作，任高级工程师。后来建设神龙公司，郝良带着妻子前往武汉。其儿子郝辰珺由其母亲带着在十堰生活。夫妻二人在武汉定居后，才将郝辰珺接到武汉。

20世纪60年代初，郝荫楠带着父亲的遗照和遗书来到郧县（今郧阳区）。时任郧阳地委书记的霍英看到后，深知遗书和照片的重要性，悄悄将其取走，交到了当地公安局，并暗中对郝荫楠进行保护。后来，郝将军的遗物又被转移到了郧阳军分区，直到1979年移交到了原郧阳地区（现十堰市）档案馆保管。

# 从奋勇抗日到奋战丹江口的夏克

夏克（资料图片）

出身山东贫苦农民家庭的夏克，23岁在鲁西北参加抗日游击队。在攻坚策反工作中，敌人准备将其活埋，他巧妙周旋脱离危险。夏克从抗日烽火中一路走来，始终舍生忘死，克勤克俭。1958年，他调任丹江口水利枢纽工程指挥前线，高度负责，切实保证了大坝工程建设质量。

## 出身山东贫苦家庭

夏克是丹江口水利枢纽工程的开拓者。殊不知，他在抗战期间的经历也颇为传奇。

夏克，曾用名夏尽忠。1915年11月，他出生在山东德州市夏津县一个贫苦农民家庭。夏津因"齐晋会盟之要津"而得名，地处鲁西北平原、鲁冀两省交界处，北依德州，南靠聊城，西临京杭大运河。

1938年初，在"工农兵学商，大家来救亡"嘹亮的歌声中，23岁的夏克找到了张承先领导的鲁西北特委，并联系了近30多名同学一起参加了抗日游击队，不少同学还自带了长枪短枪。从此，夏克开始了抗日斗争生涯，并光荣加入了中国共产党。

张承先是山东淄博市高青县人，青年时期积极参加抗日救亡活动。1937年全面抗日战争爆发后，张承先先后任中共鲁西北特委联络员，八路军津浦支队军政干部学校校长，中共鲁西北特委书记，中共冀鲁豫区委委员、宣传部部长兼青委书记，中共冀鲁豫区鲁西南地委书记等职。

在国民党执政的鲁西北地区，抗日斗争环境十分艰苦。为了保证主力部队迅速出击和安全转移，夏克和游击队员们经常主动出击，把日寇从县城引出来。有一次，他们和主力部队巧妙配合，消灭了日寇一个小分队的20多个鬼子，还打死了小队长。

## 广泛发动人民群众

随着战事吃紧，日寇开始占据铁道线大举向南进攻，与此同时，反动地方武装明里暗里破坏抗日，祸害老百姓。夏克跟随鲁西北特委一边同日本侵略者战斗，一边与反动地方武装做斗争。

扫清抗日障碍，从哪儿先下手？当时，夏克态度鲜明："谁祸害老百姓最狠，就先消灭谁！"

在抗日战争期间，有过一支很厉害的部队，活跃在津浦线上打击日本侵略者，叫作津浦游击支队。全面抗战初期的八路军津浦游击支队，是以八路军一二九师部分干部和奇袭阳明堡机场的英雄连队为基础组建的，1938年2月9日在河北南宫县正式成立。抗日战争和解放战争中，这支部队在孙继先等名将率领下，转战冀鲁边、泰西、滨海、鲁中南及中原、华东各地，为民族解放和新中国诞生立下了不朽的功勋。

夏克跟随以支队长孙继先为首的八路军津浦游击支队进驻夏津城关、七里屯一带活动。支队通过召开座谈会，具体分析鲁西北土匪蜂起的形势，为广泛发动人民群众、打开抗日局面，做出了首先消灭顽匪李俊兰（外号"胖娃娃"）的决定。

1938年4月，夏武人民抗敌自卫团成立。后来，党组织又派夏克等人到自卫团工作，在裴官屯、小李庄、渡口驿等地多次抗击日本侵略军的进攻。5月7日至9日，在平原一带，夏克参与的津浦游击支队仅用三天时间就歼灭了顽匪李俊兰"胖娃娃"，消灭了祸害老百姓最狠、实力最强的反动武装。

## 巧妙周旋脱离危险

1938年7月，中共鲁西北特委将夏津、平原、恩县、高唐、禹城等县的抗日武装合编为鲁西北游击支队，共计500余人，分4个大队。后来，八路军一二九师副师长徐向前指出，支队的活动范围不应限于鲁西北，于是，支队定名冀鲁边游击支队。

这一年的8月，八路军一二九师夏津县武装工作团成立，使夏津县有了共产党领导的抗日武装力量。由于中小学时就参加学生运动，在夏津县城一带颇有影响，又加上战斗勇敢、有勇有谋，夏克很快打开了工作局面。

工作团分为武装大队和工作大队。武装大队由董谅生任大队长，夏克任指导员。工作团主要活动在夏津城西一带，以张贴标语、讲演、演文艺节目等形式，广泛进行抗日救国宣传，深受群众欢迎。不久，工作团发展到70多人，一二九师拨给工作团部分枪支，并发了军装。

1938年秋，抗日斗争形势恶化，鲁西北和冀东南大片土地被日本侵略者占领，夏克所在游击队活动极为艰难。

此时，中共鲁西北特委在临清县组建了八路军一二九师办事处，夏津县武装工作团便与临清、馆陶的游击队合并成立了隶属于八路军一二九师的抗日清江大队，特区宣传委员韩宁夫兼任大队长，夏克任大队教导员。

1939年1月14日，冀鲁边游击支队编为津浦支队新一营。1940年5月8日，冀鲁边游击支队三大队在恩县双庙歼灭伪杂顽武装邱风英，毙伤30余人，缴获长短枪20余支。

为保存革命实力，他们同日寇连打三个硬仗后，被迫转入地下坚持同敌人作顽强不息的斗争。

同年5月，夏克接受组织交给的特殊使命，打入运西清河县张侯塔反动地方武装"张八师"内部，做攻坚策反工作。由于敌方一个装备最强的连队被策反成功，夏克与另一个战友不幸被捕，敌人准备将其挖坑活埋。面对险情，夏克毫不畏惧："我是为中国人民求解放才出来干革命的，干革命就不怕掉脑袋！"他沉着冷静，迅速思考着各种关系和对策。就在土埋半截的时候，夏克灵机一动，突然想到了利用敌人内部的微妙关系和"张八师"必须顾及的亲属关系。于是，他巧妙与敌周旋，终于与战友脱离了危险。

1939年6月，转入运西的夏津、平原、高唐、恩县的抗日武装合编为鲁西中队，夏克担任指导员。

1940年初，由于抗日斗争极为艰难，不少部队被打散了。夏克受中共鲁西北特委指派联系上级党组织，在清河县境找到了冀南区党委负责人王任重，使鲁西北特委重新接上了组织关系。

接着，他带领武装基干连，承担保卫和安全护送冀南军区首长北渡大运河的光荣任务，几次受到军区首长的表扬。

在抗日斗争的艰苦岁月里，夏克先后任鲁西北、冀东南周边多县区区长、区委书记，武北、运东办事处主任，抗日游击队指导员、中队长、教导员和大队长，山东平原、恩县、武城等县副县长、县长。直到1948年2月，他带领新兵团和一批干部南下。

## 调任工程指挥前线

夏克南下湖北后，先后任谷城县县长、襄阳专署公安处处长、中共襄阳地委统战部长、襄阳地区行署副专员、专员等职。

从华北地区的抗日烽火中一路走来，夏克在鄂西北谷城、南漳、保康等地，同国民党残余势力和流窜于深山老林的土匪恶霸又进行了生死卓绝的斗争。

为了保护人民群众，在清匪反霸运动中，他组织谷城县武装对逃窜深山老林的惯匪穷追猛打，决不手软，并充分发动群众清算恶霸地主、反动会道门头子和敌伪头面人物，对罪大恶极的顽固分子予以坚决斩杀，毫不留情。而对犯有缺点错误的部分群众以及在伪政府做

1959年10月28日，夏克（右二）为丹江口大坝截流开工剪彩（资料图片）

过事的爱国人士和有用人才，夏克加以保护，给他们足够多的改正机会，以充分发挥他们在对敌斗争中的作用。

在做好统一战线工作的同时，夏克千方百计解决人民群众生活之急需。

1948年春天，谷城县农民闹粮荒，他从保康县买回50万斤苞米，首创性地发放实物贷款，帮助农民度过了春荒。夏克爱憎分明，其打击敌人、保护人民的做法，深受谷城县各界人民群众的拥护和支持。

1958年9月1日，丹江口水利枢纽工程开工，作为襄阳行署专员的夏克应邀参加工程开工典礼。同年11月，张体学省长将他调到丹江口工地，担任汉江丹江口水利工程总指挥部后勤部司令员兼政委。其后，夏克先后担任汉江丹江口工程总指挥部副总指挥长兼党委副书记、水电部第十二工程局党委副书记、丹江口水利枢纽管理局党委书记等职。

建设丹江口水利枢纽工程期间，夏克抽调得力人员迅速组成物资供应、后勤服务班子，跨省跨地区组织货源日夜不停地运往工地。

生产工具、生活物资一时难以保证，他便动员各民兵师首先自带一部分，三匠（木匠、铁匠、理发匠）人员自己配齐，确保按时施工。他妥善安排8个民兵师的民工住地，根据实际需要设置生产、生活物资供应点，确保粮油、副食品、生活用品正常供给。有时粮食供应不足，夏克就从河南购进数千万斤红薯干，千方百计不让民工战士饿肚子。

为方便民工、职工生活，他组织人员陆续开办商场、医院、学校、银行、修配厂、五七加工厂等；为增加职工收入、不让大批家属吃闲饭，他组织家属们自己动手，办五七窑场、砂石厂等，还在物资处、铁合金厂、铝厂、修配厂等单位安排1700名家属工，做生产辅助工作……那些年，夏克不分白天黑夜，没有固定吃饭时间，顾不上照顾家里老人小孩，身体不适也不知道看病吃药。他往返周边地区、县市，穿梭于工地各个角落，全力以赴为工程建设一线服务。夏克心里只有一个想法："我是丹江口工程建设的后勤支柱，我是十万水利建设大军的后勤司令！"

1962年7月，夏克正式调任汉江丹江口工程指挥部任副总指挥长、党委副书记。夏克深感责任重大，在他看来，丹江口大坝工程是涉及国计民生的国家重点工程建设项目，是事关子孙后代的百年大计、千年大计，必须高度负责，切实保证工程建设质量。

夏克（右）在丹江口水利枢纽建设工地参加劳动（资料图片）

　　由于他高度负责的责任心，材料合格，施工求精，验收严格，丹江口大坝工程建设质量不仅符合国内标准，也达到了国际标准。此后又对丹江口大坝副坝进行了加固，使抗洪防震能力大大加强。1984年7月至10月，汉江上游三次洪水大泛滥，洪水距坝面只有一米，坚固的大坝安然无恙。

　　1998年2月，夏克不幸病逝，享年83岁。这一年的8月，汉江又来了特大洪峰，为了与长江第六次洪峰错峰，丹江口大坝96小时关闭闸门，蓄水水面超标5.65米，大坝如同钢铁巨人一般岿然不动，经受住了严峻考验。

　　夏克经历过枪林弹雨的生死考验，经历过血与火的战斗洗礼。他曾经说过的"谁祸害老百姓最狠，就先消灭谁"，"宁可不当行署专员，也不能让农民群众饿肚子"，"搞水利工程建设，决不能损害子孙后代的利益"等话语，至今让人难忘。

# 武当抗战那些事

# 武当11万儿女抗战

抗日战争时期，十堰虽然不属沦陷区，但十堰人民为了保家卫国，同仇敌忾，共赴国难。11万十堰儿女应征入伍，奔赴战场杀敌。中央文献出版社出版发行的《抗日战争时期十堰人口伤亡和财产损失》一书记载：抗战期间，十堰先是大后方，后又演变为前沿阵地，国民政府从各县壮丁中征发兵员达111,032人，此外，1937年郧县（今郧阳区）有34名知识青年自愿参加山西青年抗日决死队，1944年又有47名知识青年自愿参加远征军，再加上其他各县自愿参加远征军的731名知识青年——其中房县97人、竹山县83人、竹溪县51人、均县（今丹江口市）500人，统计显示，从1936年至1945年10年间，十堰共有111,844人应征入伍，直接参加对日作战。

## 地主支持儿子抗日

从1936年至1945年10年间，十堰所辖各县共有11.1844万人应征入伍，直接参加对日作战。据不完全统计，十堰籍军人伤亡、失踪等共有3571人。

中央文献出版社出版发行的《抗日战争时期十堰人口伤亡和财产损失》一书记载：抗战期间，均县共有20,361人参军入伍，其中包括参加远征军的500人；1936年1月至1945年8月，郧县共有28,147人参军入伍，其中包括1937年的34名知识青年自愿参加山西青年抗日决死队、1944年的47名知识青年参加远征军；为了支援前线抗战，郧西县先后有16,655人入伍投身抗战前线；房县自1937年至1945年有21,537人应征入伍，1944年又有97名知识青年志愿从军，共计21,634人；1936年至1945年，竹山县有13,530人应征入伍，1944年又有83名知识青年志愿从军，共计13,613人；竹溪县自1937年至1945年有壮丁11,383人应征入伍，自愿参军知识青年51人，共计11,434人。

抗战期间，地方军政人员和开明士绅也积极参加抗日救国。均县县城有个姓习的大地主是本地"红帮"大头目，为争取团结他，均县文化站站长、中共地下党负责人林滔几次主动上门与其谈心、结交朋友，宣传抗日民族统一战线。通过做工作，他表示拥护共产党的抗日主张，并支持自己的两个儿子参加共产党、参加抗日救亡活动。在国民党发动反共高潮时，他还帮助地下党做转移工作。均县浪河乡大地主张子重认为共产党是干正经事的，支持其5个子女参加共产党，并为抗日活动提供物力财力援助。南区区委委员饶崇健的两个哥哥，一个是国民党专署的科长，一个是区长，他们利用职务之便，掩护其弟从事抗日救亡工作，并为地下党开展抗日游击战购买了一批枪支弹药。

在均县北区，地下党通过统战关系，从国民党政府机要人员中获得不少情报。特别是每当反动军警要搜捕地下党员时，就有人向党组织通风报信，避免了损失。驻均县草店镇的儿童保育院院长罗叔章，以民主人士的公开身份与附近的开明士绅搞好关系，并且与第五战区长官司令部交往甚好，争取他们对儿童保育院的物资支持。李宗仁到草店干训团视察工作期间，罗叔章主动请他到儿童保育院视察并给工作人员作抗战形势报告，李宗仁视察后对儿童保育院的工作予以赞扬。

1945年三四月间，日军发动豫西鄂北战役，占据了与均县接壤的老河口和河南省淅川县，但在第五战区军民的顽强抵抗和反击下，日寇未能再向鄂北前进半步。在豫西鄂北会战期间，均县县参议会副议长郭欧五率义警与日军隔丹江对峙月余，均县麻界乡、石鼓乡等6乡邻近战区，直接人口伤亡和财产损失较大。

抗战期间，均县人民积极参军入伍，为支援全国抗战，作出了重

爱国青年在街头向民众开展抗日宣传（资料图片）

大牺牲。2007年，丹江口市抗战课题组撰写的调研报告指出，青年远征军进入缅甸作战，人员损失惨重，均县籍将士可能也有伤亡。但由于缺乏档案资料，无法加以区分核实，只能按照湖北省档案馆提供的相关资料作出均县有369名军人牺牲的结论。

## 父送子上抗日前线

在抗日救国运动中，十堰各地开办各种报刊和书社阵地，大造抗日救国舆论，启发广大人民群众的爱国觉悟和热情，如房县《抗战日报》、竹山县《竹山青年》、竹溪县《抗战建国半月刊》、郧西县《醒农周刊》等等，且有均县"新知书店"、郧县"书报流通处"出售党的刊物，宣传抗日救亡思想。

十堰各县的党组织还建立了许多抗日救亡团体：郧县成立了抗日救国工作团和中华民族先锋队，农会建立了农民服务社；竹山县、竹溪县成立了抗日宣传队、抗日促进会；房县、郧西县成立了抗日宣传团；均县成立了中华民族先锋队、农民抗日救国团、兄弟会、姐妹会等。这些抗日救亡团体，把男女老少都动员起来，投入到抗日救亡的洪流中。

1938年10月武汉沦陷后，由共产党领导的许多群众团体纷纷迁往

武汉、郧阳等地儿童宣传献金救国（资料图片）

武当山一带，将抗日救亡运动搞得如火如荼。1938年12月，中共鄂北特委在草店镇成立了中共均郧工委（1939年2月改名为中共均州中心县委），统一领导以草店为中心的武当山一带各抗日救亡团体中的党组织。鄂西北党组织广泛建立城乡抗日教育基地，培养抗日骨干；捐款捐物修路修桥，转送伤员护运军粮；组织热血青年，奔赴战场杀敌。

十堰各地群众宣传抗日活动十分踊跃。1938年12月，驻草店镇的群众团体联合召开了一个声势浩大的群众大会。会上揭露、痛斥大汉奸、卖国贼汪精卫的叛国投敌和日本侵略者的罪行，唤起民众同仇敌忾参加抗日救国运动。1943年，在郧县体育广场纪念抗战活动的群众大会上，广大群众募捐支援抗日前线，有不少妇女当场取下金银首饰捐献抗日。

全面抗战初期，郧县人民抗日热情高涨，父送子、妻送夫，学生投笔从戎，兄弟争上抗日前线。1936年，郧县籍中共党员杨献珍随同薄一波在山西青年抗战决死队任职。次年，杨献珍通过其弟、共产党员杨邦理与中共郧县地下党组织取得联系，动员郧县34名知识青年北上抗战，这批青年后来大都在抗日战场上英勇献身。

1945年，郧县东北部的各乡已成战区，每个乡都成立了义勇警察一中队，以乡长为中队长。28个乡镇共有34个中队，官兵达4080人，简称义警，为地方自卫组织。各乡义警在历次战斗中，表现非常勇敢，曾组成敢死队，英勇地打退了日军一次次的侵略，最终将日寇赶出郧县。各乡义警在配合国民政府军队对日作战中失踪、被俘及阵亡者达183人。

据湖北省档案馆保存的1947年《郧县抗战史料》记载：到抗战结束，郧县捐躯沙场将士共计837人。

## 复员返乡寥寥无几

1937年全面抗战爆发，因兵源紧张，国民政府实行兵役制度改革。1938年8月，国民政府颁布"征兵制"法令。同年冬，郧西县开始实行"征兵制"。按照乡、镇、联保、甲、牌进行户口登记，造报青年实有年龄，凡年满18岁至25岁男性公民，为适龄壮丁，属于应征范围。在适龄壮丁中，高中以上学生缓征，身体畸形或有痼疾者免征，兄弟多的先服现役。

根据《郧西抗战史料》记载，全面抗战前的1936年，郧西县总人口为23万人，全面抗战开始后，因为出征人员的阵亡、失踪及因自然灾害人口伤亡、逃荒避难流落他乡等原因，导致人口大幅减少。抗战结束后的1946年人口普查统计，郧西县总人口为18万人，比1936年人口减少5万人。

在抗日救亡运动感召下，竹山县大批热血青年自愿应征入伍奔赴抗日前线，绝大部分为国捐躯。

据《竹山文史》记载，在竹山县抗战时期出征的13613人中，抗战结束后复员返乡者不到10%。2006年8月至2007年9月，经竹山县抗战课题组深入乡村走访了解，获悉抗战期间竹山征兵大部分失踪人员自离开竹山后杳无音信。竹山县城关镇城西村居民王元鼎称其父亲王友银于1944年被征兵，走后再无音讯，其母詹伯荣四处找人打听无果，直至精神失常。竹山县深河乡田沟村农民李光锡应征抗日后，再未见人回来。

　　由于兵源缺乏，1942年12月11日，竹溪县司法处看守所呈报将服刑犯人张炳娃等6人调服兵役，湖北省高等法院于1943年1月9日核批为"核准调服兵役"。1944年9月，湖北省成立志愿军学生教导营，竹溪县奉令招送10名志愿服役学生参加青年学生军；1945年1月，竹溪县选送41名知识青年从军，到巴东县集训后，编入青年远征军204师。

# 日机数十次轰炸武当地区

抗日战争初期，十堰尚无日军飞机侵入。1938年10月武汉沦陷后，日军飞机经常飞越十堰上空袭击西安、汉中、重庆。在疯狂轰炸老河口等地的同时，不断侦察十堰各县地形及军事活动，轰炸各地交通要道和城镇，对手无寸铁的人民进行扫射，致使许多群众无辜遭殃，有的甚至家破人亡。抗战期间，日军飞机轰炸十堰数十次，有确切文字记载的12次，共投弹127枚，造成重大人员伤亡和财产损失。

## 为打通西进通道空袭

20世纪30年代，日本军国主义悍然发动侵华战争，对中国进行了长达14年的侵略，给中华民族带来深重的灾难。

抗日战争全面爆发前的1936年，十堰所在的武当山地区，为国民政府湖北省第八行政督察区，专署机关设在郧县城关，辖郧县（今郧阳区）、郧西、均县（今丹江口市）、房县、竹山、竹溪六县，面积为26953平方公里，耕地面积147万亩，总人口166万人，人均耕地面积不足1亩。由于地处鄂西北大山，林密山高，且远离省政治、经济、文化中心，交通不便，自然条件恶劣。

1937年7月7日卢沟桥事变以后，日军全面侵华。7月底占领北平、天津，接着以30万兵力沿平绥、平汉、津浦三条铁路线向华北纵深进犯。1937年8月，日军进攻上海，11月上海沦陷，国民政府决定迁都重庆。1937年12月，南京沦陷。1938年6月，日军南北夹击，徐州沦陷，国民政府军第五战区60万部队向豫南和鄂北转移。1938年10月，广州、武汉沦陷。中日军事形势进入战略相持阶段，第五战区司令长官部由武昌县夏店迁至襄樊的樊侯祠。

1939年初，第五战区司令长官部迁驻老河口，防御西犯的日军主力，扼守重庆和入陕入川通道。五战区长官部驻此约6年时间，先后进行了随枣、枣宜、豫西鄂北三次大会战，使这里成为中国抗日战争的重要战场。均县、郧县则为最后的防御阵地，鄂西北地区随之成为军事给养和兵员补充的重要基地，加之与十堰毗邻的陕西安康又建有盟军的飞机场，战略地位更加凸显。

尤其是均县草店镇，因其突出的战略地位和众多的宫观庙宇可以居住，成为理想的抗战后方基地。

也正是由于十堰的突出战略地位，日军为打通进一步西进的通道，对十堰进行了频繁的空袭轰炸。

## 日机12次空袭武当山地区

抗日战争初期，十堰所在的武当山地区尚无日军飞机侵入。

1938年10月武汉沦陷后，日军飞机经常飞越十堰上空袭击西安、汉中、重庆。在疯狂轰炸老河口等地的同时，不断侦察十堰各县地形及军事活动，轰炸各地交通要道和城镇，对手无寸铁的人民进行扫射，致使许多群众无辜遭殃，有的甚至家破人亡。

中央文献出版社出版发行的《抗日战争时期十堰人口伤亡和财产损失》第64页记载："8年间，日军轰炸十堰数十次，有确切文字记载的12次，其中，郧县1次、郧西县2次、房县2次、竹山县2次、竹溪县2次、均县3次，共投弹127枚，造成重大人员伤亡和财产损失。"

1941年12月5日上午7时，7架日军飞机由郧县方向飞至郧西县城上空，先盘旋飞绕，接着以机枪扫射，继而在郧西县城关内外投弹39枚，约20分钟后向北飞去。此次轰炸共炸死当地百姓郭天禄、彭厚发、梁楚政、杜老头4人，炸伤15人；炸毁公房11间，民房57间。据目击证人回忆，死者中，菜农郭天禄被炸得血肉横飞，肚肠溢出，原拟续娶后妻，

日军飞机轰炸郧西县城后炸毁的房屋（资料图片）

定于大后天完婚，不幸惨死，喜事变成丧事；商贩彭厚发的头部被弹片穿入，惨不忍睹；磨豆腐为生的梁楚政被炸得血肉模糊；杜老头一生靠卖水度日，晚年却惨死在日军飞机的炸弹下。在伤者中，徐才茂的妻子钟氏与其不满半岁的女婴均受重伤，婴儿的头发全部烧焦。

1942年11月12日下午4时10分，国民政府军107号轰炸机因天气原因，迫降于均县五灵乡陈家河沙滩，机组3人安全脱险，飞机无损，但机轮陷入沙地中。五灵乡乡长派警士守护飞机，并于13日组织民工设法将飞机推移出沙滩。13日12时，日军一架飞机忽然飞临上空对107号轰炸机进行轰炸、扫射，致该机多处损坏。随后，当地军民合力将飞机转移并加以伪装。当日下午3时，日军一架飞机再次飞临轰炸，使107号轰炸机遭到严重损坏。日机两次轰炸、扫射，共投下炸弹20余枚。

## 轰炸竹山两枚炸弹未爆

1943年底，日军飞机空袭房县2次，投弹5枚，炸毁房屋3栋。

1944年农历八月下旬，3架日军飞机侵入竹山县溢水镇上空，投弹3枚，未爆炸。其后，一架飞往陕西省安康方向；一架飞至擂鼓台安（康）白（河）公路锣鼓坪段时，日机飞行员发现公路上正在建大桥，计划炸桥，未及投弹即着火坠落，当即跌毙日军3人，未跌毙2人逃窜时被境内群众击毙；另一架日机直飞竹山县城关，用机枪扫射城关居民，打死居民3人。后该机坠落在城外南关河边，3名日军飞行员被蜂拥而至的城关居民击毙。

1944年深秋的一天深夜，约凌晨2时，日军飞机在竹山县溢水镇投弹6枚，有3枚爆炸，3枚未爆炸，幸无人员伤亡。在空袭后几个月，当地农民将其中一枚未爆炸的炸弹从土中刨出，送至溢水区公所，后下落不明。其余两枚炸弹，尚深埋在土中，至今未取出。

1944年冬，国民政府军第五战区司令长官李宗仁由光化至安康途经竹溪县，日军飞机3架跟踪轰炸，在竹溪县城南烧田坝、郭家梁等处投炸弹11枚，幸无人员伤亡。

1945年5月8日中午11时，一架日军飞机飞临郧县青曲乡四保徐家坡上空，投弹一枚，炸死农民2人。

## 竹溪县城昼夜拉响警报

竹溪县位置空中临近西北航线。抗战期间特别是武汉沦陷转进重庆前后，日军飞机袭击西安、汉中、重庆，常常侵扰竹溪县上空。同时，与竹溪县毗邻的陕西安康又是中国盟军空军飞行基地，日军对此更是虎视眈眈。

1940年5月，日军对重庆实施"战略轰炸"；1941年8月对重庆进行"疲劳轰炸"等，共对重庆空袭轰炸100多次，飞机经过竹溪县上空少则几架，多则十几架、几十架，城乡人民惊恐慌乱，人心惶惶。

1945年6月1日晚8时，在昏暗的月光中，3架日军飞机夜袭竹溪县城，投弹16枚，均落在城西1公里左右的郭家梁荒郊，幸无人员伤亡。

从1939年至1945年，日军飞机的侵扰和轰炸，给竹溪县造成了长达6年巨大灾难。在竹溪县城，经常是昼夜防空警报不能解除，人们被迫延长时间地躲进防空洞、防空壕里，学生不能上课、商号不能开门；竹溪县的南端直接与重庆的巫溪县交界，日军飞机从武汉起飞轰炸重庆，从空中纵贯竹溪全境，全县大部分群众一直生活在恐惧的环境中；由于日军飞机的强烈侵扰，从巫溪县大宁盐厂经竹溪境内进入湖北其他县市的3条古盐道全部瘫痪。

## 日机夜袭武当周府庵

草店是武当山下一个小镇，是通向武当山的必由通道，与老营（今武当山特区）相隔约2公里，下距均县不足20公里，背靠武当山，可谓依山傍水。在明清两代，草店是一个很繁华的集镇，青石板街道横贯小镇中心，街道幽深，两侧店铺并肩，馆驿彼连。进山朝贡的香客们都会先到此歇脚。草店镇的古建筑不仅多，而且都非常精美。其中，最有名的一处建筑，名叫周府庵。

周府庵，是一个私人的道教场所，称为庵。据说是河南一位周姓大户修建的私家建筑，明朝时有房屋1000多间，清初毁于战火，后由道人募化修复。其面积大于武当山九宫中的迎恩宫近一倍，是武当山所有庵堂中最为精美的一处。抗日战争时期，由于军事战争的需要，为快速、大量地培养急需的军事人才，全国各战区建立了战区干部训练团。1938年12月，第五战区也成立了自己的干部训练团。

第五战区的干部训练团，后改为中央陆军军官学校第八分校，就设立在周府庵。

1945年3月22日，中日军队开始豫西鄂北会战，第五战区司令长官部迁至草店镇。河南淅川、湖北老河口相继沦陷，郧县、均县成为抗战前沿。

1945年6月初，在均县草店镇，当地小麦已经割完。一个没有月亮的晚上，夜幕笼罩，遍地漆黑。晚9时许，一阵"嗡嗡嗡"飞机声响过，一架日军飞机由东南方向向东北方向飞过，绕着周府庵附近的大炮山至打儿窝回旋而降低，尾部忽然丢下9枚炸弹（3枚未炸），霎时，一个个像小火球似的向下落。从大炮山至打儿窝的山梁上，立刻变成一片火海，爆炸声惊天动地。然后，日军飞机仓皇飞去。

第二天，人们在打儿窝山梁上看到有6个大弹坑，每个都有簸箕大，四处飞满弹片。打儿窝的公路上、田野里到处是弹片。未爆炸的炸弹也入地三尺。第五战区的官兵们，为了扫除障碍，从大炮山脚、兵营后山梁和打儿窝山上刨出3枚未爆炸的炸弹。每枚有现在的液化气罐那么大，下面是圆锥体。几个人抬一枚，从山梁抬到公路上，然后用车运走。

事后，为防止日军飞机再次空袭周府庵，草店镇东山高约20余米的魁星古塔被拆除，以使敌机无明显地标参照。

中华人民共和国成立以后，随着丹江口水库的修建，周府庵已沉入库底。周府庵虽然是一座私人的宗教场所，但为中国的抗日战争作出了应有的贡献和力量。

## 郧西家家都挖防空洞

1945年8月1日上午9时，两架日军飞机由西飞抵郧西县城上空，投弹17枚，约18分钟后向西飞去。

据湖北省档案馆保存的1947年《郧西县抗战史料概述》记载：此次轰炸共计炸死1人，炸伤11人，炸毁四堰坪造纸生产合作社造纸厂一座，毁坏瓦房19间。

在日军飞机轰炸的很长一段时间里，人们处于提心吊胆、日夜不安的境地。一有风吹草动，便惊恐万分，学生不能安心上课，农民不能安心生产。以至于一次一个卖菜的农民，不小心将秤砣碰响了秤盘子，叮当有声，而有人误当敲警钟。于是，一人惊叫，很多人随之跟着跑起来。

为了预防日军飞机轰炸，郧西县政府将大院内大树上和天主堂门外高楼上，都挂有报警钟，凡有日军飞机从几十里或几百里外起飞的电报、电话等，便迅速拉钟示警，让人们准备躲藏。

　　为防人群拥挤，县政府在北城墙开一小城门，以疏散群众。同时，号召县城附近村民户户挖防空洞。为防敌机扫射和燃烧弹，政府还令凡是有高大的白石灰墙，一律用灰色泥土浆刷成黑色，以减少敌机轰炸目标。郧西县城机关、学校、商店等门口均堆满大小堆细泥沙，便于灭火。可见，日军飞机轰炸给郧西人民带来了严重的危害。

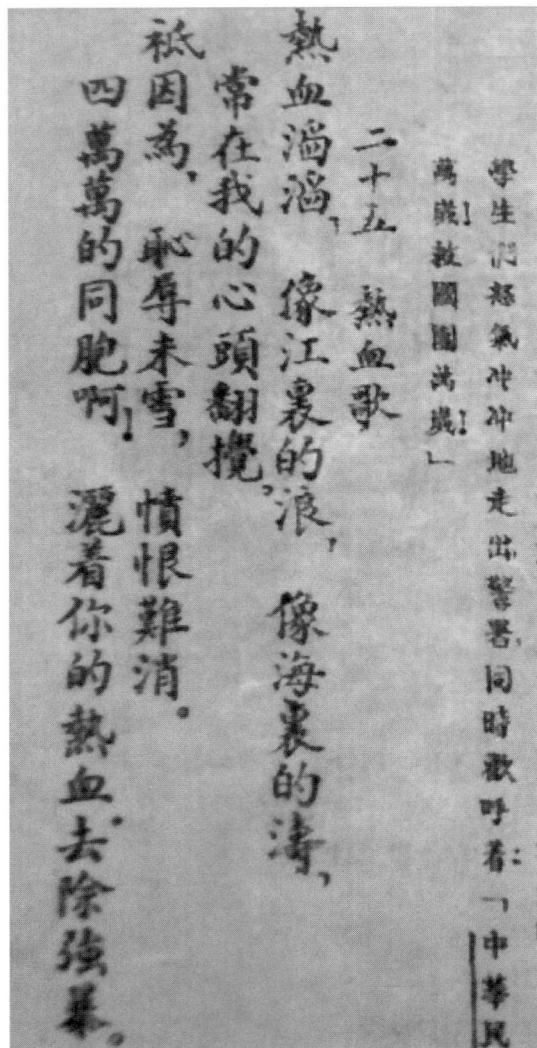

藏道堂武当文化民俗馆珍藏的抗战时期武当小学课本，这首抗战名曲《热血歌》就是国语教科书里的内容（朱江2015年7月7日摄于藏道堂武当文化民俗馆）

# 老乡营救盟军飞行员

抗战时期，中国空军和美国航空志愿队并肩作战，为拱卫重庆的空中安全、制止日机入侵、轰炸日军基地和日本本土发挥了重要作用。抗战后期，十堰地区成为中国空军和盟军进击日军的主要空中通道。史料记载：1944年至1945年，先后有6名盟军飞行员因机身受伤，在十堰境内的房县、竹溪县、郧县迫降时安全降落，被当地老乡救获。美军飞行员罗哈来米勒在迫降中因触岩身亡，房县还召开了追悼大会，将其葬在房县城关镇二郎岗。

## 武当山下曾建简易机场

老河口机场建于抗战期间，几经扩建，是当时全国五大军用机场之一。在抗战时期，这座机场成为中国空军和美国航空志愿队——陈纳德领导的飞虎队的前进基地，打击范围有华北、华中、华东一带。为拱卫重庆的空中安全、制止日机入侵、轰炸日军基地和日本本土方面发挥了重要作用，与此毗邻的十堰地区成为中国空军和盟军进击日军的主要空中通道。

1942年，中美联合空军第五大队进驻老河口机场，击落多架日军飞机。

1944年，老河口机场扩建，成为中美空军歼击机联队第三大队前沿基地，常驻飞机60余架，中国空军上校袁金汉为大队长，美国空军上校威廉为副大队长。

美军B-29式超级空中堡垒轰炸机（资料图片）

1945年初，中美第三联队空军机群以老河口机场为基地，不断对上海、南京、武汉的日军目标和平汉铁路进行大规模战略性轰炸，沉重打击了日军物资运输系统。3月上旬，日军4架轰炸机、3架战斗机偷袭老河口机场，中国战机强行起飞，激烈空战，日军一架轰炸机逃脱，其余全被击落。中美空军联队连续出击，两个月内轰炸日本本土2次，轰炸平汉铁路100余次，对日军构成强大威慑。日军迫不及待发动鄂北战役，即以拔除老河口空军基地为主要目标。

根据战争的需要，1945年，第五战区司令长官部迁至武当山下的均县草店镇周府庵。一时间，大量的兵站、仓库分设境内各地，人员、物资周转运输量十分庞大。鉴于此，第五战区在周府庵门前地势平坦的河滩上平整土地，修建了一座简易机场，起降小型飞机。

如今，在武当山特区藏道堂武当文化民俗馆，珍藏的一枚军用降落伞滑轮，就是当时这座简易机场的物证。这枚长0.09米、宽0.04米、厚0.024米的军用降落伞滑轮，系纯铜制成。抗战时期，物资紧缺，优质钢材极为缺乏，很多重要的军用设备都是用铜制作。

## 遇难盟军飞行员葬在房县

全面抗战爆发时，中国空军能用于作战的飞机不足300架，空军装备及补充要依赖美国等盟军援助。到1937年底，随着战争的失利，中国空军的战机损失了大半，残损和不能参加战斗的飞机也调离第一线转到大后方。

1944年夏，太平洋战场的局势发生了变化，美军完全取得了制空权和制海权，这时美军的作战也逐渐逼近日本本土。因此，美国空军大规模轰炸日本本土的条件已经成熟，大轰炸从1944年6月开始，到1945年8月15日结束。

1944年6月15日，美军第20轰炸机联队的68架B-29式超级空中堡垒轰炸机，满载600多吨重磅炸弹和凝固汽油弹首次从成都机场起飞，直扑日本九州，后又对长崎、佐世保等工业城市进行轰炸。至1944年10月，B-29在5个月内共出动22次，投弹万余吨。

盟军美国飞行员与B-29式超级空中堡垒轰炸机（资料图片）

在B-29开始服役时，美军在太平洋上还没有能够到达日本本土的前进机场，而B-29这样的庞大机型也根本不可能从航母上起飞。于是，美军想到了从中国西南大后方起飞的主意。

当时，B-29的性能简直可以说是极其出色，执行一次轰炸任务，可以飞行六七个小时。B-29翼展43.1米，机长30.2米，机高8.5米，机翼面积161.27平方米，绝对是轰炸机中的巨无霸。最高时速可达574千米，最大起飞重量61.2吨，最大载弹量10吨。在6000千米航程7000米高度的情况下，载弹量还可以达到3吨之多，更是当时其他轰炸机所望尘莫及。

全金属全封闭结构的B-29，机舱内可以保持恒温加压。即便是在万米高空，机组人员也不用像其他轰炸机那样一定要穿着厚厚的飞行皮夹克，而是可以穿着汗衫短裤轻松舒适地工作。

史料显示，B-29是第二次世界大战末期美军对日本城市进行焦土空袭的主力。1945年向日本广岛、长崎投掷原子弹的任务也是由B-29完成。

1991年7月中国文史出版社出版发行的《房县志》第13页记载：1944年10月25日凌晨5时，美军B-29式超级空中堡垒轰炸机轰炸日本长崎后，因机身受伤，返华途中飞至房县城南川百乡被迫降落。

当时，架机者有队长贾克福德等11人。贾克福德等6人降落保康县，其余5人在房县降落，其中4人无恙，1人触岩身亡。为此，房县召开追悼大会，将触岩身亡的飞行员罗哈来米勒葬在房县城关镇白土村二郎岗，其余4人留住县城。3天后，由房县派警卫护送至均县草店镇。降落飞机除笨重部件暂寄房县保管外，其余零件全部送往竹山县。

## 美军驾驶员竹溪跳伞获救

据湖北省档案馆保存的1947年《竹溪县抗战史料》记载：1945年3月31日下午1时，一架盟军战斗机在竹溪县境内起火坠地，落于距离县城17公里外的水坪乡许家湾，全机粉碎，一名美军驾驶员乘降落伞安全降落。

当时，竹溪县的空中忽然传来沉闷的"嗡嗡"声，一架飞机拖着长长的黑烟"尾巴"，飞至水坪乡许家湾上空时，俯冲下坠。随着轰然一声巨响，驾驶员跳伞，机身坠地。失事地火焰冲天，爆炸声连续不断，四周弥漫着硝烟和浓重的汽油味。附近村民纷纷赶往飞机失事地点。第二天，县政府派员将这名美军驾驶员护送到陕西安康盟军机场。

抗战时期，地处陕西省的安康盟军机场对保卫重庆、连接东亚与欧洲战场起到了很大作用，对抗战的胜利作出了不可磨灭的贡献。

1938年5月，国民政府在陕西省安康城西北15公里的五里乡进行机场规划勘测设计。随即，1万余民工进行修筑，1938年底建成一条长1000米、宽50米、厚0.3米卵石垫层的跑道。

1939年夏，安康五里机场竣工后，被命名为中国空军第59航空站，下辖两个航空大队，即中国空军第3航空大队和盟军美国第14航空大队进驻安康五里机场。有美军飞行员100名，中方等配合地勤人员600名，装备有美制P-26型战斗机、P-61型歼击机、B-29型轰炸机、C-46型运输机，共计60余架。

1941年，为适应盟军大批飞机对日作战的需要，国民政府决定再修建一条跑道。1944年5月，5万多民工对机场进行扩建。1945年夏，机场扩建工程竣工。扩建后的机场，东西长1700米，南北宽800米，包括机场的通信、发报、储油、驻军营房等用地在内，占地2664亩。经两次修建，安康五里机场共建成跑道2条、滑行道2条、推机道3条、集体停机坪5个、T型机坪40个、马蹄型机窝6处、U型储油山洞4处。

据史料统计，1938年至1945年，先后有盟军美国第14航空大队多种型号飞机约60架，飞行员200名，地勤人员300多名进驻；中国空军第3航空大队也先后有美式装备飞机近60架，飞行人员200名，地勤人员600多名进驻。机场最多曾停放102架飞机！这里还曾驻扎美国空军陈纳德等著名将领和飞行员。

## 郧县农民营救盟军女少校

1945年8月1日，美国盟军一架重型轰炸机轰炸南阳日军，经内乡被日军高射炮击伤。美籍女驾驶员莫拉少校，乘降落伞降落到郧县东梅乡（今郧阳区梅铺镇）十保曹西沟龙庙岭，被东梅八保八甲农民王书才、简秀二人救获。

莫拉穿着长长的皮靴，留着一头黄色的卷发，看见一名好奇的小孩，便学着中国话说："小孩，美国的飞行员好不好，安康的（即从安康飞过来的）。"说着，莫拉从身上拿出一把小刀，将捆绑在身上的降落伞绳索割开。

这时，王书才、简秀二人才知道事情的原委，便将莫拉送到国民政府军68军驻地接待处。

气急败坏的日军闻讯后，来到王书才家，点火准备将其房子烧毁，正好天空下起了雨，他家的房子才幸免被烧。

根据确切的史料文字记载，抗战时期在十堰境内被军民营救的盟军美国飞机就有3起，先后有6名飞行员在房县、竹溪县、郧县迫降脱险。

"在艰苦卓绝的营救行动中，许多中国军民付出了鲜血甚至生命，为抗日战争留下了重要一笔。"十堰市委党史办有关负责人介绍。

触岩身亡的飞行员罗哈来米勒葬在房县城关镇白土村二郎岗（吕世银2015年7月9日摄于二郎岗）

# 武当民众奋勇抵抗日军侵略

抗日战争时期，一支日军化装成中国军人的骑兵，准备奇袭设在均县（今丹江口市）草店镇的第五战区司令长官部，没想到在警觉的中国军民面前露了马脚，30多个日军被歼死伤大半。这是均县人民群众自发地，也是唯一一次在均县境内打击日本侵略军。在郧县，当地抗敌自卫团50名英勇善战者组成敢死队，与前来侵犯的500名日本侵略军展开血战，击退了侵略军，破坏了日军逐步入侵郧县县城的企图。

## 日军骑兵突袭草店镇

1945年3月，已经陷入全面失败的日军垂死挣扎。为破坏地处豫西、鄂西北的中国后方空军基地，切断中国大后方与前线的运输通道，日军对豫西、鄂西北发动进攻。占领老河口飞机场和切断老白公路军事交通枢纽，是日军这次军事行动的主要目的。

3月22日，日军发动进攻，日军一一〇师团由河南的内乡、西峡攻向淅川。一一五师团一部直扑老河口，另一部攻向老河口西北约50公里的均县一带，以控制汉水上游地区。骑兵第四旅团进攻老河口飞机场。

战斗打响不久，日军便来了一个"黑虎掏心"，企图通过特战部队长途奔袭，一锅端掉撤退至均县草店镇的第五战区司令长官部。没想到，由此在均县的土地上演出了一场上千民众自发追杀鬼子的活剧。

3月27日，日军占领襄阳，3月28日占领樊城。

3月29日凌晨，日军第十二军军部，电令进攻老河口机场的骑兵第四旅团旅团长藤田茂组织一支"特别挺进队"，向老河口西北的均县草店镇突进，奇袭并歼灭设在这里的第五战区司令长官部。

日军骑兵第四旅团第二十六联队第二中队中队长樱井元彦，奉命率骑兵30余人化装成中国军人立即出发。30日下午，樱井元彦部到达草店镇附近。一路上，看到附近驻扎了很多中国军队，樱井元彦决定到晚上再发动突袭。于是，他带领部队潜入山边的一个小村庄，想先在这里隐藏起来。

## 露马脚的30多个日军被歼

第五战区司令长官部驻扎在草店镇，大批高级将领都在这里指挥前线战事。长官部周边也有一些警卫部队，老白公路经常有军队调动，周边的村子里经常有中国军队驻防。当地的百姓见到中国军队已经习以为常，经常和当兵的拉拉家常。

看到来了一支骑兵部队，村里的村长赶紧过去打招呼，问需不需要安排休息的地方，村里的几个孩子也凑过去。谁知这些人不理他，一个个哑巴一样都不说话。村长觉得奇怪，他再多说几句，这些军人却一个个躲躲闪闪，不和他打照面。值得怀疑的是，一个和他说话的人，中国话说得结结巴巴很不通顺，听不出是哪里的口音。这位村长一下子警觉了：这帮军人不像中国人，不像中国人为什么又穿着中国军人的衣服呢？

由于地处抗战前线，当地的村子都组织了抗日自卫团，这位村长立即转身想去召集抗日自卫团的人。由于他动作仓促，日军见状，立即向他开枪，枪声一响，村子里顿时炸了营。群众有的跑去向周围的驻军报告，有的敲锣高呼有日本鬼子。听说有日本鬼子到家门口来了，周围村庄的抗日自卫团和群众，纷纷抄起大刀等武器赶来打鬼子。

大刀是中国抗战中使用较多的一种冷兵器，这种最原始的武器一度成为中国抗战精神的象征。"大刀向鬼子们的头上砍去"的歌曲在抗战中曾广为传唱，很多中国军队都配有大刀，以便与日军展开肉搏战。抗日自卫团由于缺乏武器，更是将大刀作为主要武器。

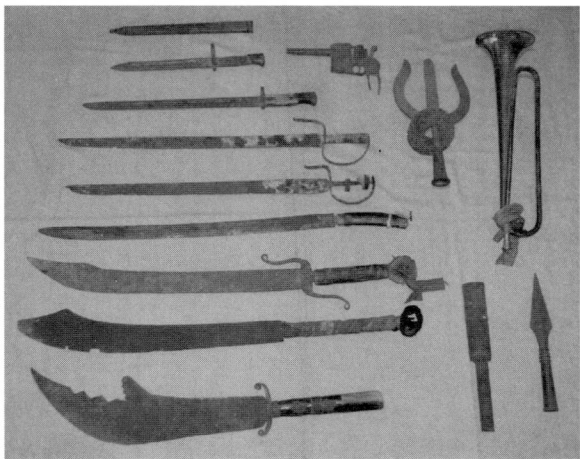

藏道堂武当文化民俗馆珍藏了抗日自卫团的大刀等武器（朱江2015年7月7日摄于藏道堂武当文化民俗馆）

据史料记载，当时赶来的百姓有近千人之多。周围的驻军也围了过来。

日军原打算偷袭，没想到在警觉的中国军民面前一下子露了马脚。日军不过30多人，在潮水般涌来的中国军民面前，樱井元彦只有决定撤退。日军利用暗夜拼命狂奔，一路上不断遭到截击，死伤大半，最后仅剩下十余人逃回原出发地。这是均县人民群众自发地，也是唯一一次在均县境内打击日本侵略军。这次战斗的意义特别重大，如果让日军偷袭得手，第五战区司令长官部遭到的损失就不堪设想。这也是均县人民为抗日战争作出的一次重大贡献。

## 日军入侵郧县杀死杀伤295人

日军偷袭第五战区司令长官部未能得手，遂展开正面猛攻。

抗日战争时期，郧县（今郧阳区）是第五战区辖区，地处鄂豫川陕交界处，东可通武汉，西可进四川，南可抵长江，北可进中原达关中，是四省进出的门户。

1945年1月，中原会战结束，河南的南阳、内乡、淅川、镇平、邓县，湖北的老河口相继沦陷。3月下旬，日军第三师第三联队吉松部、岗野部约一个师团的兵力，从河南淅川县强渡丹江、滔河，入侵郧县当时的东梅、八梅、观乌、南化、龙津、桑麻、龙安等乡（今梅铺镇、谭山镇、南化塘镇一带），犯下残暴罪行。

从1945年3月下旬至8月，入侵郧县的日军每到一处大肆烧杀抢掠，大批粮食、布匹、牲畜等被掠夺。

据湖北省档案馆保存的1947年《郧县抗战史料》记载：郧县各乡义警在配合国民政府军队对日作战的5个月中，失踪、被俘及阵亡达183人；日军杀死杀伤郧县平民295人、被强奸致死妇女2人，掠夺儿童47人。

1945年3月31日上午10点左右，谭山镇乌峪村的人们像往常一样在田间忙着春耕春种的农活。忽然，一阵枪声打破了宁静的上空，只听有人喊："老日来了！"人们顿时惊慌起来，有人向山上跑去，有人躲藏在石岩屋里面。村民王升章、王喜堂赶紧一起往后山跑。日军的子弹不时在脚下、身边四处炸响。15岁的王喜堂被一颗子弹击中了腹部，他顾不上疼痛，忍痛将未完全打进的子弹抠了出来，一只左耳也被打穿。与此同时，另一股日军已窜至当时观乌乡政府附近，将正在修建的约40间学校校舍放火烧毁。

据今谭山中学退休教师、证人刘培轩证实，1945年4月，他家住梅铺镇高沟村的三爷刘明胜被日军掳去当民夫，出苦力，抬粮食、抬伤病员，干活时一只手还拴着绳子。刘明胜不堪忍受种种苦役而逃跑，但终被抓回。残忍的日军割掉了他的一只耳朵。

1945年4月18日，日军吉松部一小股兵力进犯当时的八梅乡，想从老百姓家搜索些食物。一姓杜的农家女子成了日寇的猎物。他们将该女子俘虏到大岭路，进行惨无人道的奸淫，手无寸铁的农家女因轮奸而不幸身亡。1945年6月20日，日军吉松部侵入东梅乡第17保，将一王姓村民的妻子轮奸致死。

## 50名郧县敢死队员血战500日军

花垭寨、黄凤寨、龙落山寨、马岭寨……在郧县谭山镇一带，这些建在山势奇险、崖壁陡峭山峰之巅的山寨，其寨墙依山势修建，平

准备渡过丹江侵占郧县北部的日军（资料图片）

1945年4月20日，日军侵犯郧县（资料图片）

面呈圆形或椭圆形两种。寨墙四围均为块石由底至上逐渐内收垒砌，高3米至5.5米、宽1.8米至2米，墙体上部设有垛墙及射击孔，下部设有半地穴式的机枪孔，寨墙内多挖有深约1米，宽约4米的箭道。寨墙均设有石寨门1至2个。

谭山镇区域内的山寨，始于清代，最先是居民为躲避匪乱的一种临时性居住场所。抗战时期，郧县抗敌自卫团配合国民政府军队，曾在此利用山寨的有利地势，击败日军吉松部、岗野部。1945年6月，郧县抗敌自卫团团长江治澜从自卫团中挑选50名英勇善战者组成敢死队，在谭山的分赃岭与前来侵犯的500名日本侵略军展开血战，击退了侵略军，破坏了日军逐步入侵郧县县城的企图。

1945年7月15日，日军进攻郧县观乌乡乌峪川，遭到国民革命军六十八军六十二师阻击。观乌乡公所文化股主任王礼之督运军粮赴前线，途经大石庵遭遇日军袭击，王礼之奋不顾身持手枪一支，率两名乡警潜伏大石庵，以此作为掩护向日军射击。恼羞成怒的日军随后大举猛烈轰击该据点，王礼之坚守阵地至死不退，最后胸部中弹壮烈牺牲。

1945年8月15日，老河口城上的太阳旗落下。这一天，日本宣布无条件投降。25日，老河口光复。至此，日寇的铁蹄终未能踏入现十堰的中心地带，十堰抗战主要发生在东北部的郧县与淅川县交界之处，东南部老河口谷城一带。

# 草店镇成为鄂西北"小延安"

抗日战争时期，武当山所在的郧阳是国民党第五战区的辖地。由于这里处于鄂川陕豫4省交界地，境内和周边均系秦岭和巴山余脉交错的崇山峻岭，地势险要，这里自然成为国民党统治区抗日的后方，也是共产党领导人民群众建立理想的抗日根据地的战略要地。在14年抗战时期，均县草店镇虽不是抗战的前方，但一度成为鄂西北地区宣传和动员抗战的"红色之都"，被誉为抗战时期鄂西北的"小延安"，郧阳地方党组织也由此得到恢复和发展。

## 抗日救亡团体云集草店

草店镇位于均县（今丹江口市）境内，北距均县城30公里，南距武当山金顶25公里，东可通老河口、襄樊（今襄阳市）、南阳；西可达白河、汉中，是清末民国时期豫西南一带香客朝拜武当的必经之地，为老白公路的咽喉，是武当山的重要门户。

草店一带，山水景色优美，分布着周府庵、遇真宫、玄岳门等十余处宏伟的道教建筑群。有史以来，这里的经济、文化比较繁荣。全面抗战爆发前，草店镇是管辖8乡的均县一区区署所在地，全镇由上街、下街和河街组成，约500户人家，人口近2000人。

1938年10月，日本侵略者占领武汉，鄂西北成为抗日战争的大后方。此时，国民党第五战区司令长官部已迁移襄樊，襄樊成了第五战区政治、经济、军事、文化的中心，也成为鄂西北地区抗战的中心。

草店镇一带分布着周府庵等道教建筑群。图为周府庵照壁（资料图片，张富明供图）

但是襄樊毕竟位居鄂西北大后方的前沿，易受战局影响，形势极不稳定。在此情况下，地处鄂西北一隅的草店镇，由于其突出的战略地位和众多的宫观庙宇，成为战区理想的后方基地。

一时间，草店镇距均县城30公里的沿线集镇和村庄，住满了战区各种非武装机构和沦陷区背井离乡流落到此的难民。草店全镇住户大增，人满为患，忽然间冒出了全由稻草、麦秸搭成的"草房街"和简陋工棚组成的"新马路"两条新街道，形成了战时鄂西北集镇的独特景观。

与此同时，在中共湖北省委和鄂西北地方组织的直接筹划和安排下，一批从武汉撤出的中共党员、干部及其领导的抗日救亡群众组织和社会团体，在襄樊稍作停留并经过整顿、充实后，从1938年11月开始相继抵达草店镇。这些群团组织主要有：湖北省战时乡村工作促进会服务团、武当小学教师抗战服务团和均县战时难童保育院、草店文化工作站、鄂（西）北战时教育工作促进会均郧办事处、草店妇女抗日救亡工作促进会。

除此之外，这个时期在草店驻扎和办公的国民党军政机关中，也聚集了一定规模的进步力量。1939年1月，何基沣率七十七军副军部及所属单位进驻草店镇北5华里处的周府庵，该部建立有中共的秘密工委。同年初，第五战区干部培训团在周府庵开办，全团学员、学生达1500余人。5月，第五战区第八政治工作队西迁草店。

草店地区的另一个重镇均县城内，迁入的多是文化教育单位，青年学生较为集中。由共产党人曾霞初、林滔、黄怀贞等主持的新知书店、均县文化站设于城内。姚雪垠、臧克家、田涛、孙陵等一批参加五战区救亡宣传工作的著名进步文化人，也一度活动在这个地区。

众多进步群团和人士汇集草店一带后，在中国共产党鄂西北地方组织领导下，不畏气候寒冷，不怕生活艰苦，通过热烈、紧张、有序的准备，多形式、全方位地开展工作，掀起了武当山地区抗日救亡运动的高潮。

## 草店成抗日救亡运动活跃区域

汇聚在草店镇的群团组织，工作重点各有侧重，但基本内容则大体相同，利用各种形式进行抗战宣传。

草店文化站和"战教会办事处"均开设了书报阅览室，陈列的书籍以通俗社会科学读物为主，包括马列有关著作和宣传抗战的小册子，也有《新华日报》《群众》等进步报刊。许多进步人士、青年知识分子经常光顾阅览室，了解中共政策和国内外局势。

召开座谈会、群众大会，唤起民众抗日热情，是抗战宣传鼓动工作的重要形式。1938年12月汪精卫投敌"艳电"发表后，各团体在草店河滩上举行声势浩大的群众大会，各界代表纷纷登台，愤怒声讨汪贼逆行，抗战的口号声和歌声响彻四周田野和山谷。

1938年底，各团体撤至草店镇后，这里成为鄂西北重要政治活动中心之一。镇上国民党区乡官员、绅士随处可见，驻扎和过往的国民党军政人员络绎不绝。因此，统战工作显得尤为重要。

为站稳脚跟，各团体一到草店，就向当地的政府官员和乡绅开展统战工作，通过座谈会、个别交谈等方式，向他们说明各社团的合法性质和工作任务。

在武当小学，湖北省战时乡村工作促进会服务团召开了各界代表座谈会，由郑绍文等讲话，动员全镇上下团结合作，积极支持、参与抗战活动。经过一番努力，加之原籍均县的孟宪章鼎力相助，各团体的工作得到镇上大多数地方官员和绅士的理解和支持。同时，各群众团体与国民革命军第七十七军所属军官团、第五战区干训团建立了较为密切的联系，共同举办抗战活动，相互支持救亡工作。

1938年底，何基沣副军长来到"乡促服务团"驻地，详细询问了该团的活动和工作，给广大团员以很大鼓舞。1939年初，罗叔章应李宗仁之邀，在干训团作了"坚持团结抗战、反对分裂投降"的演讲，受到国民党官兵热烈欢迎。在中共倡导的抗日民族统一战线旗帜下，小小的山镇到处充满着团结抗战、救亡图存的浓厚政治氛围。

发动群众学习文化是组织群众抗日救国的基础。为此，各团体在草店及四周农村办起了识字班。

白天，工作人员和农民一起劳动；晚上，深入群众家里，教他们识字、唱歌，灌输抗日救亡的道理，提高群众的文化水平和政治觉悟。"保育院"中共女党员亲自带头，主动与当地妇女结拜十姐妹，用这种易为农村妇女接受、能够较快建立感情的方法，发动组织群众。1939年春节，为救济灾民、慰问前方将士，草店妇女抗日救亡工作促进会开展了一次较大规模的宣传募捐活动。然后发动城乡妇女，制作大量慰问袋，精心绣刺慰问字句，装入毛巾、肥皂等日用品，请战区后勤部门转送前线。

1939年4月，中共草店党组织还成立了草店妇女缝纫生产合作社，组织妇女手工缝制军袋，赠送抗日军队。这些活动鼓舞了前线将士的斗志，支援了抗日战争。

各群众团体中的中共党组织在抗日救亡活动中，还十分注重地方骨干分子的培养，加强组织建设，壮大革命力量。"乡促服务团"开办了由村镇青年参加的短训班，以抗战形势、抗日民族统一战线的方针政策等为主要培养内容，前来学习的有周围县份及均县各地的青年。

在发现积极分子、重点培养的基础上，中共均郧工委和均州中心县委在草店、均县城、石板滩、老营、浪河店等处发展了新党员。他们除少数是流亡学生、工人外，大多是本地进步青年。1939年4月，原中共湖北省委书记钱瑛在《湖北省各区工作报告》中称："均州中心县委，由几个外来同志发展到一百余人，包括均县、郧阳、郧西、竹山、竹溪，但基础都在均县。"而实际上，这些中共党员又大都集中在草店一带。

中共力量的发展壮大，从组织上保证了蓬勃兴起的抗日救亡运动步步走向深入。正是由于中共鄂西北地方组织的正确领导和大力推动，草店镇一时成了鄂西北抗日救亡运动最活跃的地方之一。

## 均州中心县委设在草店

中共湖北省委高度重视鄂西北地区党的工作，在武汉沦陷前后，结合战略撤退，为建立武当山敌后游击根据地做了一系列准备工作。这和中共中央的战略意图恰好相吻合。全面抗战爆发以后，光未然（张光年）、刘瑞芳、左觉农（夏忠武）、安天纵等一批党员干部被中共湖北地方组织陆续派往鄂西北，恢复和发展中共组织，先后组建了中共鄂北特支、鄂北工委、鄂北中心县委，积极开展抗日救国活动，并根据形势的发展，开始部署准备抗日游击战争工作。

武汉沦陷前后，中共湖北省委根据形势的发展和中共中央指示精神，将工作重点转向战区和敌后农村，试图在鄂北或鄂中建立省委工作的指挥中心。

就均县而言，草店镇一带是其枢纽地区，所以省委指挥中心转移均县，必开辟草店工作局面，并创建武当山根据地作为战略依托。

1938年秋，中共鄂北特委为加强对迁移在武当山地区的抗日救国群众团体的统一领导，并通过群团中党组织的力量，帮助恢复发展武当山区党组织，决定在草店成立中共均州工作委员会（以下简称中共均州工委），书记赵石，组织委员吴克，宣传委员郑建安，江津负责青年工作。此前，主管鄂西北工作的省委宣传部长何伟向赵石详细介

抗战时期的草店车站。站外有四株粗大的银杏树。车站利用关帝庙东西廊房售票待客（资料图片）

绍了鄂西北的情况，强调该地区是建立根据地的理想战略要地，要求鄂西北党组织"以草店为中心，准备沦陷后建立抗日根据地"。由此可见，中共湖北省委有一个创建武当山敌后抗日游击根据地的战略方针，应该是无可争议的事实。

驻草店的群众团体中的中共党组织，在均县丹江以南的地区（称南区），一方面与大革命和土地革命时期的老党员取得联系，一方面在青年积极分子中培养、发展党员。1938年冬，鄂北战教会在南区的回乡知识青年积极分子中发展了一批党员，其中有黄正夏、饶崇健、饶世勤等，并在浪河黄龙山成立了南区第一个党支部。在均县城关，发展了程兴中、宋麟先和山东流亡学生李昌文等。1939年2月，中共均州中心县委成立。

1939年2月中旬，中共湖北省委代理书记钱瑛，在襄樊主持召开鄂北特委会议，传达中原局的决定，撤销鄂北特委，成立鄂西北区党委，书记王翰，组织部长张静超，宣传部长曹荻秋，委员王致中、邓一陶，候补委员安天纵。2月下旬，鄂西北区党委召开扩大会议（即二月会议），决定成立襄（阳）光（化）谷（城）、南（漳）宜（城）保（康）、均州（亦称均郧房）、荆（门）当（阳）远（安）4个中心县委。均州中心县委驻草店，管辖均县、郧县、郧西、房县、竹山、竹溪6县党的工作。

中共均州中心县委成立后，党组织得到迅速发展，从1938年冬到1942年春，全区党员已发展到400余人（其中均县300人）；党的组织有中共竹房县委；均县南北两个区委，下设5个中心支部，1个独立支部，25个支部；郧县有总支1个，支部3个；竹山、竹溪各有1个特支；房县有支部1个；郧西有党员活动。

在中共鄂西北地方组织的坚强领导下，各群团紧密配合，同心协力，艰辛开拓，草店人民群众的抗日救国运动呈现一派蓬勃景象。

中共湖北、鄂西北地方组织建立武当山抗日根据地方针的贯彻实施，是草店得以出现抗战空前盛况的内在基本动因。但令人遗憾的是，草店的兴盛局面持续不久便结束了。

## 功不可没的"小延安"

1939年春，国民党军统特务张元良被蒋介石派到五战区任政治部副主任，军统组织在老河口成立"调查室"，在草店开办了训练班。

3月，李宗仁屈服于蒋介石的压力，下令解散战区内各抗日救亡团体。在此情况下，在草店的各群众团体除"保育院"于4月初迁往重庆外，"文化站""乡促服务团""战教会办事处"等于春夏相继停止活动，中共党员和进步人士大都疏散、转移其他地区。

6月1日，留守草店担任交通工作的王述宏被捕，五战区干训团内数名进步青年被拘留审查，这成为草店"小延安"盛况终结的标志。

中共及其领导的进步力量在草店地区仅活动半年余即迅速撤退，除五战区国民党顽固派的政治压迫以外，还存在着客观上的原因。1939年四五月间，日军发动随枣战役，襄樊危急，第五战区首脑机关均西迁老河口，直至撤退到草店、均县城，老河口、草店、均县一带遂继襄樊之后成为整个鄂西北地区抗战的中心。草店一带，国民党后方机关分布密集，顽固势力急剧膨胀，使进步力量失去了继续开展工作的有利客观环境。将草店进一步建成未来武当山抗日根据地的战略基地，客观上已经没有可能。

尽管整个抗战时期，包括武当山地区在内的鄂西北大部也并没

草店镇在1968年丹江口水库蓄水后已成一片汪洋，如今只留下了以其命名的草店大桥（朱江2015年7月11日摄于草店1号桥）

有沦陷，建立武当山抗日根据地的战略目标基本未能实现，但中共湖北、鄂西北地方组织为此付出的努力应给予高度评价。草店一度能够出现如延安那样生机勃勃的面貌，无疑是中共积极实施创建抗日根据地方针的初步成果。

在草店播下的抗日火种，燃遍鄂西北大地。连偏远的鄂西北深处，也吹进了抗战和民主的春风。草店成为鄂西北抗日救国的主要阵地。

草店能够兴盛一时，是中共鄂西北地方组织高举抗日民族统一战线旗帜的胜利，是国共两党在国统区大后方团结合作的成果。这个时期，李宗仁常去草店巡视、办公，乐意为抗战团体分忧解难，为救亡工作提供了宽松的政治环境。这是草店良好抗战局面得以出现的重要前提。草店也成了武当山地区国共团结御侮、坚持抗战胜利的奠基地。1945年2月，草店再一次成为五战区首脑机关的所在地，直至迎来抗战的胜利。

草店地区轰轰烈烈的抗日救亡运动，锤炼了从四面八方汇集而来的中共党员干部，培养了一批本地的进步青年，造就了一支坚强的抗日骨干队伍，成为鄂豫边区干部的重要来源地。

草店是武当山腹地抗日民主运动的策源地。1938年11月，刚刚迁至草店的中共组织在南区发展了新党员，成立了武当山区第一个农村党支部。1939年1月，建立均县南区区委。草店地区形势恶化后，鄂西北地方党组织一方面将进步力量疏散到外地，另一方面把工作重点转向武当山腹地的农村，掌握国民党基层政权和地方武装，广泛开展统一战线，不断壮大革命力量，使抗日民主运动一直向前发展。可见，由于草店的策源地作用，武当山地区得以成为抗战时期中国共产党在鄂西北坚持革命斗争最久的地区之一。

如今，1968年丹江口水库蓄水后，草店镇已成一片汪洋，只在地图上留下了以其命名的码头、大桥等标识。但在全面抗战期间的1938年10月至1939年6月的草店镇，是鄂西北均郧一带进步力量最为集中的地方，是武当山地区最有生气的地方，其不可磨灭的功绩，应载入中国抗日战争的史册。

草店镇在1968年丹江口水库蓄水后已成一片汪洋。后来先后成了草店码头、武当山码头（朱江2015年8月3日摄于武当山码头）

武当抗战那些事

# 武当铜像熔铸枪炮抗战

抗战时期，随着战事吃紧、弹药匮乏，第五战区炮兵十六团动用40辆马车，将武当山复真观以下的庙观铜像分组搬运到重庆兵工厂熔铸后生产枪炮。最后一批马车队行驶到陕西汉中时，突降暴雨，无法渡汉江，部分武当铜像辗转流落到陕西安康。中华人民共和国成立后，这批历经战火、饱受沧桑的"国宝"终于回到故乡。

## 武当铜像熔铸生产枪炮

在抗战时期，武当山地区属第五战区。

1937年12月，南京沦陷前夕，国民政府迁往重庆。紧接着，1938年10月武汉沦陷。

1938年11月，第五战区司令长官部移驻樊城。第二年春，随枣会战前夕，李宗仁将司令长官部迁往老河口，以武当山下的均县（今丹江口市）及草店镇一带为后方。1939年1月，第五战区干部训练团正式开学，团址设在武当山下的均县草店镇周府庵。为适应抗战需要，1939年冬，国民政府将第五战区干部训练团扩改为中央陆军军官学校第八分校，校址依然设在周府庵。

抗战时期，中国军队武器装备低劣，弹药匮乏，民间大刀、砍刀，都用到了战场。1938年随着战事吃紧，第五战区决定在武当山收集以铜为主的金属，准备熔化后制造枪炮、子弹，以供军需。当时，李宗仁是第五战区司令长官，接到蒋介石的命令，他被迫下令将武当山复真观以下的玉虚宫、元和观、遇真宫、周府庵、襄府庵、冲虚庵、火神庙等庙观的铜像、供器等金属运往重庆兵工厂熔铸后生产枪炮。为方便运输，部分铜像被集中在陕西汉中城固县兵工厂熔化。

曾分别担任武当山道教协会会长、副会长的阮鹏志和毛发顺生前回忆，当时由炮兵十六团用40辆马车运送了数千尊铜像。还有的人说，40辆马车分组搬运，日夜兼程，运输的铜像足有数万尊！

究竟是数千尊，还是数万尊，由于时间久远，传说不一，目前已无法考证。但可以想象，被运走的武当铜像，数量不少。

## "真武显灵"熔炉爆炸

在这次马车队伍中，有两名武当山的道人乔装成马夫，混进了运输队伍，以便伺机行事。

这时，大部分铜像等金属器物，先后被送往重庆。最后一批马车队行驶到陕西汉中时，突降暴雨，无法渡汉江。为了赶时间，运输队伍当即决定就近冶炼，随即，这批马车队运送的铜像被拉至汉中的城固县。

抗战期间，汉中为前方输送了大批军粮、军服、军火及其他物资，是支撑抗战取得最终胜利的经济重镇。1936年，迁建在汉中城固县的西北兵工厂城固分厂，约有员工1500人，主要生产轻机枪、步枪筒、手榴弹、六〇炮弹、迫击炮弹、炸药等。

就在这批铜像熔化过程中发生了意外！熔炉突然爆炸，死伤数人。见状，两名道人趁机煽动士兵："武当山祖师爷显灵了""破坏神像要遭报应"。一时间，士兵思想涣散，部队被迫停止冶炼，才使这批珍贵武当铜像得以保存。

事实上，这些铜像的铸造年代不一，金属的纯度不一，因此其熔点也不一，在熔化过程中自然就出现了意外。见状，两名道人赶紧鼓动当地信士捐款组织船只回归，沿汉江顺流而下。

出发前，武当道人在船上挂了条幅：祖师爷归山。从汉中到安康，船每到一处靠岸后，沿途群众都自发来到河边烧香朝拜。

当船行至陕西安康时，因遭日本鬼子飞机轰炸，只好停在汉江边。此时，水上缉私队与民团又将其拦截，其理由是："武汉失守，襄阳处在激战中，目前局势混乱，不能落到鬼子手中。"他们强行截留船只，铜像被卸置在沙滩。两名道人商量，一人留下看守，一人回家募捐，留守的那名道人由于生活无着，加之长途劳顿，不久病逝。当地信士将这批铜像运至安康的东岳庙里。

回家的道人几经周折，终于回到故土。但在动荡的年代，几乎没有募捐到钱，当时武当山道教也无力筹集足够的资金，因此，这件事就尘封在几位老道人的心中。

## 46尊铜像1987年回故乡

中华人民共和国成立后，安康成立了中心文化馆，将这批铜像运到馆内保管。安康文化部门又四处收集散失在该地区的武当铜像，使这部分文物得到妥善保管。

1953年至1954年间，安康文化馆会计卢大成将一尊铜像悄悄运到家中熔化，准备铸成旱烟袋锅出售，被群众发现举报，卢大成被判刑。

在"文革"中，文化馆干部为保护文物，将其分别包装，分开存放到偏僻的地方，堆以杂物，但部分被发现，被红卫兵拉到河滩当枪靶射击，幸亏没有被砸，这些铜像得以幸存。

1983年，安康地区遭特大洪水袭击，仓库被水淹。一些文化馆干部连自家的东西都顾不得转移，跳进洪水中打捞武当铜像，水退后，才从淤泥中清理出来。

1984年，安康地区成立了博物馆，为这批武当铜像配置了一套展柜。但暂时无库房，铜像被临时寄存在其他单位。

早在1973年，就有知情的武当山老道人提出将这批铜像赎回。1978年，此事再次被提出，经过几年的努力，终于在1984年底得到国家文化部、国家文物局的电讯。湖北省文化厅电告武当山文管所，上级已函告陕西省文化厅，让武当山立即派人到陕西接洽。

1985年元月，郧阳地区文化局立即派副局长王荣国等6人前往陕西办理有关手续，后又派武当山文管所的肖志喜、韩昌俊到安康做前期工作。1985年6月13日，武当山文管所向郧阳地区文化局提出"要求解决收回流散文物资金"的请示。1986年底，专项经费到位。

1987年，武当山文管所通过安康地委秘书长童凡武，将收回武当山文物之事逐级上报至国家文物局，国家文物局批示陕西和湖北"两省协商解决"。安康各级领导和文物部门本着"友谊第一、武当山文物应回家乡"的原则，同意武当山文物回归。当年，湖北省财政厅拨款12万元，由郧阳地区文化局和武当山风景区管理局组成工作组，赴安康地区联系，将保存基本完好的46尊武当铜像运回武当山文物管理所保管。

1987年1月18日，武当山风景区管理局、老营派出所、文管所组织人员，警车开道，调派一辆东风140平板车从老营出发，当晚宿安康。19日上午装车，为了文物安全，当天往回赶，傍晚顺利到达。

## 漂泊69年6尊铜像"回家"

几十年来，安康文物部门不遗余力地搜集散失在该地区的武当山文物。

安康市政协副主席、历史博物馆馆长李启良对流散在安康的武当山文物一片赤诚，几十年来四处寻访收集到3尊真武坐像、1尊灵官像、1尊周公站像、1尊桃花站像。经专家鉴定，这6尊武当铜铸鎏金神像，均为抗日战争时期流失的国家一级文物。其中，桃花站像在该馆公开展出，其余5尊放置在该馆库房。

2006年8月，十堰文物部门得知安康历史博物馆有6尊武当铜像后，遂及时向十堰市主要领导汇报。市领导高度重视，明确提出要求，要千方百计让流散在外的武当山文物"回家"，争取在新博物馆建成后展出。

真武坐像　　　　　　　　　　真武坐像

真武坐像　　　　　　　　　　灵官像

周公像　　　　　　　　　　桃花像

漂泊69年的6尊武当铜像（朱江摄于2017年6月22日）

随后，十堰文物部门向湖北省文物部门汇报，请求协调此事。2006年10月17日，湖北省文物局向国家文物局提出协调请求。2006年11月8日，国家文物局办公室给湖北省文物局回函，同意两省文物局协调文物调拨。

为了早日促成文物回家，十堰市主要领导又给安康市主要领导致函，称十堰新建的博物馆已经落成，"武当文化展馆"是其重要组成部分，希望6尊武当铜像能重返故里。

时任十堰文物局局长阎克印更是踏破铁鞋，先后4次赶赴安康。阎克印的诚心，终于打动了李启良。"落叶总要归根。你过来，就是想把文物拉回去。"李启良深知他数次来安康的目的，随即编发一条短信给阎克印，"曲转千里一条江，东西两地人久长；只为祖师归山事，满路春风到安康；今日挽留住此地，兄妹结缘共牵裳。"

2007年3月，安康市政府召开会议专题研究此事，并议定"同意将安康存放的武当山道教铜像文物择日由市政府领导带队，当面移交十堰市"。当李启良应邀参观十堰博物馆后，他激动地说："十堰博物馆是汉江流域最好的博物馆，放在这里放心。"

2007年6月21日晚7点25分，在气势恢宏的十堰博物馆，一押运防暴车队徐徐停靠，3名手持防暴枪的押运员迅速从车上跳下。在众人企盼的目光中，车门被打开了。押运员立即持枪上前，形成严密的守卫"墙"，现场气氛也随之变得紧张。

至此，这6尊历经战火、饱受沧桑的武当铜像，在外漂流长达69年后，在人们的期待中被搬运到十堰博物馆，终于回到家乡！

## 见证护卫铜像回家全过程

2007年6月21日晚，十堰市隆重举行安康·十堰武当山铜像交接仪式。笔者有幸随队赶赴安康，见证了迎接、护卫武当珍贵铜像回家的全过程。

当日中午12点58分，时任十堰文物局局长阎克印、十堰博物馆馆长胡勤带领3名押运员来到安康历史博物馆。"祖师爷今天要回家

武当抗战那些事

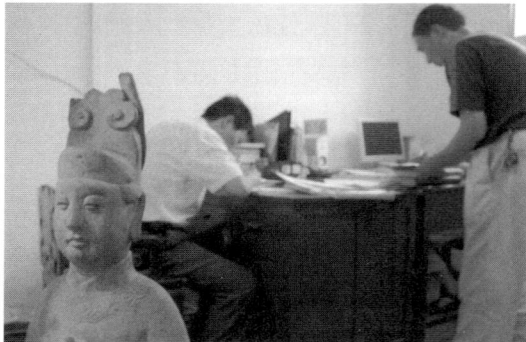

2007年6月21日，安康、十堰两地文物部门办理6尊武当铜像交接手续（朱江 摄）

2007年6月21日，本书作者朱江走进安康历史博物馆文物库房，见到抗战时期流失的这批武当铜像（资料图片）

了！好事情啊！舍不得呀！"李启良一遍又一遍地抚摩着6尊铜像，自言自语。

笔者走进安康历史博物馆文物库房，在拨给十堰博物馆的文物清单上看到，这6尊武当铜像均属明朝文物。

当日下午1点35分，6尊珍贵的国家一级文物武当铜像被一一装箱后，胡勤拿来封条将箱子封口。1点45分，安康、十堰两地文物部门办理完交接手续，押运车队缓缓驶离安康城区。

一路上，闪着警示灯的车队在雨雾中沿陕西308省道、湖北305省道一路驰骋。300多公里回家的路，绕开了正在修路的白河县，取道竹溪县直奔十堰城区。负责全程押运的押运车车长张卫东系十堰市押运公司职员，他激动地告诉笔者：为了确保文物安全，他们对运输行程严格保密，运送途中也严格控制车速，以保文物在车厢内的稳定和平衡。

押运车一路没有停歇，当天下午经过鄂陕交界的"关垭"后，直奔十堰。当晚7点多钟，车队驶入十堰城区。

夜幕降临，灯火阑珊。阎克印、胡勤坐在车上，心潮澎湃，热血沸腾！为使6尊武当铜像顺利回家，从2006年开始，十堰文物部门频繁奔走于安康、十堰之间，往返次数多达5次。多少个日夜啊，"国宝"终于重归故里！在押运员荷枪实弹的护卫下，6尊武当铜像分别被装入特制木箱，从安康历史博物馆运出。当晚7时25分，经过5个多小时的奔波，铜像平安、顺利地回到十堰老家。

亲手收集这6尊武当铜铸鎏金神像的李启良，在接受笔者采访时说，铜像回归十堰，体现了文物的原真性和武当山世界文化遗产的完整性。李启良还说，听说安康乡下可能还有武当山文物。"这些历经战火、历经沧桑的文物保存到现在很不容易，我将努力征集，如果能

2007年6月21日，在押运员荷枪实弹的护卫下，6尊武当铜像被装入防爆押运车（朱江摄于安康历史博物馆）

2007年6月21日，装载6尊武当铜像的押运车队缓缓驶离安康历史博物馆（朱江 摄）

征集到，还将继续调拨给十堰。"

事实上，陕西汉中、安康一带还有不少抗战时期流失在外的武当铜像。2014年2月2日，笔者在汉中博物馆参观时看到，这里还馆藏着数尊武当山的真武、灵官、玉女铜像。

# 500多名难童栖身遇真宫

　　为广泛动员社会力量抢救抗战时期的难童，中共湖北省委负责人董必武提议在均县（今丹江口市）建立了保育院。至1938年10月底，先后抢救收养500多名难童。随着前线战事吃紧，中共地下党员罗叔章随后带领这些难童辗转宜昌坐船溯长江而上，于1939年4月22日到达重庆。遇真宫作为战时保育院的使命到此结束。殊不知，后来成为我国当代音乐界的大师杜鸣心、陈贻鑫、张仁富、金钟鸣就来自这批难童。中国舞剧经典《鱼美人》《红色娘子军》出自杜鸣心之手。

## 战时儿童保育会成立

　　1937年7月7日，日本帝国主义向中国发动了全面侵略战争。很快，东北、华北沦陷后，上海、南京相继失守。中华民族濒临危亡境地，尸横遍野，难民如潮。

　　而在战争中失去父母的儿童处境尤为悲惨，他们或死于敌人的炮火下，或倒在饥饿贫病的逃难途中。更有一批儿童被日军掠走，施以殖民奴化教育，以达到亡国灭种的目的。

　　危急关头，为救助和教养民族未来，中共中央长江局及其领导下的妇委在开展抗日民族统一战线中，为拯救难童积极行动，得到了社会各界的广泛响应。

　　1938年初，战时儿童保育会筹备会在汉口成立，公推冯玉祥的夫人李德全为主任。随后，儿童保育会的正式名称即为中国妇女慰劳自卫抗战将士总会战时儿童保育会。人们一般将其通称为中国战时儿童保育会。

在广泛动员、充分酝酿之后，1938年3月10日，保育会在汉口圣罗以女子中学举行会议，选举出包括国共两党和无党派人士在内的56名理事，宣告保育会正式成立。

会上，宋美龄约见了邓颖超，表达了"真诚合作，全力抢救难童"的共识和决心。紧接着，13日，保育会召开第一次理事会，选出17名常务理事，5名候补常务理事。在9月的常务理事会上，宋美龄被推选为理事长，李德全为副理事长，邓颖超任保育会主任，陈纪彝任秘书。为扩大影响、推动工作，保育会还广泛邀请各党政军机构长官、各界知名人士担任名誉理事，正如邓颖超所指出的："战时儿童保育会是由共产党提倡发起的。保育会理事多半是中共、民主党派、无党派人士，也包括个别的国民党员。战时儿童保育会可以说是我们抢救战时儿童工作时首先出现的各界妇女联合战线。"①

当时，大家都兴致高昂，安娥、张曙还分别作词谱曲，创作了《战时儿童保育院院歌》。然而，不久因战局危急，保育工作尚未全面展开，不得不于1938年10月随国民政府迁移到了重庆。

## 董必武提议均县建保育院

罗叔章与均县保育院
难童（资料图片）

全面抗战爆发以后，全国各地人民纷纷起来以各种形式参加抗敌斗争，武汉成立了湖北战时乡村工作促进会，发动组织农村人民支持抗战。

武汉市小学教师战时服务团，也是当时很有影响、工作很有成效的群众抗日救亡团体。为了广泛动员社会力量抢救儿童，1938年夏，战时儿童保育会委托乡促会在鄂西北协助筹建

①蒋维彦.烽火摇篮：战时儿童保育院[J].红岩春秋，2014，（5）.

遇真宫大殿，永乐十年敕建（1957年资料图片）

一所保育院。

均县保育院所在地遇真宫，地处武当山脚下，掩映在鄂西北大山中，极为偏僻。

遇真宫，这座明朝皇帝为张三丰而修建的建筑，背依凤凰山，面对九龙山，山水环绕如城，旧名黄土城。在均县建立保育院，是中共湖北省委负责人董必武的主意，并指派地下党员王文宣到保育院工作。

1938年9月初，由李汉石、张云带领的第一批难童，分乘多条大木船从汉口出发，经沙洋、襄阳、老河口，约于11月初抵达均县，然后上岸步行到草店镇。9月下旬，由张执一和赵秋芬等带领的另一批300多名儿童，在汉口王家巷码头乘一只小火轮，沿汉水上游航行。船行两天到沙洋，由于河水浅，轮船停止了前进，张执一等几个乡促会的男老师步行，赵秋芬等小教团的老师继续护送孩子，设法雇了14条木船继续北上。每一条船上20至30人，日行夜宿，逆水行船，速度很慢。遇到浅滩，船夫要上岸拉纤，有时还需孩子们帮忙拉纤，每天只能走20多里。由于物资缺乏，经常吃不饱饭，条件十分艰苦。老师一路带领孩子们边行船边学习，讲故事、教唱歌、表演，开展文娱宣传活动。

沿途停靠城镇时，上岸进行抗日宣传和募捐。孩子们悲愤的演唱激起人们对日本鬼子的仇恨，纷纷向孩子们捐钱捐物。

10月25日，船队到达襄阳，得知武汉沦陷的消息，全船的孩子和老师们失声痛哭，岸上的百姓为这一悲痛场面伤心落泪。武汉失守，襄樊也吃紧了，当地又有几十个孩子被家长送进了船队。在襄樊又有一批教职工，包括地下党员王文宣等人参加了保育院工作。

船到襄樊后，又换乘小木船继续上行。由于新雇的小船不够用，小孩和女孩仍乘小船，较大的男生上岸步行，他们分组行军，日行夜宿，艰苦跋涉，一路还进行抗日宣传。

那时战事吃紧，社会秩序极不安宁，船队经过荆门某地时，有溃兵三人对船开枪，击中了一名孩子。船到三官殿附近，又有几个散兵游勇乱开枪，打死了船上一个女孩，肠子都流了出来，惨不忍睹。大哥哥金钟鸣含泪把女孩掩埋了。

就在各批儿童先后到达遇真宫期间，老河口难童收容所又陆续送来200多名儿童到保育院。由于遇真宫偏僻荒凉，这座道观的500多名难童躲过了日本飞机的一次次轰炸。

1938年10月，中共中央决定在湖北均县草店镇建立鄂豫陕根据地，并派去大批干部，他们这时候得知均县保育院的情况，立即发动当地民主人士，协助保育院渡过难关。

那一段时间，周围的居民都知道了遇真宫里有一群没有爹妈的孩子，经常有大叔大妈端着土特产向均县保育院走去。附近村镇的妇女，来到遇真宫给孩子们做棉衣。遇真宫里的孩子们，在那年春节来临之际，全部穿上了崭新的棉衣。

## 邓颖超指派罗叔章赴均县

1938年冬，一份来自老河口的加急电报，送到重庆求精中学保育总会。电报称，均县保育院500多名难童饥寒交迫陷入绝境，要求总会迅速派人解救。但派谁去呢，常务理事们一想到必须通过1000多公里的长江航道，均都默不作声。

参加会议的邓颖超提出由她来负责此事。时任中共中央南方局妇委书记的邓颖超想到一个人可以胜任这项工作。她就是中共地下党员罗叔章，公开身份是南洋商人，她此时在宋美龄的妇女新运动总会中挂职。

罗叔章到达重庆后，邓颖超对她说，老河口地区可能有一场大战，希望她尽快把均县保育院的500多名难童安全带回重庆。

罗叔章辗转来到均县保育院后，与这里工作人员并肩作战。但就在她来到后不久，保育院发生了一件意外的事情。

均县保育院收留的大多数是武汉三镇居民的孩子，孩子们进保育院时，老师们都给家长开了收据，战争结束后家长凭此条领回自己的子女。

1938年末，均县保育院忽然来了几个武汉的家长，他们要把自己的子女接回去，原来几位家长听信了日军的虚假宣传，他们说现在武汉太平世界，孩子还可以上日本人开办的学校，不仅免费，以后还要安排工作。

消息传开后，在均县的武汉难民有不少踏上了返乡途中，保育院有10多名孩子被领回去了，罗叔章把均县的情况立即电话汇报邓颖超。不久，《新华日报》发表《由武汉带来的一篇血泪书》，揭露日军占领武汉后奸淫掳掠的罪行。

均县军民的抗战思想开始混乱起来，虽然当地驻军枪毙了几个鼓动宣传分子，受日军宣传迷惑的难民还是纷纷准备返乡，均县保育院的孩子们出现迷惘情绪，有的孩子问老师，日本人真的不杀中国人了吗？

罗叔章立即决定开设一门课程，题目叫《日本人会友好吗？》，她请来了一个曾经在日本帝国大学留学多年的当地官员，讲述他在日本的所见所闻。

日本人在儿童时期，学校就灌输武士道精神，灌输侵略合法化英雄化的思想，特别是他们宣扬大和民族优等论，把其他民族通通归结为劣等民族，应该听命于大和民族。

保育生想回家的情绪虽然得到了平息，但武汉的难民还是经常登门要求领回子女。在劝解中，罗叔章发现家长们经常提到一个老河口意大利教堂的传教士，这一点引起罗叔章的怀疑，她忙把这个疑问告诉当地警察机构。原来，那个意大利教堂是日本人的间谍机构，教堂的传教士因犯间谍罪被捕。

## 李宗仁赠送过冬物品

1939年初，日军第11军开始向鄂西北第五战区腹地老河口发起进攻，蒋介石立即调遣嫡系部队汤恩伯军团移师枣阳，配合李宗仁部队阻击日军。

这时，均县保育院距离前线只有50公里，战区司令长官李宗仁已经无法保障保育院的安全，大战突然爆发，均县保育院处于进退两难之地。

但罗叔章一定要等到保育总会的指示，因为这不仅关系着500多名难童的生命安危，而且关系着保育总会国共两党的关系问题，如果均县保育院发生不测，中共中央南方局妇女部在保育会中的作用就会受到影响。

此时，第五战区作战部队从前线又抢救下60多名受伤的难童，火速送到遇真宫，李宗仁将军一再催促均县保育院赶快撤离，再拖延下去肯定凶多吉少。

保育院居住地遇真宫里已经隐约听得到战场上的炮声。那时的难民和一批批的伤兵纷纷向宜昌方向逃去，局势已经越来越危急。

均县保育院的一批教师要求参军，因为保卫鄂西北成为当时国共两党的重要任务，她们退出学校参加了战地服务团。终于，罗叔章等到了重庆保育总会发来的急电，命令均县保育院迅速迁移重庆。

罗叔章手持宋美龄的亲笔书信，前往草店镇的李宗仁办公室。罗叔章明白，在没有解决孩子们的基本生存条件下，一切教育都是苍白无力的，特别是没有辨别能力的孩子们。

一路上，罗叔章担心李宗仁公务繁忙，因为此时的第五战区虽然与日军第11军成为对峙停战状态，但李宗仁明白，日军大本营正在酝酿一场更大规模的进攻，目的是占领襄樊老河口，直接威胁四川、重庆地区。

罗叔章白跑一趟，李宗仁去前线视察去了。两天后，她迫不及待地又来到草店镇，忐忑不安地走进戒备森严的司令部，这时李宗仁秘书接待了她，秘书说司令长官李宗仁正等着她呢，罗叔章还有点不相信。

罗叔章准备把保育院的各种困难全说出来，爽快的李宗仁摆手止住了她，告诉罗叔章，你列出一张清单给我，我给你批办，罗叔章感动得禁不住热泪盈眶。

几天后，保育院的师生们高兴地领回了李宗仁赠送的粮食和过冬物品，这座道观里，开始响起孩子们的欢笑声。

但罗叔章却乐不起来，她知道，更大的灾难还在威胁着这500多个小生命，那就是疾病。

均县保育院只有张修华一个医生，这时她正有孕在身。每天人们看见她挺着大肚子在遇真宫里跑来跑去，甚至连自己的两个孩子也顾不上照看。这个张修华大夫由于劳累过度得了肺病，不久病逝了，时年仅29岁。张修华大夫去世后，她的3个孩子由保育院抚养。

这是寒冷的冬天，罗叔章为了增加孩子们的营养，每天早晨坐船20里，来到码头批发廉价的小鱼虾，小贩们得知她是保育院的，一般只收半价。

当时，均县保育院迁移重庆，必须要从均县赶到500公里之外的宜昌，才能坐船溯长江而上，但中途有100多公里是敌我双方的争夺地带，多亏第五战区的官兵中途保护。1939年4月22日清晨，均县保育院500多名难童来到了宜昌。

均县保育院十分幸运，在长江航道航行10多天，于5月2日下午安全到达重庆朝天门码头。宋美龄听说罗叔章带领均县保育院的师生安全到达，亲自迎出来，对罗叔章赞不绝口。遇真宫作为战时保育院的使命到此结束。

武当山遇真宫原貌（朱江2003年8月31日摄）

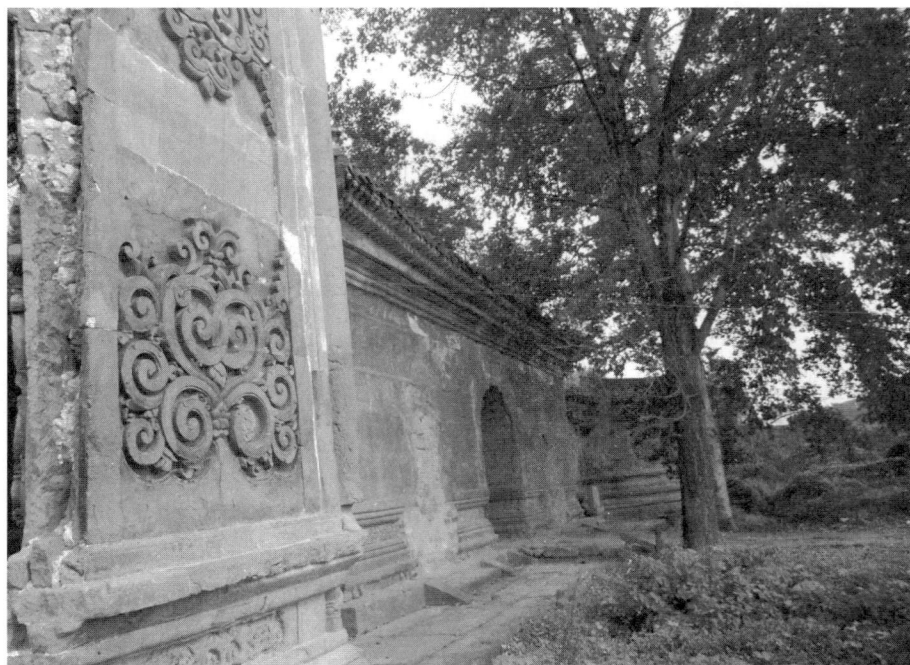

武当山遇真宫原貌（朱江2011年10月15日摄）

## 战火纷飞中的难童教育

战时儿童保育会一直非常重视难童教育，把它当作最重要的工作之一。

失去或远离亲人、背井离乡的流浪生活，在许多难童的心中留下了阴影。为了安定难童生活、稳定难童情绪，使他们健康成长，保育机构首先发动教职员与难童建立起亲情般的关系，特别对失去父母的难童，给予他们亲人般的呵护。

保育院特别注重品德教育，战争环境和保育生自身的特殊经历，也使爱国主义教育成为最突出的内容。在教学方面，保育院围绕抗战救国这个核心，展开奋发图强、复兴中华的爱国主义教育和课堂知识教育，从实际出发，因势利导，因材施教。保育院还组织儿童宣传队、救护队、歌咏队、演剧队及服务队等，走向院外，进行抗日救亡宣传，协助乡镇厂矿办"工友识字班""农民识字班"，教唱抗战歌曲，演出抗日剧目，受到百姓的普遍赞誉。

针对儿童年龄差异和生活集中的特点，实行小教初级和高级两级制

1939年春，均县保育院500多名难童准备向重庆方向转移（资料图片）

和一学年三期制，使儿童们六学年的课程四年完成。这样既保证打牢儿童的知识基础，又能提前完成学业，让他们尽快升学或踏上自食其力的独立生活之路。为此，生产劳动教育成为保育会较有特色的教育内容。

不久，陶行知的育才学校来到均县保育院选拔有特长的学生，罗叔章积极推荐学生报名。她告诉孩子们，学到本事才能报国才能救国。

我国当代音乐界的大师杜鸣心、陈贻鑫、张仁富、金钟鸣就是来自均县保育院。杜鸣心后来成为国际知名的作曲家、教育家。中国舞剧经典《鱼美人》《红色娘子军》就出自杜鸣心之手。他回首往事仍然激动不已。

均县保育院的500多名难童，在院长罗叔章的呵护下，转移到了重庆江北县大田坎之后，均县保育院从此改名为保育总会直属第一保育院。

罗叔章以她出色的工作，赢得了孩子们的爱戴，在1939年10月下旬的全国保育院院长会议上，宋美龄夸奖罗叔章呕心沥血为儿童，值得称赞。1946年，罗叔章先后参加中国事业协进会、中小工厂联合会和中国民主建国会的筹建工作。1949年，她出席中国人民政治协商会议第

无人机航拍抬高复建中的遇真宫（张建波2017年10月25日摄）

一次全体会议。中华人民共和国成立后，罗叔章任中央人民政府办公厅副主任。1954年后，先后担任中央劳动部、食品工业部、轻工业部副部长。1988年被推选为全国工商联名誉副主席。她是第一届至第三届全国人大代表、第三届至第六届全国人大常委会委员、第一届至第三届全国人大代表资格审查委员会委员、第五届全国政协委员。1992年1月15日在北京病逝，享年94岁。

目前，中国战时儿童保育会有据可查的有46所保育院，共抢救和教育了3万名难童。抗战胜利后，保育会完成其历史使命，于1946年9月15日宣告结束。

武当山遇真宫有宽敞的院子，高大的殿堂。这本来是一座皇家宫观，谁也不曾想到在国家危难之际，成为均县保育院的驻地，为民众、为国家作出了它应有的贡献。

沧海桑田，时过境迁。如今，因南水北调中线工程丹江口大坝加高蓄水，武当山遇真宫已就地抬高。健在的难童代表认为，遇真宫既是武当文化的支脉，又是曾经养育过500多名难童的摇篮，功不可没。他们建议有关部门，为世界文化遗产武当山遇真宫再立一座碑。碑铭"中国战时儿童保育会均县保育院旧址"，碑文简述保育院建院史。

遇真宫加高现场（朱江2018年6月2日摄）

遇真宫加高现场（朱江2018年6月2日摄）

# 武当山下军校培养抗战英豪

　　1939年冬，中央陆军军官学校第八分校在均县（今丹江口市）周府庵建立，它的前身是第五战区干部训练团，而五战区干部训练团的前身则是七十七军军士训练班。该分校从1939年到1943年共毕业学员6872人。在第17期学生中，均县籍学生有60余人，毕业后奔赴抗战第一线，不少人英勇杀敌为国捐躯。1945年5月，第八分校校址由均县迁往房县。6月，第八分校奉命裁撤。抗战胜利后不久，第八分校第19期未结业学生于10月并入第七分校（即西安分校），12月正式停办。自此，第八分校这块厉兵秣马的抗战基地，完成了培训抗日军官这一光荣的历史使命，它虽没有黄埔那样有名气，但那种为民族勇于牺牲的精神却浩气长存。

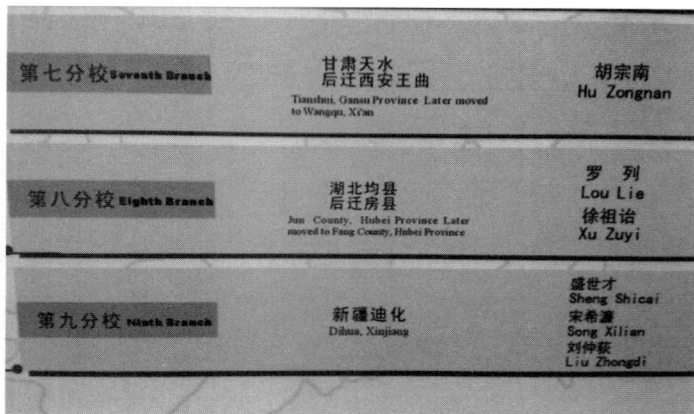

广州黄埔军校陈列馆记录了第八分校校址曾迁址房县（朱江2013年4月29日摄于广州黄埔军校）

# 第八分校前身是干部训练团

中央陆军军官学校第八分校的前身是第五战区干部训练团，训练团的前身则是七十七军军士训练班。团址设在武当山下的均县草店镇周府庵，其办学目的是培养大批中华民族优秀青年，彻底打败日本帝国主义，以求中华民族独立、平等、自由。主要是为第五战区所属各部队，培养连排基层政治军事骨干。

1938年，全国5个战区都建立了战区干部训练团，副团长是各战区长官兼任。地处鄂西北的第五战区干部训练团，其副团长是由李宗仁兼任，培训对象主要是第五战区所属各部队推荐的优秀士官。此外，还由军事委员会成立了战时干部训练团，相继成立了一、二两个团，培养重点为政治工作人员。

1938年春，第五战区所属部队在台儿庄重创日本侵略军后，向豫鄂西部地区转移，经汉川、浠水、宋埠，抵达襄樊。1938年11月，第五战区司令长官部移驻樊城。第二年春，随枣会战前夕，李宗仁将司令长官部迁往老河口，以武当山下的均县及草店镇一带为后方。

1939年1月，第五战区干部训练团正式开学。训练团的第一期、第二期结业的学生，大部分被分配到战区各部队任连、排长。

为适应抗战需要，1939年冬，国民政府将第五战区干部训练团扩改为中央陆军军官学校第八分校，徐祖诒任主任，罗列任副主任。徐祖诒，又名徐祖贻。1938年4月，徐祖诒协助李宗仁歼灭了以"铁军"自夸的日军矶谷师团，取得了震惊中外的台儿庄战役的胜利。

中央陆军军官学校第八分校副校长由李宗仁担任，校址依然设在周府庵。第八分校招收的学员，不仅有第五战区所属各部队推荐的优秀士官，入校后编入学员队，还有从辖区及流亡难民中招收的初高中学生，入校后编入学生队。

1940年2月，学生先后入校，开始预备教育；同年5月4日，补办了开学典礼。校部设有医务所、军械所、马区管理所、迎宾馆、军官研究队，并下设战术研究班、校尉官研究班、学生总队、练习营和无

中央陆军军官学校第八分校在均县周府庵建立
（资料图片）

线电台。

　　当时，第八分校的学生总队驻周府庵校部内，其一大队及练习营一个连驻晋府庵、练习营本部驻遇真宫、军械所驻金花树、马区管理所驻紫阳庵、小学设在白果树。第八分校的政治部约100余人、办公处约60余人、教育处约200余人、总务处约80余人、医务所约50余人，迎宾馆接待员数人。

## 60余名均县籍学生奔赴前线

　　第八分校的学生队学习暂定为一年、军官教育期为半年。教学偏多于操场术科。军事教程以战术、兵套、筑城、地形测绘为主。每星期操场教练两次，战斗演习两次，以排连为主，当时使用的武器是轻重机枪，平、高射机枪，八二迫击炮等。学习过程中，有苏联军事顾问指导操作重武器和战斗演习。

　　在军官的培训中，第八分校着重培养学员的指挥能力。比如观察测绘地形、地物、地貌、山川河流、海洋、公路、铁路、桥梁、村镇、城市、电站、电台、田野、平面立位断面等，掌握各种兵器、兵种在攻防上如何配备，火力点的位置，障碍物的设施，指挥官的位

中央陆军军官学校第八分校在均县周府庵建立。图为第八分校部分学员合影（资料图片）

置，实地与图纸的关系、位置、距离等；而在战术、兵器、筑城学习上，同样要使每个学员深化理解。

1945年春，日军进攻老河口，第五战区司令长官部从老河口迁至草店镇；4月8日，老河口沦陷后，日本侵略军企图侵入汉水西岸，不断进行骚扰，但三官殿至青山港一线无部队防守。

为了寸土必争，严密防守，第八分校19期全体官生和练习营官兵布防在这一线，不时隔江炮击，或用轻重机枪射击，严加防守，持续月余之久，使日军占领均县县城的梦想终难得逞。日寇的铁蹄魔爪被阻于汉江东岸沙陀营、玉皇顶一线，确保了鄂西北、陕南、草店至白河的安全。

当时第八分校唱的歌曲，绝大部分都是抗日救亡歌曲。《大刀进行曲》《黄河大合唱》《在太行山上》《前进曲》《流亡三部曲》……当时一切教育活动，始终是围绕抗击日本帝国主义进行的。

在抗日战争中，均县人民为保卫祖国，抵抗日本帝国主义的侵略作出了巨大的牺牲。

第八分校第17期，全校官兵员生总计5060人。在第17期970名士兵中，绝大多数的人都是均县籍青年，他们后来投身到各个抗日团体，在不同抗日战斗岗位上作出了应有贡献；在第17期学生中，均县籍学生有60余人，毕业后奔赴抗战第一线，不少人英勇杀敌为国捐躯。

## 日机轰炸致12名学生不幸丧生

第八分校的学生曾经举行过一次大演习。假设日本侵略军由武汉方向向西移动，企图侵占襄樊，第八分校作为总预备队，即日出发以急行军到谷城县集结，限13小时到达谷城南河一带待命。部队集结后，由最高审判官徐祖诒、罗列下达命令，阐述敌情和各友军的情况。

演习进行到了谷城县南河一线时，通知说敌人退却了。第八分校的学生奉命从太平店撤回谷城城关待命，大演习也到此结束。从部队奉命演习之日起到结束，一共是一个星期的时间。

此次演习结束后，全体人员在谷城县休息一天，正等待讲评时，突然听到了空袭警报。9时40分左右，警报解除后，学生们又陆续回到宿营地。当时是休息，学生们有打扑克的，有睡觉的，也有聊天的……突然，紧急警报又响了，教官督促学生出城分散隐蔽。师生们住地距谷城西门不足200米，学生大都出了城门。

这次日机轰炸共3批，每批6架日机。18架日机轮番轰炸达40多分钟。当时，谷城县无守备部队，也无任何防空设施，第八分校也仅有几挺轻重机枪。

此次日机轰炸，死伤人数共达260余人，老弱妇孺、婴儿青壮尸横遍野，惨不忍睹。轰炸造成12名第八分校学生丧生。

## 第八分校曾迁址房县

作为中国现代史上一所新型军事政治学校，第八分校采用军事与政治并重、理论与实践结合的教学方针，为中国抗战培养了大批军事政治人才。用可歌可泣的黄埔军魂书写了反帝反封建、争取国家统一与民族独立斗争的历史赞歌。

自1939年到1943年，第八分校共毕业学员6872人。其中，第16期学生1个总队，毕业学生1431人；第17期学生1个总队，毕业学生858人；各种特别班毕业学员3442人；第五战区干部训练团1141人。

1944年，国民政府对军事方面，采取精兵简政的政策，所有军事机关大量缩编，一切不必要的机构该合并的，几个单位合并一处。

1945年5月，第八分校校址由均县迁往房县。6月，第八分校奉命裁撤。抗战胜利后不久，第19期未结业学生于10月并入第七分校（即西安分校），12月正式停办。自此，第八分校这块厉兵秣马的抗战基地，完成了它培训抗日军官这一光荣的历史使命。

抗日战争时期是中华民族空前团结的时期，虽然是中华民族遭受劫难的时期，但人不分男女，地不分东西，有钱出钱，有力出力，全民抗日救亡。第八分校为抗日救国作出了应有的贡献，它虽没有黄埔那样有名气，但它那种为民族勇于牺牲的精神却浩气长存。

武当博物馆珍藏的中央陆军军官学校第八分校学生总队部的牌子（韩继斌　供图）

# 15卷珍贵资料珍藏档案馆

2015年8月底，十堰市档案馆向社会首次发布该馆珍藏的中央陆军军官学校第八分校珍贵档案资料。这批资料有15卷，共计1330页，内容包括校歌、校徽、校训、学校誓词、军校史略、同学录、校景及生活剪影、校部官长名录、总队大事记，以及主要官佐通讯录等。十堰市档案局局长、档案馆馆长欧阳立介绍，在纪念中国人民抗日战争暨世界反法西斯战争胜利70周年之际，发挥档案的特有作用，揭露日本侵略者反人类罪行，展示中国军队抗击日本侵略者有着极为特殊的意义。"这些珍贵档案，印证了十堰这片热土在抗日战争中所作出的特殊贡献，这批历史档案成为反法西斯战争史上不可或缺的一页。"

## 15卷档案首次公布

档案是不可更改的历史，是一代人留给后人最珍贵的礼物，是我们国家和民族文化建立历史记忆、传承文明的重要载体。借助档案，我们可以更好地了解过去、把握现在、预见未来，一个城市的发展与成长更离不开档案的记载。

十堰市档案馆馆藏着中央陆军军官学校第八分校的珍贵档案资料有15卷，共计1330页。内容包括校歌、校徽、校训、学校誓词、军校史略、同学录、校景及生活剪影、校部官长名录、总队大事记，以及主要官佐通讯录等。第八分校采用军事与政治并重、理论与实践结合的教学方针，为中国抗日战争培养了大批军事政治人才。

十堰市档案馆馆藏的第八分校教官通讯录（资料图片。朱江2013年10月24日摄于十堰市档案馆）

十堰市档案馆馆藏李宗仁为第18期学员的题词（资料图片。朱江2013年10月24日摄于十堰市档案馆）

十堰市档案馆馆藏中央陆军军官学校第八分校副主任罗列题写的训词（资料图片。朱江2013年10月24日摄于十堰市档案馆）

十堰市档案馆馆藏《黄埔军官学校校歌》（资料图片。朱江2013年10月24日摄于十堰市档案馆）

武当抗战那些事

1939年，来自全国各地有志青年满怀救国激情，从四面八方奔赴武当山脚下的均县（今丹江口市），他们怀揣着最虔诚的理想，有着最滚烫的热血，带着最无畏的精神，他们目的只有一个：为了改变当日中国任人宰割的命运。在孙中山先生"爱国家，爱百姓"的精神哺育下，接受新型的军事、政治教育，在中国近现代史的舞台上独领风骚，极一时之盛。这就是名噪一时的中央陆军军官学校第八分校。

黄埔军校迁往南京后，1931年更名为中央陆军军官学校。1939年冬，中央陆军军官学校第八分校在均县周府庵建立。校长蒋介石，副校长李宗仁，校务委员有白崇禧、何应钦等，徐祖诒任主任，罗列任副主任。1940年5月4日，第八分校补办了开学典礼。

## 培训计划详细清楚

十堰市档案馆馆藏的这批第八分校珍贵档案透露出，作为一所以培养国民革命军军官为目的的军事院校，第八分校首先考虑的是学生军事技能的培养，重点是以学军事为主。

档案资料显示，学生们早上5点半起床，直到晚上9点半睡觉，每天8堂课，中途几乎没有休息时间。军事课程比较复杂。

第八分校军事课程，从学生入校到毕业共分为三个时期，即入伍、学生、军官三个阶段。

入伍期半年，课堂和操场各兼半。课堂以典、范、令（即步兵操典、射击教范、阵中要务令）为主，另外如陆军礼节、内务规则、军人须知等。操场以单个姿势教练渐进到班排教练。在入伍期后半年中，兼学战斗演习、实弹射击、夜间演习、紧急集合、防毒防空等。体操方面有各种球类、跳高、跳远、马术、单双杠、劈刺、天桥、木城、超越障碍等。文娱方面各队设有简易书报室，大队设阅览室，校部设图书室，每周星期六举行娱乐晚会，内容丰富多彩。

学生教育期半年，教学偏多于操场术科。军事教程以战术、兵套、筑城、地形测绘等四大教程为主。每星期操场教练两次，战斗演习两次，以排连为主。第八分校在当时使用的武器是轻重机枪，平、高射机枪，八二迫击炮等。有苏联军事顾问指导操作重武器和战斗演习。轻兵器除国产外，则苏制较多。学生在第二期学习时，注重理论结合实际，应用所学理论到实地中去观察、判断。

军官教育期半年。军官教育期各课程，着重贯彻理论与实践相结合的方针，要求学者不仅要懂并能自身操作，更重要的是在平素沙盘演习和实地操作的基础上，使自身具有一个指挥者的指挥能力。如观察测绘地形、地物、地貌、山川河流、海洋、公路、铁路、桥梁、村镇、城市、电站、电台、田野、平面立位断面等，掌握各种兵器、兵种在攻防上如何配备，火力点的位置，障碍物的设施，指挥官的位置，实地与图纸的关系、位置、距离等。而在战术、兵器、筑城学习上，同样要使每个学生深入理解。

十堰市档案馆馆藏的这些珍贵档案资料显示，学生入校后，每人每月发给法币12元。第17期学生进校这一年的时间内，生活还是可以的，除12元钱用于生活外，每人还发23元钱零用。

到了1941年，由于通货膨胀，学生津贴有限，因此生活就比较困难，不过每周起码还可打一次牙祭。但第18期学生的生活便越来越艰苦了，吃粗粮尚不能饱。1942年2月份，规定每人每月40斤净粮。第八分校自2月份起，官兵都以40斤供应。但是油料副食都差，加上军事训练紧张，劳动强度大，40斤粮食根本吃不饱。

1945年4月份，第五战区司令长官部西迁均县草店镇。老河口重镇不久便沦陷了。日本侵略军占领老河口后，企图侵入汉江西岸，不断进行骚扰，但三官殿至青山港一线无部队守防。为了寸土必争，严密防守，第八分校19期全体官生和练习营官兵布防在这一线，严加防守，持续月余之久，使日军占领均县县城的梦想终难得逞。

## 馆藏的学生公约

"尽忠革命职务，服从本党命令，实行三民主义，无间始终死生，遵守五权宪法，只知奋斗牺牲，努力人类平等，不计成败利

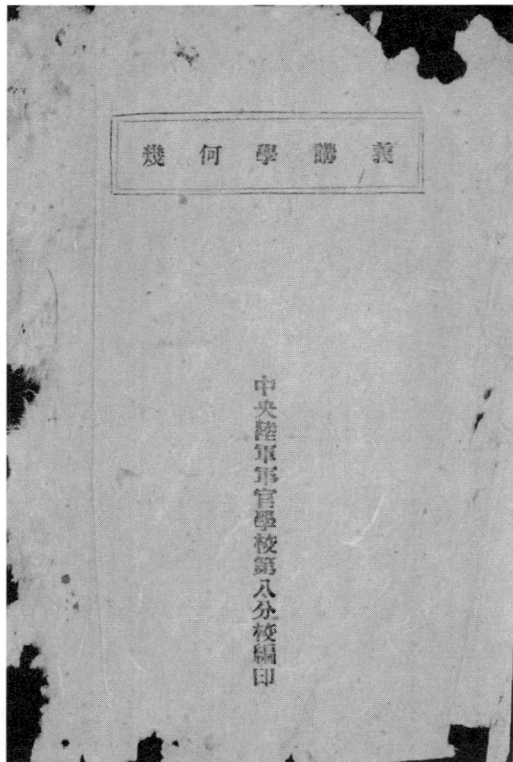

十堰市档案馆馆藏的第八分校学生学习《几何学讲义》封面（资料图片。朱江2013年10月24日摄于十堰市档案馆）

钝。""谨遵校训，亲爱精诚。服从党纲，五权三民。履行遗嘱，国民革命。继承先烈，奋斗牺牲。发扬光大，赴义蹈仁。言出身随，誓底功成。""遵守总理共同奋斗之遗嘱，该校亲爱精诚之校训，追随校长、党代表与本党各同志，于广东统一以后，更努力于全国之统一，以完成国民革命之工作。不爱钱，不怕死，不闹意气，实行主义，恪守党纲，永矢勿渝，死而后已。谨誓。""不爱钱，不偷生。统一意志，亲爱精诚，遵守遗嘱，立定脚跟。为主义而奋斗；为主

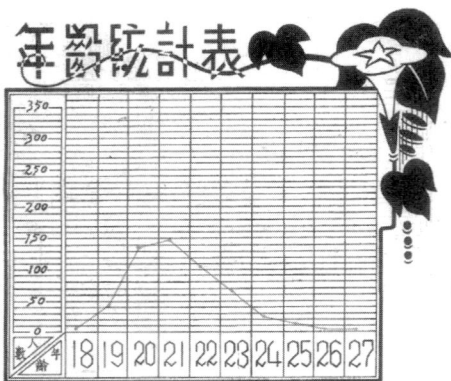

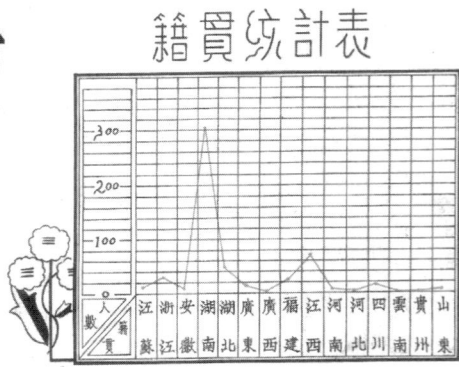

十堰市档案馆馆藏的第八分校学员年龄籍贯统计表（资料图片。朱江2013年10月24日摄于十堰市档案馆）

义而牺牲。继续先烈生命，发扬黄埔精神。以达国民革命之目的；以求世界革命之完成。谨誓。"十堰市档案馆馆藏第八分校誓词，是这样记录的。

十堰市档案馆馆藏的学生公约内容，保存也较为完整：身为陆军军官学校学生，坚持不说谎、不欺骗、不偷窃的荣誉信条，也不纵容他人违反；立志成为允文允武、术德兼备的军事领导人才；具备领导管理、解决问题、语言沟通及持续学习四大能力；信守国家、责任、荣誉、牺牲、团结、勇气、自信的核心价值；发挥"亲爱精诚"校训；确定"我是最好的"认知；贯彻尊师重道、存诚务实的要求。

十堰市档案馆还馆藏着校歌："怒涛澎湃，党旗飞舞，这是革命的黄埔。主义须贯彻，纪律莫放松，预备做奋斗的先锋。打条血路，引导被压迫民众。携着手，向前进；路不远，莫要惊；亲爱情诚，继续永守，发扬吾校精神，发扬吾校精神。"此外，还有第八分校毕业歌："同学们，大家起来，担负起天下的兴亡。听吧！满耳是大众的嗟伤；看吧！一年年国土沦丧。我们是要选择战，还是降？我们要做主人去拼死在疆场，我们不愿做奴隶而青云直上。我们今天是桃李芬芳，明天是社会的栋梁；我们今天弦歌在一堂，明天要掀起社会的巨浪。巨浪！巨浪！不断的增涨。同学们！同学们！快拿出力量，担负起天下的兴亡。"

历史是最好的教科书。抗战期间，十堰这片热土上留下了许多可歌可泣的历史记忆；向社会首次发布珍藏的中央陆军军官学校第八分校珍贵档案资料，就是为了重温那个战火纷飞的年代保护珍贵档案资料的壮举，铭记这一段抗战的不平凡历史。

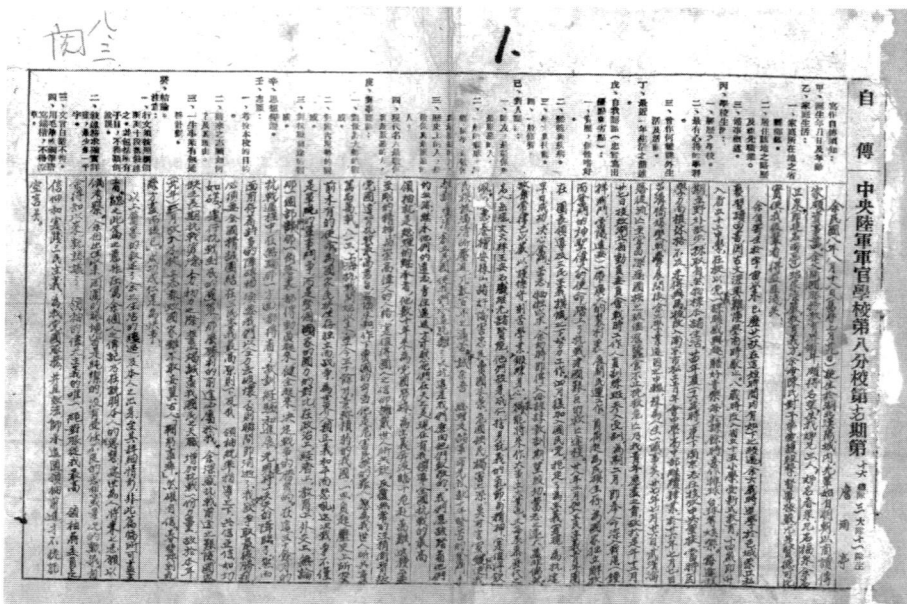

十堰市档案馆馆藏的第八分校学生自传（资料图片。朱江2013年10月24日摄于十堰市档案馆）

十堰市档案馆馆藏的国民政府军事委员会颁发给第八分校毕业学员的证书（资料图片。朱江2013年10月24日摄于十堰市档案馆）

# 一张抗战老照片背后的故事

　　宝贵的历史照片，折射出一段非凡的抗战历史。如今，在十堰市档案馆保存着一张泛黄的1938年抗战老照片。透过这张老照片，我们看到的是抗日战士浴血奋战的英姿和广大民众共赴国难的悲壮，从而让人铭记这段岁月，激发大家的爱国情怀。

## 八分校师资强大

　　据十堰市档案馆珍藏的中央陆军军官学校第八分校珍贵档案资料记载，第八分校教育处设有战术组、重兵器组、兵器组、筑城组、地形组、交通通信组、体育组、普通学组等教学教研组织，各组都配备了较强的师资。

　　据馆藏的这批八分校丰富档案资料可了解到，第八分校学习内容大致为政治、军事、体操等。第八分校学员包括学员总队二期和学生总队三期。学员总队总队长是吕德璋，队部驻南关，一大队驻三元宫，二大队驻太和书院，三大队驻学宫。每大队有三个中队。学员总队的学员绝大部分来源于第五战区所属各部队保送的下级干部。学员多系行伍出身，训练时间为半年。每期学员1000余人，共2400多人。毕业后自行回原单位工作。

　　在抗日战争中，十堰人民为保卫祖国、抵抗日本帝国主义的侵略付出了巨大的牺牲。据十堰市档案馆资料显示，第八分校的第17期学生中，均县籍学生有60余人，除十五六人任军职外，其余均系文职人员或事务人员。第18期第16总队官佐中，十堰籍有11人，他们中有的是区队长、副区队长，有的是特务长，还有的是司书。毕业后奔赴抗战第一线，不少人英勇杀敌为国捐躯。

## 八青年出征前合影

宝贵的历史照片，折射出一段非凡的抗战历史。如今，在十堰市档案馆保存着一张泛黄的照片。

这张1938年的老照片完整地保存在档案馆。照片上，竹山县城关青年谭行健、宋一云、阮圣阶、胡树屏、方启师、何汉章、龚镇中、严国屏8位青年，一字排开，整齐地站在一起，留下了珍贵的合影。

照片上方，写着临别摄影留言："民族危险到了这步，每个黄帝子孙，都有着重大的责任，我们誓以人格、良心、血性，精诚团结到底；在努力救国救民，争取独立自由幸福，建设新中华的最高原则之下，互相砥砺，共策进行。不畏艰难困苦，不受任何离间中伤，相信胜利的光明之苍，定会在我们面前开现的。朋友们，牢记着，遵守吧！努力吧！"落款是"一九三八战争年，行健书于郧庸渚水西浦"。

这张泛黄的老照片用厚纸相夹，并在右上角写有"圣阶兄存念"。左边是8位青年的签名、盖章。下面写有"摄于一九三八年抗战元年五月十八日竹城观音阁中"。照片背面，除没有阮圣阶的详细情况外，其余7人的出生年月日、家庭通信地址、父亲、兄弟及妻子姓名都记载得很清楚，是难得的抗战历史档案。

如今，我们已经无法得知当年这8位热血青年的去向，但他们留下的照片和誓言，让人动容。这张珍贵照片一直在十堰市档案馆爱国主义教育基地展出，备受观众瞩目。

透过这张老照片，看到的是抗日战士浴血奋战的英姿和广大民众共赴国难的悲壮，从而让人铭记这段岁月，激发大家的爱国情怀。

十堰市档案馆保存着一张泛黄的抗战时期老照片（资料图片。朱江2013年10月24日摄于十堰市档案馆）

## 15卷资料从何而来？

1937年7月7日，日军制造震惊中外的卢沟桥事变，日本帝国主义发动全面侵华战争，从此中国人民开始了艰苦卓绝的全面抗战。

地处鄂西北边陲的郧阳地区，因其特殊的地理环境和政治气候，成为抗战的大后方，各种抗日社团、宣传抗日报刊如雨后春笋，大批青年奔赴战场杀敌。翻阅十堰市档案馆珍藏的珍贵历史资料，仿佛回到那个战火纷飞的年代。

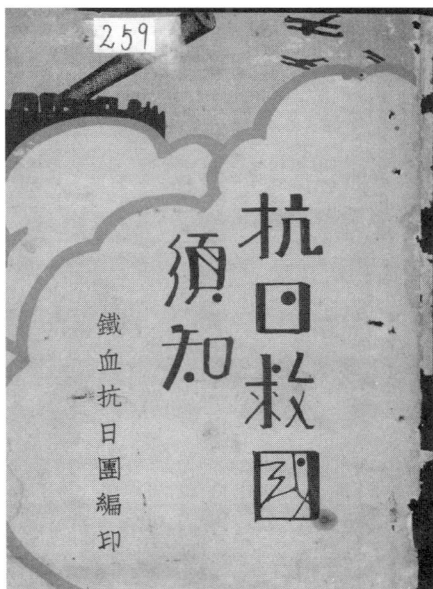

十堰市档案馆馆藏的抗日救国须知（资料图片。朱江2013年10月24日摄于十堰市档案馆）

十堰市档案馆馆藏创刊于1938年的《抗战导报》创刊号（资料图片。朱江2013年10月24日摄于十堰市档案馆）

十堰市档案馆馆藏的第八分校第17期第16总队学生通讯录（资料图片。朱江2013年10月24日摄于十堰市档案馆）

十堰市档案馆馆藏的1946年某团部颁发给竹山县征属慰劳团的荣誉状（资料图片。朱江2013年10月24日摄于十堰市档案馆）

十堰市档案馆馆藏的第八分校学生领取子弹的领条（资料图片。朱江2013年10月24日摄于十堰市档案馆）

保存完好的《抗日救国须知》由铁血抗日团编辑，32开，共有78页，因出版时间不详，成为珍贵的抗战题材珍本。创刊于1938年的《抗战导报》（创刊号），对开四版，具有很高的史料价值；馆藏的一份1946年某团部颁发给竹山县征属慰劳团的荣誉状，上面醒目地写着"抗日出征，胜利功成，光宗耀祖，保国为民"。此外，十堰市档案馆还馆藏着罕见的第八分校学员年龄籍贯统计表、学生自传、学生通讯录、军事训练现场照片、学生领取子弹的领条、学生学习的《几何学讲义》和《手旗陆空通信联络讲义》。

那么，这批珍贵的中央陆军军官学校第八分校档案资料从何而来呢？

由于原郧阳地区建制时间较晚，馆藏基本上没有1949年前的档案。1949年至1965年的档案，在现襄樊市档案馆。原因是1952年至1965年，郧阳专区与襄阳专区合并，1965年7月恢复郧阳专区建制。

原十堰市档案馆成立于1979年。1971年以前，档案工作先后由郧县十堰办事处办事组、郧阳十堰办事处革命委员会办公室管理。原郧阳地区档案馆，其前身是1972年成立的郧阳地委文书档案科。1980年成立的郧阳地区档案馆，归口地委办公室领导。

到了1994年地市合并，原十堰市档案馆与原郧阳地区档案馆随之合并。

据退休的档案工作人员回忆，这批珍贵的第八分校档案资料共计15卷，一部分来自襄阳专区，另一部分来自郧阳地区公安处。这15卷历史资料，又是如何进入档案部门的，因时间久远，已无从查起。

"十堰市档案馆发布抗战时期第八分校15卷珍贵档案资料，对于弘扬抗战精神、牢记历史责任、进行爱国主义教育具有重要的意义。"欧阳立介绍说，市档案馆利用馆藏资源，充分发挥档案工作开发、利用、公布的职责，重温抗战时期发生在十堰这块热土上的重大历史画面，展现为赢得抗日战争胜利作出积极贡献的十堰人民的精神风貌。他说，这也是为了教育广大读者铭记历史、缅怀先烈、珍视和平、开创未来，为实现中国梦贡献力量。

## 热血青年踊跃入伍

一张抗战老照片，实际上是十堰人民当年积极抗战、共赴国难的缩影。

1937年卢沟桥事变，揭开了中国人民全面抗战的序幕。随着第二次国共合作的正式形成和日寇的步步进逼，在全国范围内掀起了抗日救亡的热潮。

在这一形势下，地处鄂西北边陲的郧阳地区，因其特殊的地理环境和政治气候，成为抗战的大后方，各种抗日社团、宣传抗日报刊如雨后春笋，大批青年奔赴战场杀敌。

十堰许多热血青年在抗日救亡运动的感召下，自愿应征入伍，奔赴抗日前线，留下了许多可歌可泣的事迹。

毅然投笔从戎，奔赴西安参军的竹山县麻家渡青年王崇文是世代单传。年仅18岁的他，在生前给妻子留下了这样一篇遗诗："战云莽莽雾昏昏，身在沙场心在门。大事一肩今付汝，长留正气满乾坤。"1940年5月，抗日名将张自忠在枣宜会战中殉国，隶属张自忠部的王崇文在战斗中不幸被俘，宁死不屈，绝食身亡。其妻得知丈夫光荣牺牲的消息后，化悲痛为力量，更加勤奋生产，细心照顾公婆，以宽慰丈夫的在天之灵。

竹山县宝丰镇佃农蔡守本，1942年自愿参军抗战。临行前，妻子邬阿云给他整理行装，送他出门，两人面对苍天盟誓而别。蔡守本出征不久，邬阿云生下一个男孩，取名征生。邬阿云细心照顾着家小，夜晚幼儿安睡后，她挑灯纺织，为丈夫赶制鞋衣。抗战胜利前夕，她与丈夫失去联系，日思夜盼，终无音讯。她发誓，如若丈夫为国尽忠，她要为夫殉节。1944年底，与蔡守本一起参军的同乡青年张步友负伤还乡，邬阿云得知丈夫已在郑州战死，痛哭昏绝。不久，邬阿云安顿好家事，在门前触石而死。

本總隊學員生兵生活之一

本總隊學員生兵生活之二

本總隊學員生兵生活之四

本總隊學員生兵生活之三

本總隊學員生兵生活之五

本總隊學員生兵生活之六

本總隊學員生兵生活之八

本總隊學員生兵生活之七

　　十堰市档案馆馆藏的第八分校学生军事训练（资料图片。朱江2013年10月24日摄于十堰市档案馆）

武当抗战那些事

# 三千齐鲁学子郧县求学

抗战期间，山东联合中学的3000多名师生迁到偏远的鄂西北，在郧县（今湖北省十堰市郧阳区）将校名改为"国立湖北中学"。体质羸弱的宋还吾校长抵达郧县后，每天忙碌校务工作，终积劳成疾，长眠在了郧县汉江之滨的山冈之上。国立湖北中学仅存在了半年，随着战事吃紧，全校师生又举校迁往四川。

## 远赴郧县求学

抗战时期，辽阔的中华大地，抗日的烽火四起。1938年初夏，作为山东联合中学的一部分，济南一中的师生到达鄂西北偏僻的郧阳城。

当时，山东联合中学直属教育部管辖，奉教育部之命，将校名改为"国立湖北中学"，很快，校本部就挂上了醒目的"国立湖北中学"校牌。学校的师范部则迁移至距郧县100多里的汉江南岸均县（今湖北省丹江口市）。

三千多名齐鲁子弟，随着山东联合中学迁到偏远的鄂西北，已经是躲避日本鬼子西撤的最大极限了。

当时，一艘满载学生的木船航行到老河口与均县之间，经过白沙坡一个叫石灰窑的险滩时，发生了惨剧。在大船和激流互相抗衡难解难分时，几只柴筏从上游疾驰而下，大船急忙躲闪以免相撞，船身一横，纤夫们不支，脱手倒地，大船旁带一小划顺流直下，触礁船破。见状，女同学们争着跳上小划，又不幸倾覆，有22名女生落水身亡。这次流亡学

郧县文庙大成殿旧照（资料图片）

生沉船惨案的发生，校长杨展云难辞其咎，教育部下令撤差，另任宋还吾为校长。宋还吾是山东教育界名人，当时是济南山东省立高中校长。

到达郧县后，当地马王庙及几所废弃的兵营住满了学生。

济南一中的师生住在还算宽敞的文庙。学生住在文庙的大成殿里，睡在地铺上。大成殿正对着有一方广场，广场左侧的一排厢房是老师们的集体宿舍。刚到郧县的老师们常常站在屋檐下闲谈，同学们凑过去打探时局和郧县一带的地方风物，师生一起感慨一番。

每天，老师们经过大殿左侧的台阶到后面的餐厅去吃饭，而学生们则从食堂打饭在广场围坐就餐，校园显现出暂时的平静。

## 宋还吾长眠郧县

濒临汉江北岸的郧县县城是一座山城，文庙就在汉江边的山坡上。这里地势险峻，江水波涛汹涌。

时值盛夏，潮湿炎热且多雨的郧县，主食是当地的糙米，用菜籽油做菜，很多师生不习惯，水土不服，消化不良，上吐下泻，患疟疾、疥疮的也很多。

当时郧县闭塞落后，缺医少药，大约十几位师生在这里病逝。济南一中的老教务主任胡干卿年纪较长，在流亡途中打前站，寻觅校舍驻地，躲避鬼子轰炸，最为辛苦。1938年酷夏，他不幸在郧县病倒，卧床不起。后来，胡老师竟奇迹般扛了过来，捡回了一条老命。而与胡老师一起打前站且年轻力壮的齐志化则病累交加，病逝于郧县。

作为济南一中的学生兼事务员，一路流亡过来，齐志化是胡老师的好助手。齐志化病逝后，胡老师心疼地扶着他的坟头老泪纵横。

新上任的国立湖北中学校长宋还吾，是山东教育界一代名家，是鲁迅的好朋友。

宋还吾（原名宋锡珠），1894年出生，山东成武人。1922年，他毕业于北京大学，1928年，宋还吾是山东省立第二师范（曲阜）校长。他到二师之后，提倡民主，反对封建，提倡新文化，反对旧礼教，并聘请了一批进步教师，使学校进步力量很快发展。

国立湖北中学校舍：郧县文庙大成殿旧址（资料图片）

体质羸弱的宋还吾随着学校抵达郧县后，每天忙碌校务工作，终积劳成疾，救治无效，长眠在了郧县汉江之滨的山冈之上。

宋还吾先生逝世后，该校校务由杜光埙主持，校长由原济南市立中学校长蒋士健代理。

## 民主气氛浓厚

当年，师生们在郧县一边上课，一边继续做抗日宣传工作。

鄂西北属第五战区管辖，司令长官李宗仁是开明的国民党人士。当时，山东老乡李延年军长在郧县驻防，他对家乡子弟捐物赠书，对山东师生的抗日救亡活动给予了很大支持。

改名后的国立湖北中学民主空气比较浓厚，各种进步书刊可以自由阅读，壁报、剧团、歌咏、读书会都可以自由活动。臧克家、姚雪垠还给国立湖北中学的学生上过几堂大课。

当时，中华民族解放先锋队刚刚在武汉成立不久，在这所中学的活动也很活跃。学校壁报上还公开发表了《此路走不通，去找毛泽东》的署名文章。年龄大一些的高中、后师同学去投奔延安、到延安抗大与鲁艺求学，则是公开的事情。开明的教师们极力支持同学们选择自己的道路，纷纷慷慨解囊，资助他们路费。

有位林东同学回忆道："郧阳山城消息闭塞，群众对抗日形势知道较少，我们用各种形式进行宣传。在迁校和流亡的生活中，大家深深受到了课堂之外的教育。1938年秋冬，学校在湖北郧阳，大家看到政府抗战不利，迁都重庆，引发不满。读书会讲演、校内《星火》壁报均有争论。某日傍晚，有数十右翼学生闯进教职员宿舍，呼喊几名左翼老师的姓名回答问题：我们究竟向何处去？一时聚集了许多同学，情绪激动，剑拔弩张，进步的和顽固的两派同学大有山雨欲来之势。当时国文老师李广田和音乐老师瞿亚先各举一盏马灯，历史老师许衍梁在后，他们镇定地回答了来人提的每一个问题，态度平和，说理简明。提问者感到无言以对，竟自撤离了之。来势汹汹的兴师问罪，倒成了一堂抗战形势大课。"

看此场景，当年激烈的斗争形势可见一斑。不过，知识青年不管走阳关道，还是独木桥，只要打鬼子，就是一家人。

## 街头宣传抗日

济南一中在郧县期间，成立了学校引以为豪的"狂飙剧团"。

当年剧团团员王保庸回忆道："我们到了郧县，济南一中的'抗敌救亡工作团'不再工作了。于是，话剧组的同学另行组织了'狂飙剧团'。这个剧团的名字是李广田老师起的，缘于18世纪德国文学革命有个著名的狂飙突进运动。'狂飙剧团'由我们的音乐老师瞿亚先先生担任团长，并由开始的20个人增加到24个人。这时，学校方面每月津贴剧团大洋一元，作为化装费用，从此，我们就可以演出有布景的舞台剧了。"

在此期间，日军遭受了沉重打击，军机被击落24架，这就是武汉空战大捷，郧县大街小巷的报童声嘶力竭地报告了这个好消息。后来，学生们得知，这次空战大捷是苏联志愿空军起了主导作用。这次空战中，日军飞机生还的不过三两架，而苏联志愿空军的损失很小。

1938年10月，经过将近半年的武汉会战以武汉三镇陷落告终。同时也有更坏的消息传来：中国唯一的出海口广州已落入敌手。从此，中国的抗日战争进入了艰苦的相持阶段。

武汉沦陷之后，鬼子兵分两路：一路向南，进攻湖南，主要目标是长沙；一路踏进鄂西，准备北取襄樊（今襄阳市），南下宜昌。均县、郧阳吃紧，学校安全已受到严重威胁，山东的三千师生不得不做出新的转移准备。

1938年11月底，国立湖北中学的三千多名师生正式接到教育部命令，举校迁往四川。于是，挂了半年的"国立湖北中学"的校牌，又黯然摘下。其间，"狂飙剧团"手擎十几面沿途民众赠送的锦旗到达目的地，受到了全校师生的夹道欢迎。

1938年12月，学生们从郧县分期分批出发，以校本部和各分校分别为行动单位。山东省教育厅和校长校务等负责人花费很多心血，在筹划、组织方面做了精细的准备，学校迁川得以成行。12月1日黎明，以济南一中为主体的师生编为第四分校，渡过汉江，离开郧县……

　　师生们多年之后还记得孙东生校长写的一首诗。在诗句的鼓舞下，同学们昂首阔步，踏上了进川征程。这首诗名为《一二一，齐步走》："十二月深夜里别了泰山，十二月深夜里又渡过了汉江。我们三百人一个微笑——对着，凶险的波涛，无情的风霜。十二月深夜里逃出了泰安，十二月深夜里离开了郧阳。我们五千里一个步伐——跋涉，在黑暗里挣扎，向着自由，向着光。"

府学宫又称文庙。因南水北调中线工程搬迁复建的郧县府学宫（朱江2017年2月25日摄于十堰市郧阳区）

府学宫又称文庙。因南水北调中线工程搬迁复建的府学宫（周家山2018年8月6日摄于十堰市郧阳区）

# 武当道人下山救治抗战伤员

中国民间有"十道九医"的说法，武当道士中兼通医药之术者为数众多；武当山中草药资源丰富，素有"天然药库"之称。抗日战争全面爆发后，许多伤病员来到设在武当道观的医院治疗。一些精通医药的道士贡献出自己研制的"灵丹妙药"，用以挽救各个战场抗日将士的健康与生命。

## 部队医院设在道教宫观

抗战期间，均县（今丹江口市）境内设置了很多部队医院。

据1993年8月出版的《丹江口市志》军事卷记载：一五五后方医院于1938年驻均县城内城隍庙，1942年撤离。同一时期，六十四军野战医院驻均县城内。1940年，第五战区荣誉军人管理处驻县城南关街，1941年撤离。1942年10月，国民党七十二军野战医院迁驻县境土桥枣园，有医护人员180余人，病床300余张，1946年迁移。1943年1月，军政部第七十三陆军医院由房县迁入县城关北门街。同年，第五战区413人驻器川七里屯。

史志中记载的这些都是军级以上部队的医院。据萧子云、王璘之等亲历者回忆，设在均县境内的还有师、团级的卫生所、室、队等十多家医疗机构。

这些医疗机构不少是直接设在道教宫观内，如均县城内的城隍庙、酒仙庙以及城外的火星庙、三元宫、冲虚庵和晋府庵等处。

武当山冲虚庵（朱江2015年8月1日摄）

1938年冬天，第五战区荣誉军人管理处进驻均县县城内的南关街，它是战区伤病官兵收容、医疗的管理监督机构，黄剑鸣为中将处长，韦韬为少将副处长。下设前线救护队、后方医院、陆军医院、残废军人教养院。这些医疗机构以均县为起点，沿汉江上游两岸的郧县、白河、安康分布，并有国际红十字巡回医疗队协助治疗。

1942年，第五战区设立卫生人员训练第三分所，属于第五战区司令长官部的下属培训军医的机构，驻在均县土桥的道观内，后在道观外盖了学员宿舍数十间。该卫生训练所有军官80人、医生50人左右、学员400余人，每期训练1年。许多医生是齐鲁医科大学的毕业生，医术高明的医生不仅为学员讲课，还给驻地群众治病，医院有X光机、盘尼西林（青霉素）、磺胺剂等先进器械和药品……

## 武当道医道药救治伤员

抗战时期，由于日伪封锁，医药奇缺，武当道医道药在救治伤病员时得到了广泛使用。

武当山是著名的世界文化遗产，也是举世闻名的道教圣地和道家修身养性的地方，孕育了博大精深的道教文化，其医药知识、研发的药品至今仍在海内外享有较高的声誉。

在漫长的医疗实践中，武当道医们创立了独特的"四个一疗法"，即是"一炉丹，一双手，一根针，一把草"。一法可以治疗多种病，一种病又可用几个法。它把预防、治疗、康复视为一个整体，总结出了不少治疗疑难杂症和健身益寿的成功经验，又经历代武当道医反复临床应用，不断完善提高。

武当道士罗教培是河南邓州人，生于1904年，从小慕道，熟读四书五经，精通医术。民国初年，他来到武当紫霄宫拜龙门派道士冷合斌为师。1931年，红三军进驻武当山时，他曾同道友水合一精心医治红军伤病员。

抗日战争时期，罗教培和道友们经常下山为抗战伤员治疗。

有一次，七十二军野战医院收治了一名上臂负伤的班长，因长途转运没能及时清理创口，造成严重腐烂流脓，伤员高烧不退，痛苦不堪。此时，日寇进攻猛烈，麻醉、消炎等药品出现严重短缺，医生一时束手无策。罗教培得知消息，自告奋勇前往救治。他先给伤员服用了自己配制的麻醉、镇静药，将匕首火烧消毒后剔除伤口周围的腐肉。接着，他把一个在开水中消过毒的布条用筷子穿过伤口，用手拉着留在伤口内的布条两头儿，像拉锯一样来回拉动，伤口内的火药、烂肉、血脓就被清洗出来了。处理完伤口后，他将一条活鲫鱼洗净捣烂，放入少许冰片和五味子，搅拌后贴敷伤口，包扎完成。经过几次换药处理后，这位班长的伤口逐渐愈合，最后完全复原。

武当道士朱宇亮，1887年出生于湖北随州。幼年时，他家境贫寒，随母兄逃荒到武当山落户。不久，又到太和宫皇经堂学道。据说他是武当名药"八宝紫金锭"秘方的正宗传人。

1941年，第五战区的刘团长因受寒风湿，加之劳累过度，导致腰腿冰凉。病情严重时，他无法站立，痛得夜不能寐，只好从战场下来休养。

朱宇亮用追地风、麻黄、苏叶、蝉蜕等武当中草药，以水煎药、茶成汤，药汤与黄酒同饮。服用5服汤药后，刘团长的腰腿痛病已大为好转。后经朱宇亮用道医道药调理半年，刘团长竟能重返前线。

## 道士搬出道观接待伤病员

1938年以后，随着第五战区司令长官部驻扎鄂西北，武当山的战略地位日渐突出。这一时期，武当道众为支持抗战，积极协助和配合第五战区干部训练团和后来的中央陆军军官学校第八分校培养抗日军事骨干。

抗日部队的医疗机构入驻武当道观后，许多道士搬出道观，腾出庙宇接待伤病员。

紫阳庵的14名坤道，在道长水合一的安排下，为受伤伤员做日常护理工作，每天要为3至5名伤员治疗跌打扭伤。道人们不怕脏不怕累，任劳任怨地在医院服务。一些年轻的乾道也积极参加担架队，运送伤患，参与救护。

1890年，水合一出生于湖北随州，博学多识，精医术，善书法。民国初年，他任区团总，后弃家到武当山学道，拜紫霄宫徐本善为师，为入室弟子。1931年，红三军进驻武当山时，水合一遵师嘱，精心医护红军伤员，待伤愈又将其化装成道人，分三批护送至房县大木厂归队。

抗战时期，有不少参战人员发生磕碰伤，因战时治疗不及时导致感染流脓。特别是在夏秋季节，很长时间都难愈合。水合一自制道药，用土法上马，治愈了很多伤者。

每每遇到磕碰伤的伤者，水合一就取一些槐树枝烧成灰，研成粉末，用香油拌好；再把一节约0.14米长的粗葱白切成两半，用砂锅将一些醋烧开。然后用葱白蘸着烧开的醋洗抹患处，洗完后再抹上香油拌的槐树枝灰末。每天2次，数日即好，很是灵验。

武当道士赵元亮，1909年出生于甘肃河西。他年轻时在北京读书，适逢战乱，遂投笔从戎于西北军吉鸿昌部骑兵团，擅刀术，几次与日军作战，以英勇善战升为排长。吉鸿昌将军遇害后，他投效张自

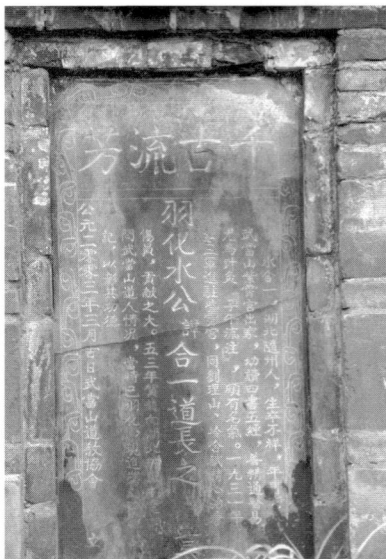

武当道人水合一之墓（朱江2015年4月11日摄于武当山紫霄村）

忠军部，在特务营侦察连任职。1940年5月16日，在湖北宜城南瓜店同日军作战中，右臂被打断，侥幸不死，被送往宜昌治疗。宜昌沦陷后，赵元亮又辗转到郧阳，伤愈后，身已半残。1941年，赵元亮皈依武当龙门。因爱好医术、针灸，数年辛苦，得其师真传。1943年至1944年间，他多次应邀给驻扎在冲虚庵的第八分校医务室学生授课，讲解对日军作战的方法。中华人民共和国成立后，赵元亮广行方便之门，为民治病不收分文，几十年治疗病人数千，名扬武当上下。

## 周咏南用武当道药治愈枪伤

湖南省祁阳县抗日女英雄周咏南，幼年即师从武当道士周举学文习武。周举曾传授给周咏南3个道药秘方：玉荷仙液、生化灵胶、武当万应丸。

据周咏南回忆，用此仙液在战场上救护伤员，有止痛止血奇效。使用时，先将药棉浸满玉液，洗涤伤口，去掉血污，立即止痛止血。然后用纱布浸玉液，敷于伤口上，再用药棉浸饱玉液，放在纱布上，用绷带包扎好。如果玉液被体温蒸发干了，再淋上玉液，以浸湿为度。然后送后方医院治疗。当医生解开绷带检视伤口时，伤口周围的一切组织，都会呈现出新生现象，省去了清洗消毒的麻烦，减轻伤员的痛苦，加速治愈时间。

1943年11月，周咏南在湖南省常德前线与日军作战中，被子弹击中大腿负伤。在医院，她用周举传授的武当道药进行医治，治好了枪伤。伤愈后，周咏南被调到第九战区第129兵站医院担任新闻室少校主任，从事伤兵励志工作。在第129兵站医院，周咏南牢记师傅周举"不为良相，则为良医""学武之人，不懂医道就不会保存自己"的教导，把这3个武当道药秘方告诉了临床医生。他们在医疗实践中运用这些道药秘方，治愈了不少抗日伤病员。

1966年，周咏南在临终之际，想起了这3个武当道药秘方，将其写出来留给了不懂医药的儿子黄天。

20世纪80年代末，黄天将这3个道药秘方贡献出来，交回到了武当山。黄天说："我对草药治病不感兴趣，只是秘而藏之，从没运用过。我不当医生，何用之有？故对此秘方只知其方，不识其药。今奉献给武当山地区从事中草药研究的人们，并以此作为我对周举师祖的纪念。"

中央陆军军官学校第八分校医务室——武当山冲虚庵（朱江2015年8月1日摄）

# 武当小学与儿童剧团

抗战期间，武当山下的均县（今丹江口市）草店镇创建了武当小学，学生们毕业后踊跃参军，奔赴前线抗击日寇。与此同时，二三十名男女学生在这里成立了儿童剧团，经常在草店镇的火星庙古楼上宣传抗日救

长0.699米、宽0.61米的儿童剧团团旗（资料图片）

亡。第五战区司令长官李宗仁亲临现场，观看过整场演出。新中国成立后，当年的儿童剧团团长李华瑛成为中国音乐学院副院长。

## 小学毕业生踊跃参军

武当小学地处武当山下的均县草店镇，于1936年春在均县第三初级小学的基础上创建。取武当胜景之名，故名草店武当小学。

1938年6月的一天，在武当小学的校务日志上，留下了令人难忘的一页。冯玉祥将军的随从秘书、均县人孟宪章，在武当小学激情宣讲台儿庄大捷。当时听众除了两三百名师生外，还有社会青年、学生、各单位公务人员，以及一两百名均县居民。

卢沟桥的抗日烽火在燃烧，祖国在召唤，抗日怒潮席卷全国。地处

穷乡僻壤的山村小镇草店，也不例外。在张树德、王启胤、王衍佑等老师的领导下，武当小学组织了抗日宣传队。宣传队下设歌咏、街头剧、宣讲三个组。参加宣传队的有六年级十六七岁的少年，也有低中年级的儿童，男者较多，女者居少。抗日宣传队还曾一度拿出整个下午的时间突击练习，学演抗日剧，再分别排练街头剧、练习宣讲。他们多次利用星期天或平时下午课余时间，到草店上、下河街及附近农村宣传。

1938年春夏之交，张树德老师曾组织百十名同学长途跋涉到六里坪花栗树，宣传号召民众捐献破铜废铁支援抗战，起到了扩大抗日宣传的影响作用。1938年秋，为了抗击日寇，武当小学的师生纷纷投笔从戎。张树德、王启胤、王衍佑三位老师先后考进庐山特训班、第五战区干训团。

在老师的影响下，1939年底，第一届毕业的学生刘明浦、朱家全、朱道成、朱道政、王玉成、王克，第二届毕业的程兴基、程兴隆、潘泉坤等人，考进了中央陆军军官学校第八分校，成为军事人才。

第三、四、五届毕业的朱道威、林志举、刘明理、周学仁、侯兆群、蒋长荣等人，先后考进第八分校的第18期。1945年，他们均转入西安的第七分校。均县中学、房县六师的在籍学生吴文德、程兴正参加了开赴缅甸的远征军。

在第八分校受训毕业后，学生们直接上前线抗击日寇。其中，刘明浦在随枣战役中，血染疆场。

## 课本系树皮纸张

"热血滔滔，像江里的浪，像海里的涛，常在我的心头翻搅！只因为，耻辱未雪，愤恨难消，四万万同胞啊，洒着你的热血去除强暴。"这首抗战名曲《热血歌》就是武当小学国语教科书里的内容。

武汉沦陷后，成立了新湖北书店鄂北支店，在郧县（今郧阳区）设立印刷厂，印刷包括课本在内的各种书籍。武当小学课本主要沿用商务印书馆编印的版本，部分纸张曾采用郧县、均县一带用树皮造出的纸张。

如今，在武当山特区的藏道堂武当文化民俗馆，展出的11本抗

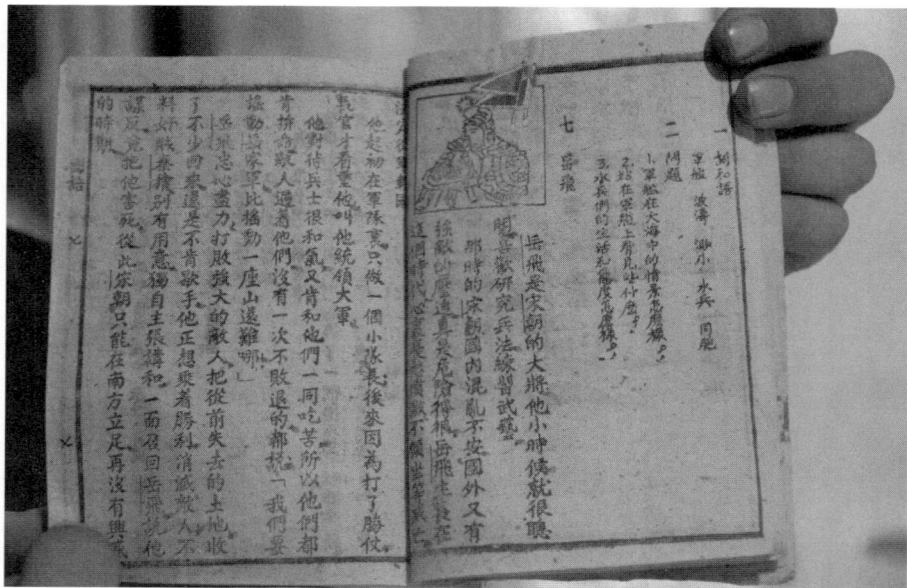

武当小学课本历史教科书讲述岳飞抗金故事（朱江2015年4月18日摄于藏道堂武当文化民俗馆）

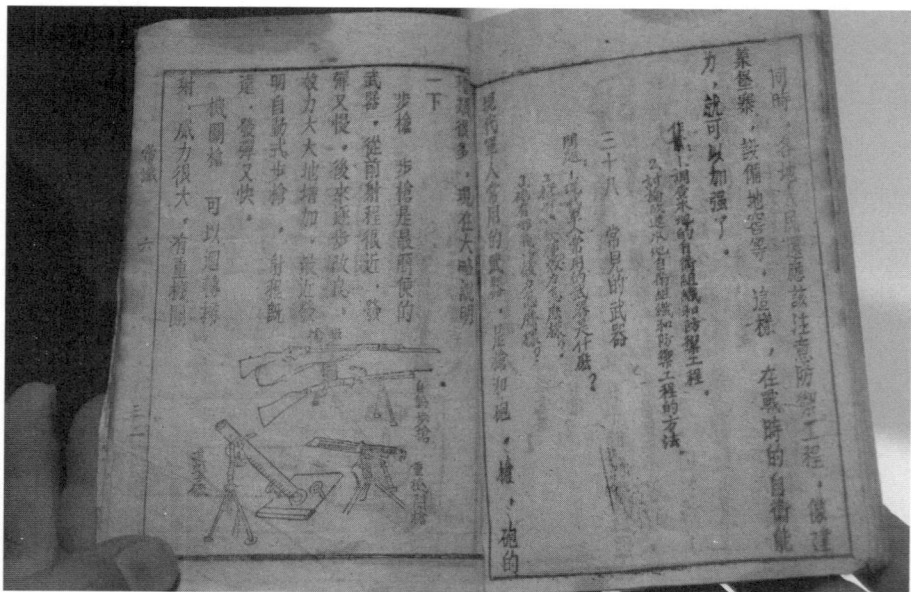

如何使用枪炮杀敌的内容，列入了武当小学课本常识教科书（朱江2015年4月18日摄于藏道堂武当文化民俗馆）

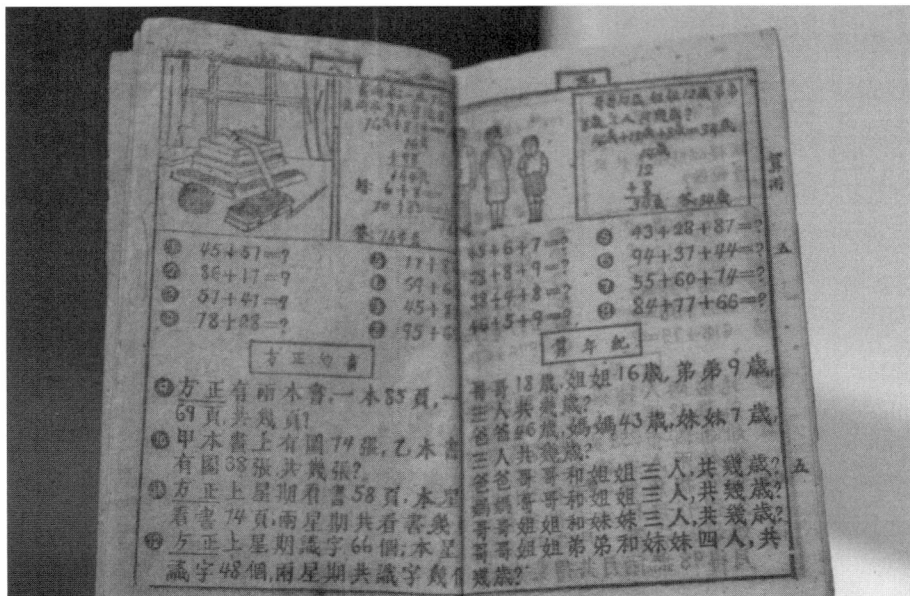

武当小学课本算术教科书（朱江2015年4月18日摄于藏道堂武当文化民俗馆）

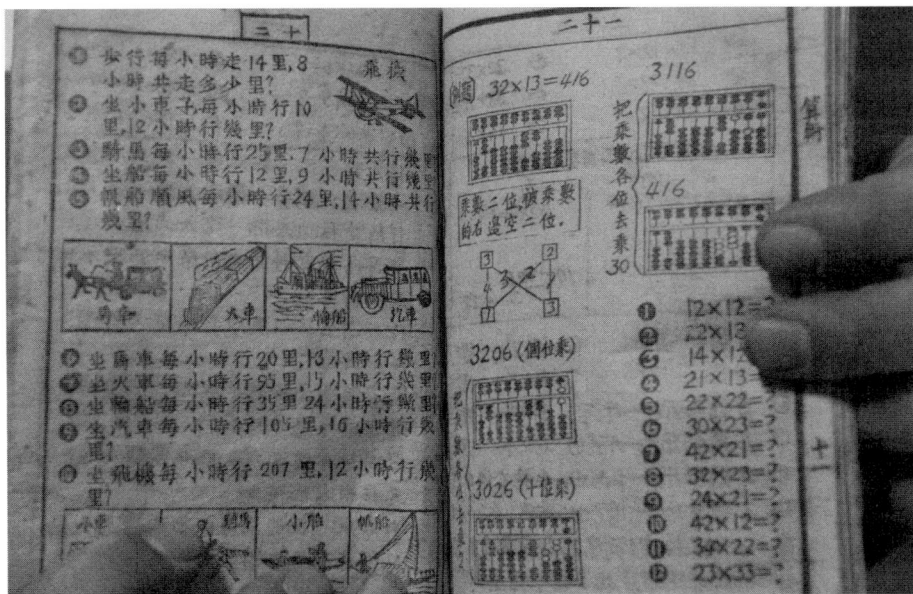

长0.18米、宽0.13米的武当小学课本，其纸张系树皮造（朱江2015年4月18日摄于藏道堂武当文化民俗馆）

武当抗战那些事

战时期的武当小学课本，均系1942年出版。这些课本烙上了鲜明的时代印记。国语教科书主要内容为宣传抗战，设置了诸如致民众的一封信，讲述一个小朋友欲捐出自己的零花钱，以期聚沙成塔能让国家买回飞机大炮，投入到抗战中去等文章；算术教科书为第八册，以乘法教学为主，虽然手绘画比较粗糙，但图文并茂，生动形象；历史教科书讲述的岳飞抗金的英雄故事；常识教科书则介绍了一些生活常识，如何使用枪炮杀敌等内容也列入其中。

这些课本，每本长0.18米、宽0.13米。其中，国语、算术各3本，历史、地理、自然各1本，常识2本。最厚的一本是国语，共计76页；最薄的一本是算术，20页。

据该民俗馆负责人郑艳芳介绍，这11本武当小学课本，是她在丹江口市龙山镇一农户家中发现的。后来，一位在均县上过学的老兵看了这些课本后表示，这就是当时武当小学的课本。

在国语教科书第四课，有一篇题为《一个车夫的死》的文章："痛心的淞沪战事，在'一·二八'的半夜里爆发了。横暴的日军虽然靠着他们精良而充足的武器，向我们的阵地压迫，但忠勇的十九路军并不畏惧，都出了死力和他们周旋。这样一□□□，竟打得他们大败，伤亡颇重，曾一度退入租界。那时，日军因为要运输援军和子弹预备反攻，到处夺我们所有的汽车，并迫令我们的同胞当他们司机。这种可耻而伤心的工作，后来就轮到胡阿毛的身上。那天，阿毛在许多盒子炮监视之下，把满装着日军和军火的一辆运货车沿着黄浦滩开赴前线，他一路沉思着，怎样才得尽他的国民天职，而且是一个最值得的办法。他想了一回，主意已定不由得紧咬着牙关说声'也罢'，便开足速率向外滩斜驶出去。日兵待要喝阻，哪里还来得及。只听得轰的一声，车已沉入河中了。胡阿毛死得胜利了，他用自己的生命换了一车的日军和残杀同胞的军火。"（注：□为辨认不清的字）

## 10岁儿童剧团团长

武汉沦陷前，中共中央长江局和中共湖北省委就先后抽调了不少党员干部来到鄂西北，以多种公开身份开展工作。在第五战区，成立了以钱俊瑞为主任委员的文化工作委员会，下设工作队及许多工作站，开展群众性的抗日救亡活动。草店文化站就是其中之一。

1938年秋，在草店文化站的华绮霞、毛仁邨等人组织引导下，成立了儿童剧团。这个剧团的成员有二三十名7至14岁的男女学生，其中一部分是随父母从全国各地来到草店的，另一部分是第五战区干训团的军人子弟，还有一部分则是草店当地的孩子。

这时，10岁的李华瑛被指定担任儿童剧团团长，当时她是随父母从南京避难来到草店的。副团长则是草店当地一名十二三岁的男孩担任。

儿童剧团成立后，在一些大哥哥、大姐姐的指导帮助下，成员们开始了紧张的排练活动。节目有独唱、合唱、舞蹈、小歌剧、话剧等，经常演出的场地是草店镇上火星庙的古楼上。

一阵锣鼓以后，常常是李华瑛的小妹妹、7岁的李竺瑛表演歌舞开场白《卖花姑娘》。其他成员则依次演唱歌曲《松花江上》《五月的鲜花》《祖国的孩子们》《挖战壕》《打回老家去》《到敌人后方去》；演出话剧《反正》《两兄弟》等。

一次，李华瑛的大妹妹、9岁的李菊琛在舞台上表演话剧《两兄弟》。当演到剧情中小兄弟二人在日本鬼子、汉奸毒打下，不肯屈服的情节时，李华瑛母亲怀抱中的3岁小弟弟李宁琛忽然在台下大声哭叫起来："不许打我姐姐！"由此，足见当时演员在演戏时流露出的真实感情。有时大演员不够，工程段的职工们也被邀请客串日本鬼子、汉奸等角色。

儿童剧团的孩子们白天上课学文化，读的是武当小学课本，课余则认真排练宣传抗日救亡节目。

## 跟党走的剧团团长

儿童剧团每周都要演出几场。每次演出时，台下观众十分踊跃，火星庙的广场上扶老携幼，群情激奋！

在第五战区干训团，儿童剧团也经常去慰问演出，并参加干训团学员毕业典礼联欢活动。联欢会上，他们还曾与干训团学员同台合唱《歌唱八百壮士》《毕业歌》等曲目。当时，第五战区司令长官李宗仁常来干训团居住，并亲临观看过整场演出。

儿童剧团还曾在大哥哥、大姐姐带领下，步行60里前往均县县城慰问伤病员。当时，李华瑛为伤病员唱过一支歌，歌词大意是："我们已开始流浪，离别了可爱的故乡，不久前我们的歌声，曾飘扬在扬子江上；到如今，浩浩的江水已背负着无数的耻辱和创伤……"一首歌唱完后，台上台下已是泣不成声。

那时候，草店文化站一位名叫陈胜德的大哥哥，还为儿童剧团绘制了一面长0.699米、宽0.61米的团旗。画的是两个孩子手拉手地振臂高歌，旗帜下方是几个日本鬼子狼狈逃窜。这面团旗，由时任草店妇女抗日救亡工作促进会副主任的李华瑛母亲王慧之一直珍藏着。中华人民共和国成立后，这面团旗由王慧之捐赠给湖北省博物馆，并将两件复制品捐赠给了丹江口市。

1939年夏秋之际，国民党破坏了抗日统一战线，大搞反共摩擦，党的力量纷纷撤离草店，儿童剧团的活动随之停滞。李华瑛的家庭当时积极支持并参加了党领导的抗日救亡活动，掩护了党组织撤离，因此受到国民党反动派的注意。不久，她随家人转移到了位于黄龙滩镇的老白公路第三段办事处。

1938年秋至1939年夏秋间，李华瑛在这短暂的时间里懂得了许多道理："只有共产党才能救中国，我的一生一定要跟着共产党！"这个信念，在她幼小的心灵早已深深地扎下了根，这对她一生所走的道路起了决定性的作用。

中华人民共和国成立后，李华瑛先后在苏州人民广播电视台、苏州文联文工团、江苏师范学院、华东师范大学、北京艺术学院、中国音乐学院、中国戏曲学院工作。后来，她担任中国音乐学院副院长。

# 武当山上那些抗日纪念碑刻

  武当山文物部门调查发现，武当山上除红三军司令部、医院、烈士墓碑、革命标语以及太平天国捻军等战斗遗迹之外，还有10余块纪念抗日战争事迹的摩崖碑刻尚鲜为人知。其中特别引人注目的是广西、安徽等省民众慰劳抗日将士"台儿庄大捷、随（县）、枣（阳）会战"的词赋碑刻。在当时，上述之战是牵动亿万民心，惊天地泣鬼神、震撼中外的浴血大战。也是在日魔阴云密布的黑暗中，中国抗战出现的一线新的曙光。

## 李司令长官颂词牌

  李司令长官颂词碑，存放于武当山朝天宫右侧，碑高4.52米、宽1.3米、厚0.3米。碑额篆书阴刻"李司令长官颂词"，六字竖式。碑文为隶书阴刻，共345字。

  碑文：民纪二十六年（1937年）七月七日，芦沟事变，倭寇东侵我国，李公德邻自桂奉召北上，任第五战区司令长官，转战于苏、鲁、皖鄂各省，迭破强敌，功垂宇内。八桂民众，缅怀元戎，为国勤劳，爰派绍耿等，敬献"党国长城"四字锦旗，并赋颂词一首，谨将颂词勒石武当，期与名山共垂不朽云：蠢尔倭寇，突据辽阳。白山黑水，竟沦陬荒。赫赫我公，矢志救亡。焦土抗战，首揭主张。芦沟难作，奉召北行。立振师旅，挞伐跳梁。藩翰重寄，鼎镇徐方。指挥若定，刃发毫铓。军民益奋，国力弥强。台庄一战，我武维扬。襟带江汉，再次荆襄。势成犄角，险设岩疆。乃侦乃诱，寇来洋洋。麾之随枣，网获贪狼。出奇制胜，丑虏莫当。复生李槊，功盖兴唐。中流砥柱，民族之光。完成革命，永固金汤。广西各界慰问出征将士代表团，团长黄绍耿，副团长李先华。团员：陈君威、廖建章、朱荣彬、廖锋萍、周秉干、谭慧君、古材型、李歌坦、蒋作苹、谢文昭、陈□明、唐钊辉、伍克仑敬立。中华民国二十八年（1939年）十一月，第五战区粮食管理处储备科科长石维琼敬隶。

黄绍耿，原系民国时期广西贵县（今贵港市）县长。石维琼，原任1926年8月由柳州官办并公开正式发行的柳江日报社主任，后跟随李宗仁转战南北。该碑为黄绍耿率领广西各界代表团赴武当山慰问第五战区抗日将士时所立。

## 陆军一级上将第五战区司令长官李公宗仁纪念碑

该碑原存于武当山老君堂天师台，后移至太子坡大殿崇台前左侧。碑通高1.96米，宽0.825米，厚0.125米，楷书阴刻，共14行，行满40字，是陈献南率安徽省各界赴鄂慰劳出征将士时所撰立。

碑文：陆军一级上将第五战区司令长官李公宗仁纪念碑。慨自倭奴入寇蹂交中土，东北奥壤坼裂维沦，李公将军德邻默察祸机，经营粤西部，勒教训用备御侮已非一日，迨廿六年秋七月，卢沟桥变□□，中央决定抗战大计，命将出师□征周旋，爰命李公奖率精锐北向专征，陈兵徐、鲁、台（儿）庄（庄）、临沂□□□，酖（丑）转镇荆襄大捷，随枣劲□□风中外□□□苏□□□省凡讬（托）絣襄悉资保郭□南等代表□□□举至鄅（鄸）劳军趋谒行辕献旗（旗）致敬，因思□□□□□雄□鄂北李上将军驻节其间，力图完成抗战大业，功绩行与是山，比隆媲美□□□□□，其盛开祭词以诵也。颂曰：巍峨武当，赐名大岳。玄踞荆襄，日星磅礴。多难国门，式思卫霍。旷代人豪，盛运斯作。桓桓将军，姿禀神智。挺坐桂林，实为国瑞。始经粤西，拔宏郅治。纬武经文，长才小试。时进阳九，倭寇逞兵。毒被八表，窥我神京。爰整精锐，请命北征。誓逐倭虏，尽复名城。师次徐州，钲守关要。敌集大军，分路围绕。公运帷筹，侧击敌寇。奏捷鲁南，重高廊庙。继征襄樊，会战随枣。迭破凶顽，风驰电扫。抚我皖民，功同再造。望展维扬，踏平三岛。为国复仇，聿伸天讨。饮马扶桑，金汤永保。岩峰天柱，武当之柄。高插云霄，万流仰镜。颂我山河，予祝功成。安徽省各界慰劳出征将士代表团团长陈献南、副团长万石钧、团员李雪坦等（以下九人）敬立。第五战区兵站总监部秘书江丰城、万剑民拜书民国三十一年（1942年）孟夏日。（注：□为风化辨认不清的字）

陈献南，安徽泗县人，曾经担任安徽省参议员，1934年任中国国民党安徽省党部驻泗县特派员。

## 第五战区干部训练团武当训练记摩崖石刻

该摩崖石刻位于武当山南岩宫崇福岩上，石刻通高2.4米，宽2.12米，楷书阴刻，共24行，每行30字。

碑文：第五战区干部训练团武当训练记。南阳石匠马篆乾刻。民国二十六年（1937年）七月七日，倭寇袭我平津，继攻上海，吾国为神圣之民族自卫计，八月十三日展开全面抗战，迄今已两易寒暑矣！忠勇军民，前赴后继，与敌相持于黄河、长江、珠江流域间，土地虽陷，精神益振，一心一德，愈战愈强，此其故何耶？曰：非训练之力不及此。昔人以生聚教训，雪耻复仇，吾国之能抗战至今者，庐山创其基，峨眉、珞珈继其后，均收研精蓄锐之功。本战区各军师自徐淮、武汉诸役后，训练补充亟待进行。今年春，军事委员会委员长兼团长蒋公介石、第五战区司令长官兼副团长李公德邻，本建军教战之旨，调命任民长教育，延任各方面才智之士佐其事，集全战区各军师中、下级官佐数千人，于武当山下之周府庵，分期训练，启其智慧，振其精神，教其学术，练其体力，遂次结业，各回其军。未几而随枣会战，歼倭寇于大洪、桐柏间，同学中之战死者甚多，惜未能详其姓氏也。呜呼！明（明）耻教战，求杀敌也。四郊多垒，耻何如之。干团成立，又阅月矣，中央以其尚有所成也，一切规模宜加拓充焉。且为统一全国军事教育计，决议改为"中央陆军军官学校第八分校"。此后，人才荟萃，乐育益宏，名义虽殊，精神不变，行见桓桓多士，具为千城，则抗战建国完成之日，河山无恙，风景依然，岂特吾辈忠忱可告无罪于国人！亦不至遗羞名山，玷辱林壑也。兹以干团行将改校，爰书其事于壁，并附各主干官佐姓名，以为他日战史之考证。空军中将广西绥靖主任公署参谋长兼第五战区干部训练团教训长张任民撰并书。陆军少将教育处长张寿宁、陆军少将办公厅主任梁寿笙，同中将政治部主任韦永成、同少将政治部副主任李冠英、陆军步兵上校总务处长周骢、二等军需正经理科长杨昶昌、二等军需正医务主任刘定汉，同中校秘书万剑民、上校大队长江余生、周仪、张敬，讲师刘汉川、孟宪章，上校军事教官郭慕周、邵士恩、殷志诚、王赫然，上校政治教官刘士随、郝惊涛、许大川、张鸿渐、佟子员等，各官佐二百余人同立。

该碑主要记述了全面抗日战争爆发后，国民党第五战区于1939年秋在武当山周府庵成立干部训练团，后改为中央陆军军官学校第八分校的训练事迹。这些内容也有力证明了日寇侵华罪行。

李宗仁时任国民党第五战区司令，他率领部队经过浴血奋战，在付出了巨大代价的同时重创了日军精锐第五、第十（机械化）师团，共歼敌2万余人，取得了台儿庄大捷。至此，国人一扫那种沉闷悲痛

"名山观止"碑（朱江2017年10月22日摄于武当山朝天宫）

之压抑，举国上下一片欢腾，民心大振。台儿庄大捷后，部队进行休整，根据战事需要，李宗仁将第五战区司令部迁至现湖北襄阳老河口的杨林铺。在老河口期间，著名爱国将领张自忠将军又指挥部队取得了随（县）枣（阳）会战的胜利。由此，爱国将领李宗仁及其部队更为国人所敬仰。在他取得胜利后，全国上下欢欣鼓舞，纷纷贺电，以不同的形式慰问出征将士。

## 名山观止碑

该碑位于武当山朝天宫东侧，碑额篆书阴刻"名山观止"4个大字，右侧楷书阴刻"万剑民、黄远、庄智焕、陈江、马一民仝立"15字。该碑通高4.46米，碑身宽1.12米，厚0.26米。

碑文：民国二十九年五月三日，随外子德邻赴中央军校八分校行开学典礼时，倭寇图扰荆襄，翌日德邻返鄂（酇阳，今老河口市）督师，余慕武当形胜，登武当绝顶而有感乎斯游。李郭德洁题并书。

该碑为李宗仁夫人郭德洁题写。1940年5月3日，在第八分校开学典礼的前夕，李宗仁携夫人郭德洁陪同广西省各界慰问第五战区代表团的全体成员登临武当，并在朝天宫留下了"名山观止"碑。郭德洁原名郭儒仙，德洁是结婚时李宗仁给取的名字。

第八分校共培养了6872名抗日英豪。台儿庄战役的胜利以及武汉保卫战，强有力地打击了日军嚣张的气焰，极大地鼓舞了全国军民的抗战激情。为了颂扬和纪念李宗仁将军的丰功伟绩，广西各界人士组成了慰问团，前往武当山慰问第五战区全体抗日将士，他们在武当山老君堂建造了"德公亭"，篆刻了"陆军一级上将第五战区司令长官李公宗仁纪念碑"，在干训团更名为第八分校后，第五战区长官部官员在武当山南岩宫崇福岩镌刻了《国民党第五战区干部训练团武当训练记》以示纪念。

武当山不仅是第五战区厉兵秣马的抗战基地，还是开展爱国主义教育的重要场所。半个世纪过去了，武当山人民并没有忘记李宗仁将军以及他在抗日战争中所建立的功勋。现在，位于老河口市区的"国民党第五战区长官司令部"旧址也已正式向游客开放，它和武当山所保存的"整军经武"石刻、"中央陆军军官学校第八分校学生总队队部"挂匾以及绵纸油印的《日语教科书》都将是我们缅怀第五战区全体抗日将士的纪念品，同时也是进行爱国主义传统教育的最佳教材。

## 惠及元元碑

该碑存于武当山朝天宫东侧，竖额，正书阴刻。碑通高2.56米，宽0.67米，碑身厚0.14米。碑额楷书阴刻"名山并寿"四字，字下浮雕一寿星端坐正中。

碑文：惠及元元。中央陆军军官学校第八分校主任徐公燕谋莅均三载，恺泽旁流，即武当各宫、庵、观道众及编户之民，莫不沾濡德化，口碑载道。兹徐公荣迁陆军大学研究院，谨勒石纪念，以志不忘。武当全山民众、各宫道众同立。中华民国三十二年（1943年）吉月吉日。

汉江师范学院思想政治理论课部孟宪杰副教授考证发现，"徐公

"惠及元元"碑（朱江2017年10月22日摄于武当山朝天宫）

"整军经武"碑（朱江2018年5月26日摄于武当山太和宫)

燕谋"指的是中央陆军军官学校第八分校主任徐祖诒。徐祖诒，又名徐祖贻，字燕谋，江苏昆山人。

1914年8月，徐祖诒考入保定军官学校第三期炮科。毕业后赴日留学。日本士官学校毕业后又进日本陆军大学深造。学成归国后在张学良手下任职，当过保安司令部的科长、处长等，深受张学良的器重和信任。抗日战争爆发后，徐祖诒出任第五战区参谋长。1938年4月，他协助李宗仁在台儿庄重创日军精锐矶谷师团，取得了震惊中外的台儿庄大捷。

该碑为武当山民众及道众所立。"惠及"，把好处给予某人或某地。"元"通"玄"。"玄"，即神也。而后一个"元"字，则为本原。人的本原是善良的，神只能惠及那些善良的人们。

此外，武当山还有方振武"游天柱峰"、李宗仁"整军经武"等碑刻。

抗日战争中，中国军队血洒疆场，鲜血足以染透青山，浸透江河。中国人民不会忘记这些民族精英，更不会忘记这段悲壮、惨烈的历史。武当，既是中华儿女精神的象征，也为中华儿女立下了不朽的抗日丰碑。

# 抗战中诞生的均县中学校歌

均县县立中学校歌诞生于1946年，从纷飞的抗战烽火岁月，传唱至今。这首校歌，由均县籍最早的中共党员王觉新填词、中央陆军军官学校第八分校音乐教官刘玉汉谱曲，校歌铿锵有力、积极向上，立意深远。既体现了均县的文化内涵，又突出了均县中学学子励精图治、救亡图存的中华民族精神，鼓舞了无数均县中学学子。

## 歌词豪迈曲调明快的校歌

"武当矗矗，汉江淙淙，大泽深山起蛟龙。天柱白云，沧浪绿水，翠柏苍松灵秀钟。十年树木，百年树人，今日弦歌坐春风。十年树木，百年树人，今日弦歌坐春风。抗战建国，时代当前，尝胆卧薪于其中。闻鸡起舞，临流击楫，莘莘学子各争雄。奠定国家，复兴民族，他年世界乐大同。奠定国家，复兴民族，他年世界乐大同。"这是王觉新创作的均县县立中学（丹江口市一中的前身）校歌的歌词，由中央陆军军官学校第八分校音乐教官刘玉汉谱曲，诞生于抗日战争时期的均县（今丹江口市）。

时值山河破碎，国家危亡之际，这首校歌立意深远，既体现了均县文化内涵，又突出了均县中学学子励精图治、救亡图存的中华民族精神。

曲谱的速度比较快，节奏铿锵有力，强弱分明，曲调气势雄浑，表达了积极向上的气概。在反复吟唱中，能够给人以振奋，给人以力

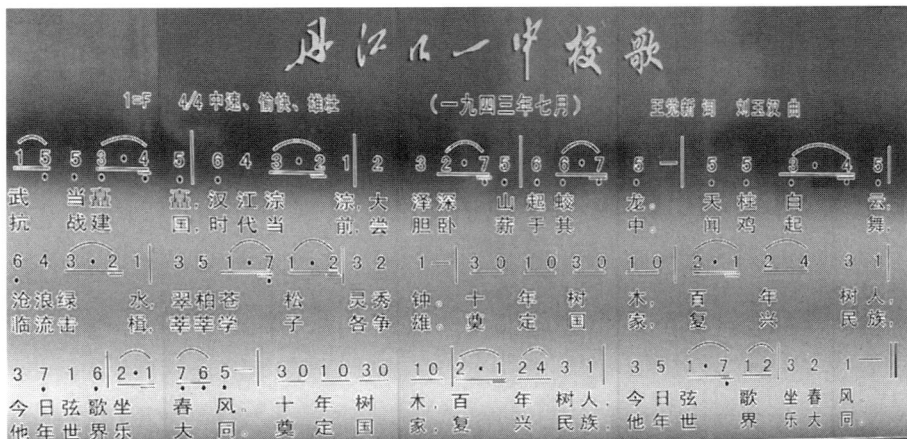

诞生于抗战时期的均县县立中学校歌

量，给人以鼓舞。

正是这首校歌，激励着当时一大批青年学生，在抗日战争、解放战争时期投笔从戎、共赴国难；激励着一批又一批的学子，投身到新中国建设和改革开放的伟大事业中，贡献了青春年华，书写了壮丽人生。如今，丹江口市一中，仍然用这首校歌来激发学子们的爱国情怀，激励学生们胸怀祖国、怀抱理想，为实现民族的伟大复兴，实现中国梦而刻苦学习。

全面抗日战争爆发后，湖北有69.3%的县市沦陷，均县是18个未沦陷的县城之一，成为第五战区的后方基地。

第五战区的后方补给机关兵站、仓库、医院、干部训练团云集均县县城，也是抗战大后方的前沿。李宗仁在与之毗邻的老河口驻守了6年，与日军展开的大小战役不计其数。眼前是繁忙嘈杂的战争，补给车马，轮流替换的伤员新兵，耳边是连绵不绝的炮声，轰炸声。当时的教育经费仅次于军费，国民政府中的有志之士力排众议，坚持在抗战中办学，把教育看作国家长久之计。

1941年7月，均县县立中学成立，由县长叶贺琼兼任校长，全校有500多名学生。那时，能够接受初中教育的，个个是精英。大战当前，国土沦丧，国家需要精兵人才，为此学校从长计议，勉励学子们卧薪尝胆、闻鸡起舞、临流击楫、发愤图强、誓死捍卫国家领土。

## 校歌词作者就是均县人

1902年，王觉新出生于均县城关一户书香世家。1922年，他考入南京国立东南大学教育系，次年任该校马克思主义研究会负责人。在东南大学学习期间，王觉新常在校刊发表文章宣传马克思主义。在《襄军》季刊上，发表有《反对帝国主义万岁》等文章。1923年，20岁的王觉新加入中国共产党。1923年，马克思主义研究会改为南京社会主义青年团，王觉新担任负责人。

1924年，他奉派加入中国国民党，曾任江苏省党部青年部长。1925年，王觉新任南京青年团地委书记。

1927，他受中共派遣到武昌工作，时任武昌第一小学校长。这一年，中国共产党第五次代表大会在武汉召开，王觉新负责保卫工作。第二年，他被派到苏州地区，先后任中共吴县县委书记、苏州特委书记，不久被捕。

在狱中，王觉新忍受种种酷刑，始终保守党的机密，被敌人判处死刑。党组织通过柳亚子、萧萱将王觉新营救出狱。在狱中遭酷刑折磨致残的王觉新，行动不便，失去了与党组织的联系。1936年，他回到家乡均县，任县中学教师，后任校教导主任。

1938年12月，李宗仁委派第五战区文化工作委员孟宪章筹备第五战区干部训练团。很快，选定武当山下的均县草店镇周府庵为训练团团址。1939年底，干部训练团改编为中央陆军军官学校第八分校。

1943年7月，王觉新创作了著名的均县县立中学校歌。1955年病退，1971年病逝。

## 音乐教官鼓舞抗日斗志

刘玉汉，1940年来到第五战区干部训练团所在的草店镇周府庵，担任第八分校的音乐教官，曾亲自指挥3000学生军官大合唱，以欢迎李宗仁到分校视察。

1941年，他受聘均县县立中学担任训育主任，并于1943年7月为均县县立中学校歌谱曲。当时，全国抗战处于战略相持的关键时期，国共两党第二次合作，在全国的各战场，都给日本侵略者以沉重的打击。

沉潜于均县县立中学的中共早期党员王觉新，面对国家的危难局面，面对当时均县共产党人的危险处境，没有退却，没有回避，积极主动地参与和领导学校的生存和发展，加强对学生们的教育。

国家振兴要靠国力，国力强盛要靠教育，唯有加强自我修养，学得硬本领，方可挽救国家，复兴民族。

任何一个人，一个政党，一个民族，唯有强大，才不会遭到屈辱，才不会被打败。基于此，他创作出了具有强烈时代意义的歌词，激励学子刻苦攻读，立志民族的复兴。

活跃在第八分校的音乐教官刘玉汉，用歌声鼓舞军校军官和学员们的抗日斗志。王觉新和刘玉汉二人，在均县这块抗战的热土上，为人民、为历史、为均县县立中学师生创作出了自己的校歌。

校歌诞生之际，均县500名青年响应号召参加了奔赴缅甸的远征军，行前集结校园，高唱校歌，慷慨激昂，气壮山河。

## 校歌歌词彰显民族气魄

均县中学的校歌号召学生"抗战建国，时代当前，尝胆卧薪于其中"，"奠定国家，复兴民族，他年世界乐大同"。可见，校歌歌词彰显民族气魄。

歌词要求学生"闻鸡起舞，临流击楫，莘莘学子各争雄"，慷慨豪迈、催人奋进。

校歌的词作者王觉新深深地爱着祖国，深深地眷恋着自己的家乡。"武当蠢蠢，汉江淙淙，大泽深山起蛟龙。"鄂西北是人类发源地之一，是楚国最初的国都丹阳所在地，汉江环绕均县武当，山环水抱必有气，这里是风水宝地。武当山一柱擎天，汉江沧浪绿水，很自然地被作者写入歌中，把历史文化景点和文脉渊源全写进去了，具有浓郁的地方文化特色。

这首校歌是丹江口市一中的"立校之本"。2015年7月，正值丹江口市一中纪念校歌诞生72周年。该校要求，学子入学必学校歌，每周升旗必唱校歌，大型集会活动必唱校歌。

"十年树木，百年树人，今日弦歌坐春风。"在这清明的时代，在这和谐的社会，丹江口市一中发扬校歌精神，以人为本，以德育为首，和谐育人，全面发展，以先贤达人为榜样；以王觉新为代表的老一代教师为楷模，刚直进取，清廉自守，积极向上，奋进有为，为民族振兴尽绵薄之力，为社会进步贡献青春。

# 抗日女英雄斩杀5名日寇

在抗日战争最残酷的时候，巾帼英雄周咏南毅然投笔从戎，抵御外辱。她与日军展开白刃战，接连斩杀5名日寇的传奇事迹，当时就已见诸报端，轰动一时。但她从小师从武当道士，树立佐国扶命理念，学文习武的故事却鲜为人知……

## 湖南母子报考军校抗战

1900年，周咏南生于湖南省祁阳县。全面抗日战争爆发前，她是祁阳县白地市中心小学教员。1938年冬，周咏南带领儿子黄天一同报考黄埔军校。报名时，衡阳招生处负责人田指导员对她说："你已经39岁了，超龄太多，不能报考。"

这时，周咏南含着热泪请求道："天下兴亡，匹夫有责！我是教员，更应以身作则。我们母子决心以身许国，您难道忍心拒我们于报国门外吗？"田指导员深受感动，破例同意他们母子报考。

经考试合格，周咏南与儿子黄天同时被录取为黄埔军校第16期学员。当时的《救国日报》以《母子从军抗日》为题，报道了周咏南、黄天寡母孤儿的雄心壮举，号召全国人民向他们学习。

1940年元月，周咏南与儿子一起毕业。在毕业典礼上，母子俩得到的嘉奖令是："母子从军同学，共赴国难，凤世楷模，殊堪嘉奖。"

毕业后，周咏南被分配在第九战区第五十三军任政治部中尉干事，部队驻守在湖南省常德市津市前线；儿子黄天则被分配在第六战区，驻守在湖北省恩施。不久，周咏南主动要求下连队，上战场，接受血与火的洗礼。经军部同意，她把随军家属组织起来，并收留流亡女青年，组成直属军部的女兵连。

1943年1月，五十三军批准周咏南担任女兵连上尉连长。同年5月，周咏南所在部队在常德市白羊堤一线与日军鏖战，日军始终未能突破津市防守线。11月1日，日军主力部队第一一六师团从40公里外的藕池向津市扑来，企图将参战的中国军队歼灭。战斗间隙，周咏南给儿子写信说："尔我母子，既以身许国，勿以安危系念。母如马革裹尸，志所愿也，希继承吾保国之志，激励士卒奋勇杀敌，是所愿也。"

## 巾帼英雄连杀5名日寇

1943年11月8日，日军突破白羊堤防线，直逼中、小渡口，企图强渡澧水，直取津市。当此危急之际，防守中渡口阵地的女兵连在周咏南的带领下，冒着日机的轰炸，打退了敌人一次又一次的猛烈进攻。战斗中，女兵连与日寇短兵相接，展开了面对面的近身肉搏。周咏南身先士卒，冲锋在前，凭着自幼练就的出色武功，她连杀包括中队长松木在内的5名日寇。

后来，周咏南被子弹击中大腿，倒在血泊中，但她强忍剧痛，指挥女兵继续抗击进攻之敌。战友们将她救出阵地，送到一二九兵站医院治疗。伤愈出院后，周咏南因有战功，被调到一二九兵站医院，担任新闻室少校主任，从事伤兵的励志工作。

在民族存亡的危难时刻，周咏南毅然投笔从戎，抵御外辱。在与日军展开的白刃战中，她能够接连斩杀5名日寇，得益于幼年时受到武当道士周举的悉心教育和训练。

周举是均县（今丹江口市）三官殿人，约出生于1865年，武当道士。

1904年春，周咏南的父亲、秀才周鹿卿到汉口宦游。因为仰慕武当道教圣地，周鹿卿接受了友人的邀请，前来武当山朝圣。

在武当山，周鹿卿与武当道士周举相遇后，便开口询问周举的仙方道号。周举没有直接正面回答，而是念出一首诗：此身原是武当仙，贬谪尘寰不计年；金顶烟霞应识我，云峰七二有前缘。

周鹿卿奇其人，惊其语，遂邀饮攀谈。交谈中，周鹿卿惊叹其博学多才，谈吐不凡，有了相见恨晚之感。周鹿卿虽系秀才，却偏爱武术。当他问起周举练武之法时，周举侃侃而谈，深奥莫测。他听后佩服得五体投地，遂结为知己，并邀周举云游潇湘，周举满口答应。

## 5岁拜师武当道士习武

1904年秋，周举来到湖南祁阳县，居住在周鹿卿家。

周鹿卿共育有7子1女，这个女儿就是周咏南，时年仅4岁，很受父母的宠爱。第二年，周鹿卿请周举教7个儿子习练武当武术。周举盛情难却，只好应允设馆授徒。5岁的周咏南也闹着要跟哥哥们一起学武，其父拗不过她。

这时，周举审视良久，说她资质很好，可以试学。周咏南高兴地跳了起来，立即当着父母的面向周举叩头，口称师父，成了周举的女徒弟。

起初，周举是在周鹿卿家里设馆教武。后来，他嫌人多眼杂，又怕周家爱女护犊以致半途而废，提出要另觅场地。

周鹿卿便在离家两里远的山冲——其子庵为其设馆。新馆建立后，除周家的7个儿子外，还吸收了周鹿卿好友的子弟，但女性只有周咏南一个人。

周举规定，每逢单日学文，每逢双日学武，文武并重。学文时，允许徒弟回家拿钱取物，也允许家长探视子女；练武时，不允许徒弟回家，也不允许任何人窥视，闭门谢客。尤其是每天拂晓前的练功，更不得缺课。

在教学和生活中，周举非常疼爱周咏南，把她当作自己的女儿一般。晚上，周举要她睡在自己的脚头，不允许她回家住宿。白天则悉心训练，严格要求。

周咏南天资聪颖，学习刻苦，无论是文化知识还是武术技能，她总是一学就会。一年以后，她的知识和功夫就超过了诸位师兄。

习武期间，周举还时常向周鹿卿、周咏南父女宣传道教佐国扶命的理念。他引古证今，讲述了很多巾帼英雄显亲扬名，杀敌报国的故事，并介绍了道教对赖以生存的国土的热爱、以道用世的思想。周举说，大道流行的时候，普天之下的人们都应该奉行孝心、尽忠报国。

## 擂台赛击败十几个对手

周咏南11岁那年，已长得亭亭玉立，武功也有了长足的进展。

此时，正是清王朝灭亡的前夜，周举似乎预知到什么，执意向周鹿卿提出辞馆，要回武当山。经周鹿卿再三挽留，他才同意留下。

随后，当地人们在祁东县熊罴岭十里尖建起了云仙观，并请了两个香火工服侍周举。

武当道士周举和云仙观一时名声大噪，善男信女每日前来烧香祈福者不绝于途，云仙观成为祁阳当时香火最为盛旺的道观。

十几年后，周举突然不知所踪，而云仙观犹存，1958年大炼钢铁时被拆毁。

周举的武功"以柔克刚"，"借彼之力，攻彼之身"。民国时期，祁阳县建立国术馆，馆长桂丹就是周举的徒弟，人们称其功夫"了不得"。

那时，祁阳县留日学生谢凌回到家乡，办了所祁阳女子小学，教文练武。周举支持周咏南前去学习。

周咏南长到15岁时，祁阳县女子小学举行首届毕业典礼时，为了体现妇女能文能武的风貌，学校决定举行擂台赛。有人在校门口贴了副讽刺对联：毕竟不是英秀，说什希圣希圣，只懂得这多学问；业已成为女子，任凭能文能武，难保全那点东西。

看到这副对联的周咏南，灵机一动，改了一下，反其意而成为一副新联：毕竟是巾帼英雄，志在希圣希圣，已懂得救国学问；业已成女中豪杰，确实能文能武，要消灭封建东西。

周咏南晚年照片，摄于20世纪60年代（资料图片）

这样的回击，引起了人们的骚动，也使得妇女们扬眉吐气。

擂台赛开始后，周咏南一连击败了十几个对手。后来一个富绅的保家镖客上台比试，那镖客五大三粗，是刚强猛汉，人们无不为周咏南担心。几个回合之后，周咏南运用"借彼之力，攻彼之身"的绝招，一下把那大汉打下擂台。这消息不胫而走，轰动了当时的祁阳县城。

## 寄信儿子劝其选择光明

1945年日本投降后，周咏南认为报国之志已偿，便毅然退伍。同年10月，受校长张雨生的聘请，仍执教于白地市中心小学。有人说她"蠢"，但周咏南却怡然自得。

周咏南的儿子黄天，1920年出生。1938年，黄天参加国民革命军，在湖北等地与日寇作战，屡立战功，由普通士兵升为少校营长。

1946年，蒋介石发动全面内战后，黄天在六十六军一八五师五五四团任代营长，在武当山地区"进剿"人民解放军陈少敏等部一年多时间。

黄天对武当山有着深厚的感情，写下了十多首与武当有关的诗歌。其中一首是："皎皎武当月，见证昔日情。日中初罢战，国共又交兵。'进剿'鄂西北，苦磨蒋宋军。挥笔记往事，余悸心怦怦。"

还有一首是："静夜月当头，把酒愁更愁。望明月百感悠悠，自觉人生如噩梦。多少事，愧而羞。战争谱春秋，圣地武装游。曾立志砥柱中流，可惜名山不助我。致尸骨，委荒丘。"

黄天在武当山地区期间，周咏南带着儿媳妇和孙子赶到湖北省广水县，向五五四团马胡之团长哭诉守节抚孤的痛苦经历，马团长深受感动，令黄天送母亲回家。黄天将母亲和妻子送到汉口后，抛弃家人，执意到台湾参加了国民党青年军二〇五师，任该师作战科长。

回到家乡的周咏南时常给黄天写信，要他认清形势，选择光明道路。

1948年冬，青年军二〇五师奉调守卫北京；1949年元月，黄天随部队起义并参加了人民解放军，实现了周咏南反对内战的心愿。1952年，黄天从部队转业回乡，在湖南省祁阳县水电局任工程师。退休后，他担任祁阳县黄埔军校同学会会长、湖南省中山外语学院董事。

黄天照片，摄于1979年（资料图片）

1990年11月，黄天撰写了回忆武当道士周举的文章《周举其人》，文中讲述了母亲周咏南鲜为人知的从小师从武当道士故事。2000年，黄天去世，享年80岁。其母周咏南去世于1966年，享年66岁。

# 武当山居民，自办抗日战争文物展

　　2015年是中国人民抗日战争暨世界反法西斯战争胜利70周年。在这样一场重大的纪念活动中，当然少不了民间藏家的身影。他们纷纷出动，献宝贝，办展览，民间收藏的高水平由此可见一斑。武当山居民郑艳芳致力于武当山地域特色藏品的收集，她在武当山特区创办的"藏道堂武当文化民俗馆"数十年来共收集各类藏品3万件。在中国人民抗日战争暨世界反法西斯战争胜利70周年之际，郑艳芳从自己的400多件抗战藏品中精选出百余件武当山地区抗战时期的文物，办起了抗日战争文物展，并免费对市民开放。

## "义冠千古"牌匾

　　匾文"义冠千古"多用于关帝庙，蕴意是义气冠绝千古。

　　藏道堂武当文化民俗馆展出的这块匾文为"义冠千古"的木质横匾长2.07米、宽0.67米，上款为第五战区司令长官李宗仁、下款为徐忠立，民国三十年（1941年）冬月吉旦。

　　在抗日战争期间，全国先后设立了12个战区，第五战区是当时作战范围最广、作战次数最多、对日战果最好的一个战区。1938年春，第五战区所属部队在台儿庄重创日本侵略军后，部队即向豫、鄂西部地区转移，终于在1938年秋到达襄樊。当时均县武当山是防御作战的腹地，均县北隔汉水与河南毗连，西通陕西、四川，武当山为天然屏障，易守难攻，战略位置尤为重要。

"义冠千古"木质牌匾（朱江　摄）

第五战区司令长官李宗仁积极响应抗日民族统一战线政策，司令部移至鄂北重镇老河口之后，李宗仁在此指挥抗战达6年之久。1939年秋到1944年冬，日军为了入川，频繁地向第五战区进攻。其间，日军直接针对第五战区的兵力曾达11个师团20余万日军。面对装备精良的日军进攻，李宗仁在老河口沉着应战指挥第五战区十几万官兵英勇反击，多次打退日军进攻。

李宗仁在抗战时期驻地为老河口，距均县不远。李宗仁部队军纪严明，与老百姓关系较好。他曾亲自处理几次军队扰民事件，多次到均县和武当山视察，在均县民众中享有很高的威望。

抗日战争最艰苦的时候，均县人徐忠用"义冠千古"这块匾向李宗仁表达了敬意，这是对一位将军最高的褒扬。

据了解，这块牌匾是藏道堂武当文化民俗馆创办者郑艳芳在丹江口市龙山镇发现的。2012年南水北调移民搬迁，郑艳芳听说该镇有家农户拆房时，在夹层中发现一块有字的木板。她跑去一看，这块大匾满满一层灰，依稀可以辨认"义冠千古"四个大字，旁边的小字却模糊不清。郑艳芳连忙买下，回家清理后发现除描金已经褪色外，其他保存完好，字迹清晰，上下款清楚。

据已故的武当文史专家张华鹏生前推断，立匾人徐忠应为均县原八大家族中徐氏家族中的一人。具体是谁？此匾当时挂在何处？还有待进一步考证。

## 罕见的抗日大刀

在藏道堂武当文化民俗馆的展示大厅里，有两把抗日大刀格外引人注目。

这两把抗日大刀，其中一把长0.87米，另一把长0.86米，刀柄都长约0.25米，便于双手持握。刀柄上方有不规则S形刀挡，刀尾有一个圆环。

该民俗馆还展出了一把长0.5米的日军三八式刺刀。其刀身上有血槽，配有刀鞘，手柄处有卡槽，可装在步枪上。侵华日军所使用的步枪均配备这种刺刀，对我国军民造成了极大伤亡。而这种刺刀及配用的三八式步枪也是我国军民缴获最多的枪械。日军三八式刺刀曾沾满了中国人民的鲜血，是中华民族备受侵略、屈辱的象征。这把刺刀收购于当地一家废品收购站。

展出的一把驳壳枪，也是在当地一家废品收购站收购的。这把长0.23米的驳壳枪，通体呈铁锈色，枪筒扳机都已锈死，枪下方的木柄已脱落。虽然已失去实用功能，却是武当山抗日时期的历史见证。驳壳枪又称盒子炮，因其火力猛，可以连射等特点在抗战中深受中国军民

郑艳芳展示抗日大刀

青睐，是抗日战争中应用最广泛的枪械。

据郑艳芳介绍，这些抗战武器都是在武当山周边地区收集的。抗战大刀在当地民间遗留很多，她先后在各个村庄收购类似抗日大刀20多把。据武当山一位老铁匠回忆，这种大刀一般都是本地铁匠按照形状打制的，有的刀还会在刀口处包一层钢，以提高锋利程度。

## 抗战油桶可装20升燃油

该民俗馆展出的一个抗日战争时期美国支援中国的油桶，从外文标识和形制上分析，这个油桶是德国制造的，应属美军缴获德军的战利品。

这个油桶高0.47米、宽0.35米、厚0.16米，油桶表面带有X形的冲压槽，油桶上的外文字标识为：20升燃油桶、严禁明火，以及制造年份1944。

抗战时期，老白公路是连接陕西和四川等大后方的生命线，运送物质的车队往来不息。1945年，第五战区司令部驻扎草店镇时，还曾在草店河滩上修筑简易机场，经常起降小型飞机。保障这些抗战行动，显然少不了燃油这种重要的战略物资。抗战中后期，美国曾向中

在武当山遇真宫村农户家中收集到的"抗战油桶"

国提供了包括燃油在内的大量战略物资，为了便于携带，燃油多用这种20升的油桶封装。

据郑艳芳介绍，这个油桶是她多年前在武当山遇真宫村一家农户收集的。据该农户讲，其爷爷曾在抗战时期为军队运送粮食，抗战胜利后带回此油桶。

## 存世不多的《阵中日报》

抗战期间，第五战区主办的《阵中日报》在老河口编印发行达6年之久，为宣传同仇敌忾的战斗精神和不怕牺牲的英雄气概、激励广大国民的抗日斗志，起到了积极的独到的作用。

藏道堂武当文化民俗馆收藏展出的一份长0.55米、宽0.38米《阵中日报》，报头由李宗仁题写，出版日期是民国三十三年（1944年）十二月九日，刊登了大量抗日新闻。既有"国内湘鄂战况益烈，我与敌往返冲杀互有进退"等战况，也有国际新闻"苏联收复基辅以庆祝国庆"和"南太平洋美海陆军轰炸拉布尔港"等。

据郑艳芳介绍，这份报纸是从丹江口一位老人手中购得的。郑艳芳很早就得知其有这份报纸。数年来多次登门想收购，但老人惜若珍宝，不肯出售。在郑艳芳筹备民俗馆时，向老人说明购买后将在馆内作为武当抗日展览系列重要藏品永久展出。老人终于答应，转让了这份珍贵的报纸。

《阵中日报》为四开四版报纸，中华邮政登记证号为第二类第二种新闻纸类，主要发行到五战区机关、所属部队、防区等，份数在2000到3000份之间。一版为国内新闻，二版为国际新闻，三版是国内通讯，刊发世界各地新闻社所发稿件，四版为副刊。整个报纸版面新颖活泼，内容翔实，文章短小精悍，通俗易懂。

《阵中日报》大量刊登了光河（光化县、老河口）各界积极参与第五战区抗日活动的动态消息。包括胡绳、老舍、臧克家、碧野、姚雪垠等30名作家、进步人士担任特约撰述。

武当山是第五战区重要的后方基地。抗战期间，《阵中日报》曾

藏道堂武当文化民俗馆收藏展出了一份珍贵的《阵中日报》（报头）

在武当山地区发行。由于战乱、日机的狂轰滥炸、工作生活极不稳定等诸多方面的原因，《阵中日报》存世的不多。总共编印了多少期？现存于世的有多少？编辑队伍有哪些？还有未解之谜有待探讨研究。

## 11本"武当小学课本"

抗日战争时期，第五战区在武当山下的均县草店镇设立有武当小学，开设常识、算术、历史、地理、自然等课程，有很多学生毕业后，直接升入陆军军官学校第八分校，成为军事人才。

武汉沦陷后，成立了新湖北书店鄂北支店，在郧阳设立印刷厂，印刷包括课本在内的各种书籍，以满足抗战的宣传和培养人才方面的需要。由于人力物力有限，条件极为艰苦，小学课本主要沿用商务印书馆编印的版本，部分纸张曾采用了郧阳、均县一带用树皮造出的纸张。

藏道堂武当文化民俗馆收藏展出的抗战时期武当小学课本，系民国三十一年(1942年)出版，共11本，每本长0.18米、宽0.13米。其中，

11本"武当小学课本"

国语、算术各3本，历史、地理、自然各1本，常识2本。最厚的一本是国语，共计76页；最薄的一本是算术，有20页。武当小学课本均为新湖北书店鄂北支店出版。

郑艳芳介绍说，这11本武当小学课本，是南水北调移民搬迁期间，她在丹江口市龙山镇一家农户中发现的。

一位在均县上过学的老兵看过这些课本后表示，这就是当时武当小学的课本。

## "三民主义"鞋拔和"航空救国"鞋拔

武当山藏道堂民俗馆展出的"三民主义"鞋拔和"航空救国"鞋拔，长13厘米、宽4厘米，铜质，表面镀银。"三民主义"鞋拔上面雕刻有"中央三民主义"字样，下面雕刻有军人图像。

航空救国鞋拔上面雕刻有中央航空救国字样，下面雕刻一架飞机正在飞行。

鞋拔是穿皮鞋时一种辅助工具，一般以铜制成。抗日时期，均县（今丹江口市）驻有数万抗日部队。其中，军官所穿制式皮鞋需要用到鞋拔。抗日时期制作的很多用品都有抗战口号，体现了当时全民抗战的决心。

"三民主义"是孙中山先生提出的革命主张。最初为"民族、民权、民生"。1924年，孙中山先生提出的"新三民主义"成为第一次国共合作的基础。

"航空救国"是抗日时期有着广泛影响和具体行动目标的救国主张，并在取得抗战胜利的斗争中发挥了巨大的作用。抗战开

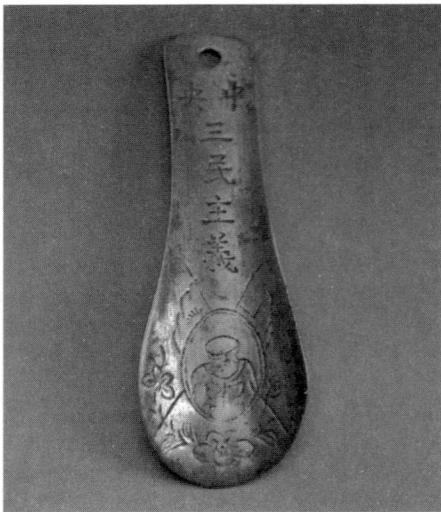

"三民主义"鞋拔

始后，面对日机的狂轰滥炸，在政府的大力提倡和支持下，各地民众纷纷捐款购机。1942年，竹山县为响应国家关于一县购买一架飞机支援抗战的号召，全县募捐近30万大洋，上缴购买飞机，为战胜日本帝国主义作出了贡献。

## 空军降落伞滑轮

展馆展出的军用滑轮长0.09米、宽0.04米、厚0.024米，为纯铜制成。

抗战时期物资紧缺，优质钢材极为缺乏，很多重要的军用设备都是用铜制作。

1945年，第五战区司令部曾迁到武当山下的均县草店镇，曾在地势平坦的草店河滩上平整土地，修建简易机场，起降小型飞机。

空军降落伞滑轮

## 四万万同胞抗战铜墨盒

四万万同胞抗战铜墨盒

长0.063米、宽0.063米、厚0.023米的抗战铜墨盒，刻有"四万万同胞抗战""蒋中正"字样。

抗战前夕，官方对全国人口的统计为4亿人，也就是四万万人。四万万同胞抗战，是当时流行非常广的口号，用以号召全国各族人民团结起来，共同抵抗日本帝国主义的侵略。

## 中国童子军腰带扣

展品中的一块长0.085米、宽0.05米的中国童子军腰带扣，系铜铸。腰带扣上面有"中国童子军"五个字、下面三个字是"勇仁智"。中国童子军是国民政府对少年儿童进行社会军事教育的组织，是国民革命军的助手和后备军。

中国童子军腰带扣

## 抗战铜哨子

展出的长约 0.08米的抗战铜哨子保存较好，还可以吹出声音。抗日战争爆发后，许多童子军激于民族义愤，积极参加抗战。他们组织战

抗战军哨

时服务团，吹着铜哨子担任救护、宣传、慰劳、募捐、运输、通信和维持治安等工作。

## 第五战区干部训练团纪念章

展出的一枚"第五战区干部训练团纪念章"为圆形襟章，正面主要由文字、头像组成，突出主题，艺术感较强；纪念章背面为素面，主要由文字组成。

藏道堂武当文化民俗馆珍藏的第五战区干部训练团纪念章（背面）

# 抗战文物，散落民间的武当铁血记忆

　　在2015年中国人民抗日战争暨世界反法西斯战争胜利70周年之际，武当山居民郑艳芳办起抗日战争文物展，与此同时，丹江口市沧浪文化研究会常务副会长、郧阳师专（现为汉江师范学院）客座教授王永国也公开了他收藏的两份日本侵华时的文书史料：日本帝国主义在山西开办太原缝纫厂的一份"开办费估计数目表"、汪伪政府在武汉发行的证券军票。这些抗战时期的文物，形象、直接、真实地将参观者带回到那一段中国人民永远不会忘记的历史。

## 金融侵略的缝纫厂预算表

　　"开办费估计数目表"也就是日本帝国主义在山西开办太原缝纫厂的开办预算表。这页表格纸是日本陆军于昭和十三年（1938年）三月在"日本东京博进社"专门印制的"日本标准规格B-4"公文纸，尺幅：0.366米×0.258米的竖排文稿纸（正反面一样）。一面横排写着"太原缝纫厂截至八月底，实支开办费明细表"，右边是"稿文书组存"；另一面则是"九月份应需开办费估计数目表"，右边边框处也有"稿文书组存"。

　　这份开办预算表有建筑类5项、修理类5项、设置类4项，有小计、总计等内容。丹江口市沧浪文化研究会常务副会长、郧阳师专客座教授王永国通过研究发现，该预算表传递的信息是：太原缝纫厂是日资企业，即日本军队办的企业，或日伪企业，至少在昭和十三年开办。

武当抗战那些事

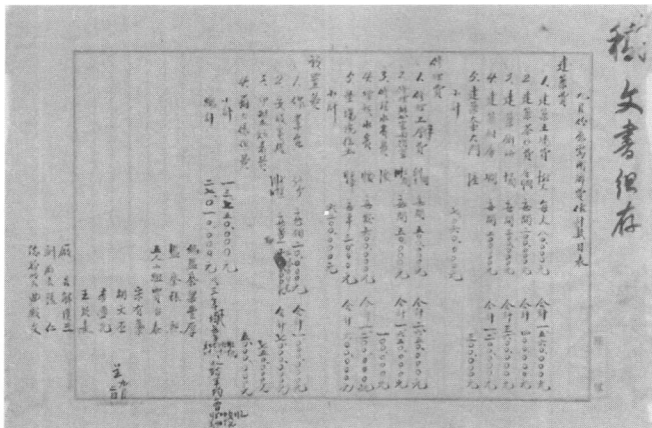

日本帝国主义在山西开办太原缝纫厂的一份"开办费估计数目表"（资料图片）

因为，办公用纸都是日本陆军从日本东京印制的；该企业管理很严格，因为每月的计划预算和实支都很认真、严格，九月份结算表最后签字的竟有总监察、监察、五人小组、厂长、副厂长、总务股长等10人，多且全；用中文书写，计量数字两种，一种为小写中国数字，一种为中国商用数字；该厂与阎锡山关系密切。相关资料显示，太原缝纫厂厂长解汉三与山西国民党军阀阎锡山关系密切并多次来往，为其部队制作军服，为山西太原警察局做军服等。

## 汪伪政府证券军票

王永国收藏的一张日本帝国主义利用汪伪政府在武汉发行的证券军票，尺幅为0.3米×0.24米，纸质周边由彩色图案组成，是典型的民国股票样式。

这张军票显示的日期为民国三十一年（1942年）二月二十日，正面背面都印有文字，有日文和中文。正面抬头为："武汉合作社证券　壹口券　军票壹百圆也。"从右到左有中、日两种竖排文字组成，有"（军票）资本总额贰百万圆""昭和十七年贰月二十日"及社长签字等。证券背面有表记，让渡人，昭和年号等。

日本军票是抗日战争时期，日本为应付庞大的战争开支而发行的

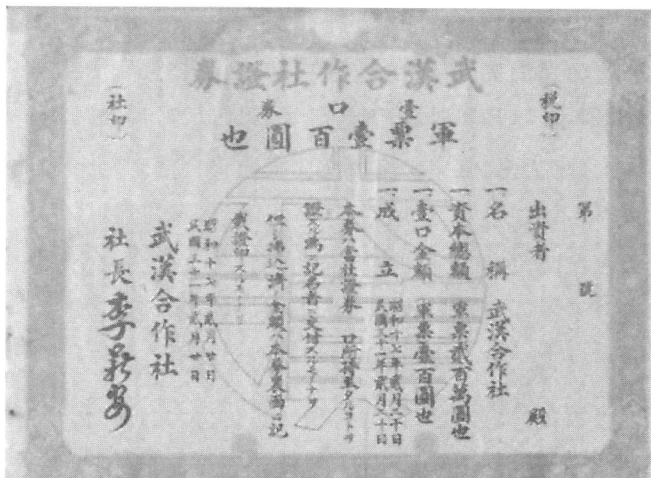

汪伪政府在武汉发行的证券军票（资料图片）

代用货币，其目的是进一步在我国沦陷区进行经济掠夺，以榨取中国人民的血汗来支持日军侵华。

## 鄂西北难得的抗战文物

无论是武当山居民郑艳芳举办的抗日战争文物展，还是丹江口市沧浪文化研究会常务副会长、郧阳师专客座教授王永国披露他收藏日本侵华时的文书史料。其价值和意义何在？

十堰市政协文史和学习委员会副主任温明认为，武当山的这批抗日文物和文献资料相互佐证，品级高，形式多样，充分利用和宣传展示好这些文物史料，最大限度地发挥其效能，其意义是牢记历史，捍卫人类的文明与文化。他指出，汪伪政府证券军票具有极高的史料价值，可信度高，证明力强，是日本侵华不可否认的证据，更是日军在侵华战争中疯狂掠夺中国财富的实物证据。"日本帝国主义在山西开办太原缝纫厂的开办预算表，这份实物资料真实地反映了日本军国主义在战争侵略中国的同时，也进行金融侵略；通过经济侵略发债券、办工厂，残酷榨取中国人民的血汗，支持侵略战争形成的庞大军费开支。这是艰苦抗战中，日本侵华战争的又一实物证据！"

民间展览和官方展览具有互补性，官方展览的藏品都是一些重要历史关节点的物证和文件，展现的是政府层面的抗战史，而民间的藏品则通过百姓的视角和这场战争对大众的影响来展现抗战，而这样的展览更加生动、平易近人。

湖北省武当文化研究会会长杨立志教授指出，民间能收藏到内容丰富的这批藏品实属不易，藏品反映出武当山地区民众抗战的积极性，在物质条件极端艰苦之时，不畏倭寇，同仇敌忾，众志成城，是中华民族爱国精神的反映，值得今人学习继承。

十堰市委统战部常务副部长明正慧认为，这批抗战文物对于十堰抢救性地挖掘整理第八分校的史料，宣传十堰在抗日战争时期作出的历史贡献，扩大海峡两岸交流都具有重要意义和作用。

十堰市委党史办副主任桂柏松表示，留存的抗战时期实物实属少见。他说，这批抗战文物具有重要的历史文化价值，是中华民族处于危急关头，中国面临国破家亡的危难时刻所形成的特殊文物，它见证着中华民族所遭受的巨大苦难，以及中国人民不屈不挠抵抗日本侵略的可歌可泣的英雄壮举，闪耀着爱国主义和革命英雄主义精神的光芒。

## 民间收藏铭刻铁血记忆

业内人士分析，由于当年日军侵华跨度大、范围广、程度深，所以全国各地留存至今的相关遗存资料比较丰富。而民间收藏立足于大众，可以从藏品的广度和特色对国有收藏形成有益的补充。"这些藏品是研究十堰抗战历史的重要凭据，印证了十堰地区在抗战时期所居的重要地位和发挥的特殊作用；为赢得抗战胜利，十堰作出了积极的贡献，也激励着后人努力奋斗富民强国。"十堰市档案局副局长陶维平表示。

有些重量级的藏品在国有文博机构手中，但是从藏品的涉及面来说，民间收藏更为广阔。文史专家认为，这批藏品内容翔实、体裁多样，以无可辩驳的历史证据，真实、全面、客观地反映和揭露了日军侵略及殖民活动，是日本侵略中国的铁证。

十堰博物馆副馆长祝恒富看后指出，这是一批非常珍贵的抗战文物，尤其是在鄂西北甚为难得，它对研究十堰地区抗战史具有非常高的价值。

十堰市收藏家协会会长宋天佑在评价这次抗日文物展时说，抗战藏品一直是收藏界的热门藏品，但由于历史原因遗留下来的十分稀少，在十堰收藏界也是难得一见。他认为，藏道堂武当文化民俗馆展出的抗战藏品在收藏领域来说，档次都比较高，部分藏品已经达到了十分珍贵的文物级别。宋天佑说，郑艳芳作为十堰市收藏家协会常务理事，潜心收藏多年，藏品极为丰富，在瓷器鉴定与修复方面独树一帜。"这次为纪念抗日战争胜利70周年，举办具有鄂西北地方特色的抗战藏品展，在十堰市尚属首次，填补了十堰收藏界的空白，具有十分重要的意义。"

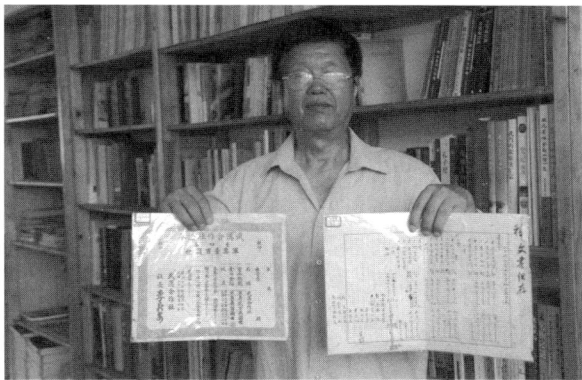

丹江口市沧浪文化研究会常务副会长、郧阳师专客座教授王永国展示日军侵华文书史料（朱江2015年6月20日摄于丹江口市）

# 抗日救亡中的武当妇女组织

自全面抗日战争爆发以来，武当山地区掀起了声势浩大的抗日救亡运动，广大妇女也积极投身于这场运动。巾帼不让须眉，娘子军英勇上阵。1938年秋，位于武当山下的草店妇女抗日救亡工作促进会成立。救济灾民、慰问前方将士、积极掩护党组织撤离……武当山地区各界妇女加入抗日救亡运动队伍，充分发挥了女性在抗日救亡运动中的重要作用。

## 设在家中的草店文化站

1938年9月，武汉失守前，国民党顽固派取缔了较为出名的抗日救亡群众团体"中华民族先锋队""青年救国团""蚁社"等组织，实际上是对抗日民族力量的镇压，也是国民党反动派反共反人民狰狞面目的大暴露。

在这种形势下，中共湖北省委从战略高度出发，认定武汉、襄樊沦陷后，鄂西北武当山区将成为理想的抗日战略要地，并考虑到国民党第五战区司令长官李宗仁当时态度比较开明，有可能以武当山下的均县（今丹江口市）草店镇为中心，建立类似河南确山竹沟镇的抗日后方及鄂西北根据地核心区。因此，党内外知名人士及党领导的一些抗日救国群众团体迁到草店镇一带。当时迁来和成立的群众团体有：第五战区军民文化站、湖北省战时乡村工作促进会工作团、武当小学教师抗战服务团和均县战时难童保育院、草店文化工作站、鄂（西）

北战时教育工作促进会均郧办事处、草店妇女抗日救亡工作促进会、儿童剧团等。这些群众团体均有共产党组织的领导。

爱国民主人士李振凡、王慧之夫妇，为掩护地下党、支持抗日救亡做了大量的工作。当时，李振凡是湖北省建设厅的工作人员。

武汉沦陷前，李振凡被老友邀请到鄂西北督修老白（老河口到白河）公路工程。那时，草店镇设有老白公路段督工办事处，李振凡担任督工办事处会计。他们全家搬到草店镇后，住在一个单门独户的院落里。草店文化站负责人经常到李家做统战工作，与李振凡交往密切。李振凡夫妇积极拥护抗日，尽力为抗日救国群团提供物力支持。此后，草店文化站就设在他家里，受到李振凡夫妇的细心保护。草店文化站有党的秘密文件，平时就放在李振凡家里。有一次，国民党警察来查户口，李振凡出面把他们支吾走了。

## 为难童赶制棉冬装

草店文化站办公地点固定下来后，王慧之和孩子们的工作学习就更为活跃起来。1938年秋，草店妇女抗日救亡工作促进会很快宣告成立。均县战时难童保育院工作人员杨秉元和王慧之，分别担任主任、副主任职务。

武汉、郧阳等地妇女团体热心助饷，支援抗战（资料图片）

1938年冬天，位于武当山下遇真宫的均县保育院门前出现了一彪队伍，敲锣打鼓，引得小保育生们纷纷跑出来观看。到近前才看清，原来是李振凡等人来了。此前他曾多次来找保育院院长罗叔章，不少孩子都认得他。这时，罗叔章迎了出来，她见走在前面的李振凡几个人肩挑背扛着打捆的棉衣，心里就明白了一切。罗叔章紧跑几步，一把攥着李振凡的手，脸上笑开了花："真难为你们呀。简直是雪里送炭啊！"

"我们捐助点过冬的衣裳，赶快给孩子们穿上！"当师生们接过这一件件崭新的棉衣裤，争相传看着，当场有的孩子迫不及待地就往身上套，洋相百出，逗得大家直乐呵。随后，双方互致问候，说不尽的知心话。遇真宫里，荡漾起一股只有春天才有的暖人气息。

保育生们从武汉转到遇真宫不久，李振凡就听说了。他又亲眼看了孩子们的宣传和演出，再也沉不住气了，经与妻子王慧之商量，于是，一个为保育生捐献寒衣的活动便在督工处开展了起来。全机关，20多位工程技术人员全被李振凡动员起来，纷纷拿出平日省吃俭用下来的钱，凑一起，设法买来土布和棉花。工程师陈设的夫人与王慧之一起，联合所有工程技术人员的家属，夜以继日，才为孩子们赶制出棉冬装。

## 春节开展抗战募捐

1939年春节期间，为救济灾民、慰问前方将士，草店妇女抗日救亡工作促进会开展了一次较大规模的宣传募捐活动。为了扩大影响，

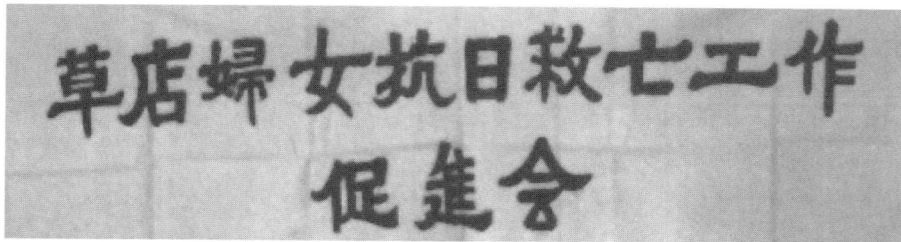

长1.332米、宽0.564米的草店妇女抗日救亡工作促进会旗帜，一直由王慧之珍藏（资料图片）

这一次，她们打出"草店妇女抗日救亡工作促进会"的旗帜。这面旗帜长1.332米、宽0.564米，一直由王慧之珍藏。

慰问前方将士，是以草店妇女抗日救亡工作促进会为主。促进会工作人员积极发动城乡妇女，用买来的布匹，制成大量慰问袋，装入毛巾、肥皂、麻制草鞋等日用品，请战区后勤部门载送前线。乡镇的姑娘们则在每个袋面，精心绣刺慰问字句，充分表达广大人民群众对前方浴血奋战将士们的崇敬心情。

这时，从山中逃出一批老弱病残的灾民，个个饥寒交迫。见状，草店妇女抗日救亡工作促进会通过草店镇公所，购办米粮柴火，用开设粥场形式对这批灾民进行救济。每天早晚，供给两顿稀饭，聊可充饥。由于当时缺乏医药条件，对贫苦农民的疾病治疗，却束手无策。因此，不少患病的灾民，相继死去。

这年春节，草店妇女抗日救亡工作促进会与均县保育院、武当小学教师抗战服务团的部分人员，以及草店文化站和党的地下工作个别人员，在草店镇举行了联谊会。王慧之用老白公路原二段办事处留下的腊肉，并加备了鸡蛋、馒头和糖果，举行了一次丰盛的聚餐。联谊会上，儿童剧团代表唱了歌、参加人员自由交谈、均县保育院负责人知名人士李汉石就汪精卫发表"艳电"公开投敌作了讲话，声讨了他的叛国罪行。

这年4月，草店中共组织还成立了草店妇女缝纫生产合作社，组织妇女手工缝制军袋，赠送抗日军队。这些活动鼓舞了前线将士的斗志，支援了抗日战争。

## 积极掩护党组织撤离

1939年下半年，国民党发动第一次反共高潮。李振凡、王慧之夫妇积极掩护党组织撤离，因此受到国民党反动派的注意。草店文化站随之被撤销。

不久，李振凡、王慧之带着孩子转移到了位于黄龙滩镇的老白公路第三段办事处。

武当故事 ◎ 武当抗战记忆

王慧之是帮助同志们全部安全转移后，才来到黄龙滩镇。随后，王慧之带着孩子经宜昌转往恩施。李振凡则由于料理公路工程的最后结束手续，到第二年年初才抵达恩施。

中华人民共和国成立后，王慧之先后在湖北省保育院、省妇女学校、武汉军区高干训练班幼儿园、后勤部及陆军总医院幼儿园工作，她曾任武昌区人民代表大会代表；李振凡先后在湖北省人民科学馆、省博物馆工作，曾任省第一、二届各界代表大会代表，省第一、三、四届人民代表大会代表，省政协第一和第五届委员。

# 武当山下崛起一条抗战生命线

抗日战争时期，老白公路是一条重要的生命线。战事紧张的那些日子，中国军队的军车、炮车，军队眷属车组成的车队日夜行驶在老白公路上，成为一条不见首尾的汽车长龙！由于这条生命线极其重要，也就成了日军轰炸的重要对象，公路沿线民众用鲜血和生命一直保持这条公路的畅通，为抗日战争作出了应有贡献。

## 1935年老白公路全线通车

1923年，从湖北老河口，经武当山下到陕西白河的老白公路开始筹备修建。这条路基本上都在崎岖险峻的秦巴大山里沿着汉江河谷穿行。那么，当时为什么要花这么大的气力修建这条路呢？这与当时的军事政治形势紧密相关。

老河口位于秦巴山区与江汉平原交界的咽喉地带，背靠秦巴深山，退可凭借山势固守，进可北出襄洛、进入华北平原，南下直通华中重镇武汉，进入长江流域，战略地位十分重要，历来为军事重镇。陕西白河位于秦巴腹地，山大谷深，沿山间古道过安康可通汉中，由汉中进入四川，也就是李白《蜀道难》里写的那条褒斜道。这里山高壁陡，有的地方崖壁接近90度，陡峭的山峰似利剑直指青天，有的地方有采药人留下的羊肠小道，有的地方根本就没有路，山峰下就是万丈悬崖。

修通老白公路，意味着有了一条从湖北老河口到陕西白河，经汉中到四川的战略通道，其军事政治意义极为重要。

1923年，襄阳镇守使张联升开工修建老白公路，但工程浩大，当时民国政府国力衰弱，开工没多久，仅修建了襄阳至老河口一段。

1927年，湖北省政府建设厅拟订了《修治省道计划书》，将老河口至陕西省白河县公路列为省道计划第一期修建。整条路东起光化县的老河口，西渡汉水后，进入山区，再经过均县（今丹江口市）的丁家营、草店、六里坪和十堰、花果、黄龙滩、鲍家店，郧西县的将军河，直至终点陕西省的白河县城，全长230.2公里。

1927年至1928年间，鄂西北灾荒严重，加上军阀溃兵在均县、光化、谷城一带骚扰，工程无法进行。1928年10月，湖北省政府组建工赈工程处，以工代赈，开始修建老白公路襄阳至郧阳（今十堰地区）段。

1929年5月，老河口至石花街段建成通车。当年秋冬之交，草店至均县县城段正在施工时，蒋（介石）、阎（锡山）、冯（玉祥）战争爆发，战事直接影响到均县一带，工人、民夫纷纷逃亡，老白公路草均段施工即告中止。

1930年以后，施工时断时续，由于国内战事频发，筑路主要为军事应急，公路多因陋就简，傍山沿沟沿河而行。1930年夏，秦巴山区暴雨成灾，山洪暴发，老白公路大部路基及桥、涵毁于洪水。以后，虽多次修复，但屡修屡毁，公路时断时通。

1932年11月2日，国民党当局为防止红四方面军通过郧阳山区再返鄂豫皖边区，决定"迅速修筑老白公路"。在蒋介石的压力下，湖北省建设厅转令光化、谷城、均县、郧县（今郧阳区）等各县政府。于是，老白公路干支线分三线（老河口到均县、十堰到郧阳、十堰到白河）九段同时开工，1935年3月全线通车。

1935年4月23日，湖北省建设厅对老白公路进行全面验收。验收资料颇细，史料记载：全线桥梁114座，均为永久式石磴木面桥和临时木桥；涵洞105道；修筑驳岸（堤路）1813.53米；渡口有老河口、黄龙滩、板桥河、羊尾山；渡船5艘，除老河口渡口2艘外，其余各渡口均为1艘；路基宽度为平缓地段7米，傍山处5至6米，山势险峻处最窄只有3至4米。

## 抗战时期车队川流不息

山大路险，人力施工，再加上时间紧迫，如此赶抢出来的工程，质量可想而知。老白公路通车仅数月，1935年夏秋之际，武当山地区暴发了一场百年不遇的大山洪，暴雨倾盆，滚滚洪流将刚建成的老白公路冲了个七零八落，百余间房屋被淤土埋没，变成一片平地。

1935年10月，红军长征到陕北，成立陕甘宁苏维埃政府。蒋介石闻讯后，急需这条公路赶运部队到西北"剿共"前线。1936年2月，为求工程迅速完成，全线分为老河口、草店、黄龙滩三工程段落，同时进行。1936年10月，老白公路勉强维持全线通车。但所有工程均为"应时、应事"而作，跨山涉水的桥梁基本未修，为减少工程量，道路基本上采取沿山越溪曲折迂回而行，全路有140处需要车辆涉水而过，每逢雨季，驳岸、堤路、临时桥涵大半被冲毁，交通频频中断。

1937年7月7日，抗日战争全面爆发。日军大举南侵，华北地区迅速陷落，老白公路成为武汉与川、陕联系的唯一陆地通道。随着战局的发展，其战略地位日益突出。

在战局极为不利的情况下，1938年10月25日，国民政府放弃武汉，迁往重庆继续抵抗。参加武汉会战的李宗仁率领以桂系军队为主的第五战区部队沿随枣公路向西，退守到鄂西北老河口，负责扼守川陕通道。从此，老白公路成为连接前线和后方的重要通道。

老白公路地处湖北西北部，自老河口向西不足百里，便是重重叠叠的秦巴山区，守在老白公路进山咽喉处的便是被称为"鄂之屏障、豫之门户、陕之咽喉、蜀之外局"的郧阳。

在抗战时期，老白公路地位重要性可想而知。然而，老白公路基础太差，一遇大雨，便出现大面积的损毁。为此，老白公路工程处在老河口应运而生，由专人组织沿线百姓随时维护老白公路。

1938年11月，李宗仁率部移驻老河口，中央陆军军官学校第八

地处丹江口市浪河镇戴家湾村的老白公路（资料图片，源自1946年出版的李达可《武当山游记》）

分校及湖北省府鄂北行署一起搬迁到均县。均县成了抗日战争时期重要的政治、军事、交通的枢纽，连接前线和后方的老白公路的负担更重了。

1940年6月，日军发动突击，长江水道桥头堡宜昌沦陷。这意味着日军切断了自长江进出川的水道。由此一来，老白公路的战略地位更显重要。南阳、邓县、淅川、均县、房县成了抗战前线的堡垒和通往后方的屏障。

1945年3月，垂死挣扎的日军为破坏地处豫西、鄂西北的中国后方空军基地，切断中国大后方与前线的运输通道，对豫西、鄂西北发动进攻。占领老河口飞机场和切断老白公路军事交通枢纽，是日军这次军事行动的主要目的。

老河口位于汉水东岸，抗战时期是鄂北、豫西、陕南的重要陆上交通，也是老白公路的起点。老河口向东北方向经邓县、南阳、驻马店、许昌、郾城可直达豫东、皖北、苏北、鲁南等敌后战场。中国的军队、后勤物资从四川大后方，通过老白公路向上述战场调拨，走的就是这条交通线，这是通向敌后战场的生命线。

1945年3月27日，日军占领襄阳，3月28日占领樊城，3月30日占领南阳，4月1日占领淅川。激战一周后的4月8日，日军攻占老河口。但此时的日军已成强弩之末，大批中国军队源源不断赶到，日军无法守住既占地域，不得不逐步退回原出发地。8月15日，日本宣布投降。

战事紧张的那些日子，中国军队的军车、炮车，军队眷属车组成的车队日夜行进在老白公路上，成为一条不见首尾的汽车长龙。据当地百姓说，这是他们见过汽车最多的一次。

## 仍在服役的抗战生命线

老白公路本是一条等级较低的土基砂石公路，本来基础就很差。抗战时期，已然成为前方通往后方的唯一通道，交通流量越来越大，来往车辆太多，远远超过公路的负荷。

车辆运行"昼夜不停，路面上层的沙泥小石，磨蚀净尽，底层大石裸露，峥嵘排列"，很多汽车轮胎经不起石头剧烈摩擦而爆胎。道路本来就窄，车辆爆胎造成车辆拥堵，由于担心日军飞机轰炸，只要车队一堵，任何飞机的轰鸣和枪炮的炸响都会引起人群的骚乱。

抗战期间，中国民工修筑老河口机场。这里是老白公路的起点（资料图片）

整个抗战期间，为保证这条重要的战时生命线的通畅，老白公路沿线的老河口、均县、郧县、郧西县以及陕西的几十万民工，无论晴雨冬夏，靠着肩挑手扛，几乎终年奋战在老白公路上。这些处在社会最底层的民工朴实憨厚，衣衫褴褛，缺衣少食，贫困交加，他们用自己的赤脚、双肩和满是老茧的双手，确保了老白公路的畅通，为抗日战争的胜利作出了贡献，畅通的老白公路是他们无言的集体丰碑。

中华人民共和国成立后，老白公路几经翻修，逐步提高等级，一直是陕西、四川经湖北襄阳连接南北东西的重要通道。直到2013年12月25日，宽阔笔直的十白高速公路从武当山下一直伸进秦巴深山，接通陕西、重庆、四川，老白公路才彻底减轻了负担。但这条昔日的抗战生命线仍在服役——往年狭窄的土路变成了现在宽敞的沥青路面。

据2014年中央文献出版社出版发行的《抗日战争时期十堰人口伤亡和财产损失》记载：老白公路在十堰境内长176.17公里。抗战期间，十堰6县征用民夫达4890600人（次），为修筑国防道路和军事阵地，砍伐了大批树木。抗战期间，十堰6县各类募捐按照各年度物价指数折算成1937年7月的价值，达到310314元。

此外，抗战期间还修筑了全长521.52公里的汉白公路。汉白公路起源于陕西汉中，经竹溪县、竹山县境后，翻越鄂、陕交界处的界岭至陕西白河县与老白公路连接。1934年11月动工兴建汉中至安康段，1936年10月通车。为与老白公路相接以应战时急需，在国民政府军事委员会的严令督促下，1937年8月至1939年2月续建汉白公路安康至白河段。十堰境内的汉白公路，自关垭起至界岭止，长101.2公里，于1939年2月全线贯通。

抗战期间修建的全长311公里的巴柯人行道，又名巴元人行道，起自巴东县，止于武当山下元和观附近的柯家营。这条人行道，在崇山峻岭中迂回穿行，工程极为艰巨，是湖北省抗日战争时期最先建成的驿运干线，且为沟通鄂西北与鄂西南的唯一交通运输线；1942年因战事需要修建的保房竹驿运大道，起自保康县，途经房县、竹山县、竹溪县，至陕西省平利县，全长215公里；1942年修建的郧竹巫驿运大道自郧县城起，南行经白鹤、小岭、西沟、姚坪、竹山县城、柳林、桃园抵达四川省巫溪县，连通汉江和长江，全长303.6公里；1944年修建的均郧山驿运大道全长320公里，起自均县县城，经郧县、郧西县，止于陕西省山阳县的漫川关。

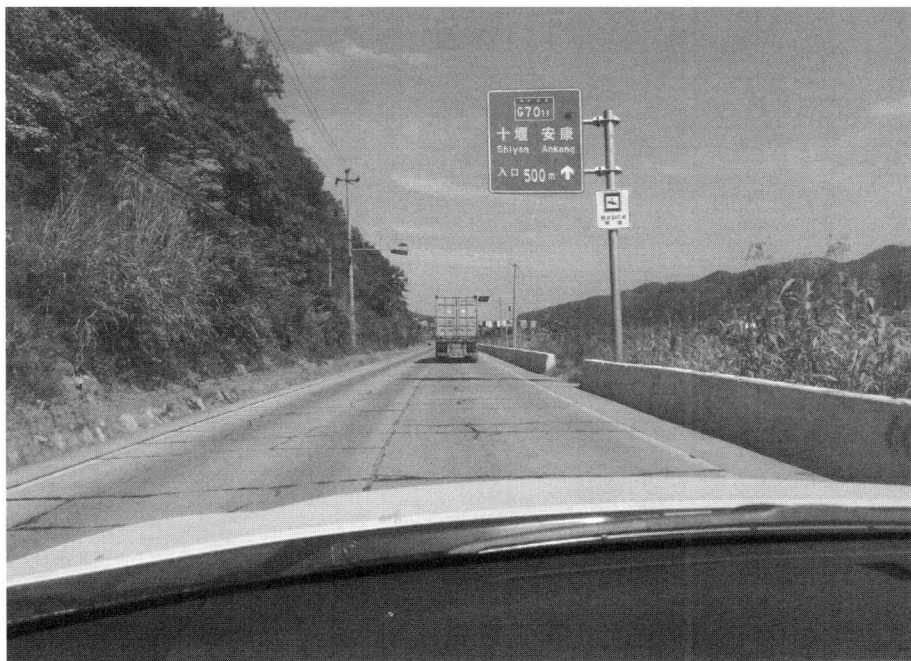

如今的老白公路十堰境内黄龙滩路段（朱江2015年7月25日摄）

# 主要参考资料

**今人学术著作及有关档案资料（以出版时间顺序）**

1. 《奉面谕踏勘巴柯公路路线报由中央拨款兴修等因，谨将该路段线情形电呈鉴核仰祈拨款兴工祈电示》，湖北省档案馆，1939年1月11日。

2. 《为检送老白路28年补修工程预算书及施工图表，请查照由》，湖北省档案馆，1941年3月。

3. 均县政府：《为奉令查报被炸公私损失情形乞核备由》，湖北省档案馆，1943年12月。

4. 湖北省政府秘书处：《湖北省第八区人口伤亡统计表》，湖北省档案馆，1946年2月。

5. 郧西县政府：《郧西县抗战史料概述》，湖北省档案馆，1947年10月。

6. 郧县政府：《郧县抗战史料》，湖北省档案馆，1947年11月。

7. 竹山县政府：《竹山县政府搜集抗战史料》，湖北省档案馆，1948年2月。

8. 臧克家：《诗与生活》，四川人民出版社，1981年10月。

9. 崔力明：《抗战初期的国立湖北中学》，《湖北文史资料》第19辑，内部资料，1987年7月。

10. 丹江口市政协文史资料委员会：《丹江口文史资料（第一辑）》，内部资料，1988年4月。

11. 武当山革命史座谈会资料组：《奔腾的草店：抗战以来武当山区部分老同志回忆材料汇编》，内部资料，1988年5月。

12. 张华鹏、张富明、王秀莲、张富清：《武当山金石录（第一册）》，内部资料，1990年。

13. 湖北省房县志编纂委员会：《房县志》，中国文史出版社，1991年7月。

14. 张二江：《丹江口市志》，新华出版社，1993年8月。

15. 丹江口市政协文史资料委员会：《丹江口文史资料（第二辑）》，内部资料，1993年8月。

16. 王光德、杨立志：《武当道教史略》，华文出版社，1993年9月。

17. 周大川：《郧阳公路史》，湖北辞书出版社，1994年1月。

18. 湖北省郧西县地方志编纂委员会：《郧西县志》，武汉测绘科技大学出版社，1994年。

19. 武当山志编纂委员会：《武当山志》，新华出版社，1994年4月。

20. 丹江口市政协文史资料委员会：《丹江口文史资料（第三辑）》，内部资料，1994年11月。

21. 张培玉：《十堰市建置沿革》，湖北人民出版社，1998年8月。

22. 丹江口市政协文史资料委员会：《丹江口文史资料（第五辑）》，内部资料，1999年9月。

23. 丹江口市政协文史资料委员会：《丹江口文史资料（第六辑）》，内部资料，2001年3月。

24. 湖北省郧县地方志编纂委员会：《郧县志》，湖北省人民出版社，2001年6月。

25. 中共十堰市委党史工作办公室：《中共郧阳—十堰简史》，中央文献出版社，2001年6月。

26. 赵本新：《武当一绝》，文物出版社，2003年6月。

27. 匡裕从、屈崇丽、袁绍北：《十堰通史》，中国文史出版社，2003年9月。

28. 范学锋：《武当山旅游手册》，湖南地图出版社，2003年9月。

29. 蒋显福、匡裕从、杨立志：《沧桑与瑰丽——鄂西北历史文化论纲》，湖北人民出版社，2004年10月。

30. 丹江口市政协文史资料委员会：《丹江口文史资料（第七辑）》，内部资料，2005年3月。

31. 中共十堰市委党史工作办公室：《丰碑》，内部资料，2005年11月。

32. 丹江口市政协文史资料委员会：《丹江口文史资料（第八辑）》，内部资料，2006年5月。

33. 中共十堰市委党史办公室：《中国共产党十堰历史》，中共党史出版社，2006年6月。

34. 丹江口市政协文史资料委员会：《丹江口文史资料（第九辑）》，内部资料，2008年4月。

35. 杨立志：《武当文化概论》，社会科学文献出版社，2008年10月。

36. 丹江口市政协文史资料委员会：《丹江口文史资料（第十辑）》，内部资料，2010年10月。

37. 张华鹏、张富清：《武当之最》，长江出版社，2012年2月。

38. 李光富：《金色的历程》，湖北科学技术出版社，2014年11月。

39. 臧乐源、臧乐安、臧小平、郑苏伊：《高唱战歌赴疆场——臧克家抗战诗文选》，山东大学出版社，2015年5月。

40. 中共中央宣传部宣传教育局：《重读抗战家书》，中华书局，2015年12月。

41. 中共茅箭区委党史工作办公室：《中国共产党茅箭历史（1926—2014）》，内部资料，2016年4月。

42. 赵本欣、赵静：《武当谜踪》，湖北美术出版社，2017年6月。

**今人学术论文（以发表时间顺序）**

1. 孟宪杰：《抗战初期鄂西北"小延安"的兴衰述论》，《郧阳师范高等专科学校学报》1996年第4期。

2. 孟宪杰、雷玉山、潘启江：《鄂西北的"小延安"——抗战初期的均县草店镇》，《党史天地》1997年第9期。

3. 卢采芬：《我与抗日英雄张敬将军的一段血泪情缘》，《世纪》2004年第3期。

4. 臧小平：《为父亲臧克家百岁诞辰而作》，《人物》2005年第10期。

5. 张淑桢：《妹妹忆哥，百感交集——福州籍抗日殉国将领张敬生平述略》，《政协天地》2005年第11期。

6. 王奎：《鄂西北地区抗战文化述评》，《襄樊学院学报》2007年第4期。

7. 毛冀：《鲜为人知的抗日英雄张敬》，《钟山风雨》2005年第1期。

8. 朱江：《"旧"闻出"新"意——十堰晚报在抗战胜利70周年报道中地方文史与当下现实结合》，《中国地市报人》2015年第12期。

9. 朱江：《妙挖赋新的"旧闻新做"方法论——以十堰晚报"打捞抗战记忆"系列报道为例》，《中国记者》2015年第12期。

10. 朱江：《旧闻不"旧" 妙挖赋新——以十堰晚报"打捞十堰抗战记忆"系列为例》，《新闻前哨》2015年第12期。

11. 黄正夏：《草店：抗战初期的鄂西北"小延安"》，《党员生活》2016年第3期。

12. 胡晶：《抗战时期的武当山陆军军官第八分校》，《档案记忆》2016年第4期。

13. 孟宪杰：《姚雪垠在鄂西北的抗战文化活动述论》，《湖北工业职业技术学院学报》2016年第5期。

14. 孟宪杰：《何基沛在鄂西北的抗战活动概略》，《兰台世界》2016年第7期。

15. 孟宪杰：《臧克家在鄂西北的抗战文化活动述论》，《学理论》2017年第1期。

16. 朱江：《聚焦重大革命历史题材的视角与深度——以十堰晚报"抗战记忆""长征胜利"系列报道为例》，《新闻战线》2017年第3期（上）。

# 后记

　　2015年春天，我的主管领导、《十堰晚报》总编辑胡庆东交付我一项艰巨的任务，要我在2015年9月3日为纪念中国人民抗日战争暨世界反法西斯战争胜利70周年前夕，完成"十堰抗战轶事"系列专题。

　　注定这是一个不平凡的过程。在先后走访了广州黄埔军校旧址纪念馆、老河口第五战区司令长官部旧址、十堰市委统战部、十堰市委党史办、十堰市政协文史和学习委员会、十堰市档案馆、十堰市文物局、十堰市博物馆、丹江口市委宣传部、丹江口市政协、武当博物馆、郧阳革命烈士陵园等部门和单位后，2015年6月下旬，我将一套拟刊发30多篇文章的详细方案，分别交给有关专家学者审议。

　　湖北省武当文化研究会会长、湖北汽车工业学院党委副书记杨立志教授指出："从篇目看，内容丰富，涉及面广，值得期待。"十堰市政协文史和学习委员会副主任温明看后说："很好。文案基调似应理性平和犀利，突出抗战的残酷性和日军的野蛮丧失人性。不能戏剧化抗日过程，那是真刀真枪保家卫国的战斗。"贵州师范大学国际旅游文化学院副教授张全晓博士说："惠赐篇目已悉，看后非常振奋，值此抗战胜利日来临之际，搞这样一个系列专题，很好很及时！我对这块历史不熟悉，不敢建议。总体感觉，体现了全民抗战的史实，从十堰看出了当时的波澜壮阔。如果能多搜集到一点关于我党敌后抗战的史料，是否会更好？我党坚持敌后抗战这块，显得稍微弱了些。师专有个孟宪杰老师，原来一直做这方面的研究，您可以打听下他。"

汉江师范学院思想政治理论课部副教授孟宪杰提出的意见是："关于第一部分，日军曾在地面从河南三度侵入我郧县东梅等地，我军民直接对日作战，将其赶出郧县。关于第四部分，建议标题改为'美国'或'美军'飞行员。关于第九部分，武当山史志机构曾做过专门调查和论证，'整军经武'为李宗仁所写，不是方振武，可参考20世纪八九十年代的丹江口文史资料。别的没发现什么问题，你做得很全面了，若需要什么我也可尽可能提供给你，就这了。"十堰市博物馆考古部主任刘志军说："写得太好了，没什么问题。资料很丰富，特别是文中提到的实物，很多都是十堰市珍贵的历史文物，具有很高的史料价值。如果说有缺憾，我也一时想不出来吧，看了之后，觉得你这已经够全面的了。"

按照各位专家学者的指导意见，我在2015年7月初便开始广集资料、动笔写作。

搜集资料过程中，十堰市委统战部常务副部长明正慧带领我深入武当山特区挖掘史料；十堰市档案局现行文件中心主任胡晶提供了大量的中央陆军军官学校第八分校珍贵图片；丹江口市委宣传部副部长冯功文、新闻科长王东、外宣办主任肖英强以及丹江口铝业公司职工莫声浩辗转帮我借阅有关书籍；老河口市86岁的何乐老人将其出版的5本书籍赠送给我；武当山特区藏道堂武当文化民俗馆郑光春把他珍藏多年的10集丹江口文史资料提供我参考；丹江口市政协文史资料委员会曹仲明提出了宝贵的意见。

文稿写作时，恰逢浙江传媒学院文学院汉语言文学专业大二女生沈思怡、广西河池学院文学与传媒学院新闻学专业大三女生欧美在我身边实习，她们一遍遍帮助校对，热心且认真。汉江师范学院思想政治理论课部副教授孟宪杰更是提供了很有价值的线索，并帮助此书编校。

尤其是十堰市委党史办副主任桂柏松投入了更多的精力，不仅一起策划文案篇目，提供大量史料和线索，还帮助审改文章，深钻细研，逐字逐句推敲、研究，付出了极大的辛劳，令我敬仰。在此，表示诚挚的深深谢意。

于是，从2015年7月29日至9月3日，《十堰晚报》连续刊发了36期"抗战记忆"。文章陆续见报后，孟宪杰点评说："不错。安天纵资料集中在一起，还是第一次，党史系统都没做过。"77岁的韩树山在1998年退休之前是东风汽车公司主办的《企业集团导刊》总编辑，他是东风汽车教父黄正夏的老部下。韩树山激动地打来电话说："你报道黄正夏同志的内容实事求是，客观准确，采访写作有深度，太感谢你了！今天中午我不午休了，我要把这个报道告诉更多的二汽人。"被誉为丹江口水利枢纽工程开拓者夏克的女婿、72岁的石家庄兵总八院原党委书记兼副院长张希山留言说："看了文稿令人感动，太好啦！可以说思路缜密，文笔新颖，综合科学，编辑奇巧，也充分反映了当代记者的正能量，头脑清新，睿智敏捷，眼明手快，热心衷肠！"……

通过泛黄的照片、珍贵的史料、斑驳的文物，揭露一段段鲜为人知的历史，还原武当山地区抗战时期的壮烈与荣光。

稿件在《十堰晚报》连续发表后，武当山特区地方志办公室主任范学锋主动与我联系出版《武当抗战记忆》事宜，可以作为《中国武当文化丛书》的一部。我把稿件发过去后，他认真看了稿件后，建议把稿件分为"武当抗战那些人""武当抗战那些事"两部分。同时，他积极给武当山特区工委、管委会领导汇报该书出版情况。武当山特区领导大力支持，同意纳入《中国武当文化丛书》出版，并解决了出版经费等。他又积极联系出版社搞好出版事宜。

今天，奉献给读者的《武当抗战记忆》共计40个篇章，弥补了报纸因版面紧张未能悉数刊发的缺憾。写作关乎武当人、武当事的这40篇文章，目的就是要让武当的后人铭记历史、缅怀先烈，弘扬伟大抗战精神；就是要从历史中获取智慧启迪、汲取前进力量。

在收集资料、勘测数据、核实史实的过程中，我始终遵循尊重历史、不留遗憾、实事求是、客观公正的态度，保持着故事的完整性，确保"记忆"的原汁原味。

打捞抗战胜利的记忆，无论缅怀还是纪念，都是为了携手面向未来，向着中华民族伟大复兴的中国梦阔步前进。成书问世，感谢武当山特区工委、管理委员会的关心和支持，感谢《十堰晚报》领导的理解与关怀，感谢中国言实出版社史会美等老师的指导和帮助。还要真诚感谢袁正洪、龚德亮、曾宏斌、祝恒富、黄旭初、郭旭阳、税晓洁、王永国、王永成、卢家亮、范学锋、徐增林、杨立刚、赵本新、韩继斌、潘如红、柯超、张富明等良师益友。感谢各位的鼎力相助。若有遗漏，诚望包涵。

　　由于水平所限，书中难免会出现不足之处，敬请读者指正，甚是感谢！

朱　江

2018年12月于湖北十堰